U0051399

# 實相經宗通

——第七輯

——平實導師 述

ISBN:978-986-5655-16-7

本經古來並未分品，是故此書亦無目次。

佛法是具體可證的，三乘菩提也都是可以親證的義學，並非不可證的思想、玄學或哲學。而三乘菩提的實證，都要依第八識如來藏的實存及常住不壞性，才能成立；否則二乘無學聖者所證的無餘涅槃即不免成爲斷滅空，而大乘菩薩所證的佛菩提道即成爲不可實證之戲論。如來藏心常住於一切有情五蘊之中，光明顯耀而不曾有絲毫遮隱；但因無明遮障的緣故，所以無法證得；只要親隨眞善知識建立正知正見，並且習得參禪功夫以及努力修集福德以後，親證如來藏而發起實相般若勝妙智慧，是指日可待的事。古來中國禪宗祖師的勝妙智慧，全都藉由參禪證得第八識如來藏而發起；佛世迴心大乘的阿羅漢們能成爲實義菩薩，也都是緣於實證如來藏才能發起實相般若勝妙智慧。如今這種勝妙智慧的實證法門，已經重現於台灣寶地，有大心的學佛人，當思自身是否願意空來人間一世而學無所成？或應奮起求證而成爲實義菩薩，頓超二乘無學及大乘凡夫之位？然後行所當爲，亦行於所不當爲，則不唐生一世也。

——平實導師

如聖教所言，成佛之道以親證阿賴耶識心體（如來藏）爲因，《華嚴經》亦說**證得阿賴耶識者獲得本覺智**，則可證實：證得阿賴耶識者方是大乘宗門之開悟者，方是大乘佛菩提之眞見道者。經中、論中又說：證得阿賴耶識而轉依**識上所顯真實性**、**如如性**，能安忍而不退失者即是**證真如**，即是大乘賢聖，在二乘法解脫道中至少爲初果聖人。由此聖教，當知親證阿賴耶識而確認不疑時即是開悟眞見道也；除此以外，別無大乘宗門之眞見道。若別以他法作爲大乘見道者，或堅執**離念靈知**亦是實相心者（堅持意識覺知心離念時亦可作爲明心見道者），則成爲實相般若之見道內涵有多種，則成爲實相有多種，則違**實相絕待**之聖教也！故知宗門之悟唯有一種：親證第八識如來藏而轉依如來藏所顯眞如性，除此別無悟處。此理正眞，放諸往世、後世亦皆準，無人能否定之，則堅持離念靈知意識心是眞心者，其言誠屬妄語也。

——平實導師

# 自　序

大乘法之般若實證即是親證法界之實相，由於親證法界實相而了知萬法之本源，所見一切法不離**中道**而不墮二邊，如是現觀之智慧即名實相般若。一切已證實相法界而住於中道者，悉皆有此實相智慧，亦皆能親見實相法界之本來眞實與如如境界，即名**證眞如**者，是故一切證眞如者亦皆是親證實相而有實相般若之賢聖。如是賢聖亦皆同觀一切有情各各都有之眞實心性如金剛，永不可壞，名之爲親證**金剛般若**之賢聖。又親證實相者，必定得見涅槃之本際，洞見不迴心阿羅漢所入無餘涅槃中之本際，亦見定性聲聞聖者阿羅漢不知不見如是**涅槃本際**之事實。如是四理，一切有心修證大乘佛菩提道者皆應知悉；如是正理亦是亙古亙今永遠不變之理，故名如是覺悟者爲無上正等正覺。

關於眞實心之體性猶如金剛而永不可壞之正理，於拙著《金剛經宗通》中所說已多，於此即不贅述。**實相**者，謂宇宙萬有之本源，山河大地、無窮時空之所從來；亦謂一切有情身心之所從來，即是禪宗祖師所說父母未生前之自己本來面目，或謂本地風光、莫邪劍、眞如、佛性——成佛之性……等無量名所指涉之眞實體；以要言之，舉凡親見宇宙萬有之本源而能反復驗證眞實者，即名親證實相。

**眞如**者，謂此眞實心出生萬法而佐助萬法運作之時，能使所生之蘊處界內法及山河大地、宇宙星辰等外法運爲不絕，永無止盡，如是顯示自身之眞實性，而其自身之體性復如金剛永不可壞，合此二者故名爲眞；此眞實心於無始劫來如是生滅萬法之時，卻是如如不動，從來不於萬法起念而生厭惡或貪愛，乃至於未來無盡時空之中亦復如是絕無絲毫愛厭，永遠如如不動，故名爲如。合此**眞**與**如**等二法，故名**眞如**。

**中道**者，謂此實相心如來藏恆處中道，不墮二邊。世間人每執識陰六識覺知心自己爲常，不知前世覺知心是生滅法，唯能一世而住，捨壽入胎後即告永滅，不至今世；此世之識陰覺知心則是依此世五色根爲緣而生，非從前世往生而來此世，故有隔陰之迷，不憶前世。故說此世覺知心並非常住不變之本來面目，不論有念或離念之覺知心，捨壽入胎後永滅，不至後世，故此覺知心生滅有為無常無我；而世間人不知，執此覺知心為常，即墮常見外道所執之常，不離常邊。有一分外道經由觀行發現覺知心自己有如是過失，不能來往三世亙久永存，於是轉生一切有情死後斷滅之邪見，因此撥無因果，成就邪見，名為斷見外道。然而親證此眞實心第八識如來藏者，現見一切有情之實際理地本是此心，不墮於覺知心與五陰境界中故離常見，亦因已見此心而知五陰永滅之後並非斷滅空故離斷見，亦見此實相心從來不住於六塵境界中，是故永遠不墮常斷二邊，亦復永遠不墮善惡、美醜、生滅、來去、一異、俱不俱、生死……等二邊。一切賢聖如是親證之後，轉依於如是實相法界境界，永遠不墮二邊而亦不離二邊，常住於三界之中自度度他，是名親證中道之賢聖。

**涅槃**者，無生無死、不生不滅之謂。阿羅漢以斷除我見、斷盡我所執及我執，捨壽之後永遠不受後有，永無後世五陰故不再流轉於三界生死之中，名為入無餘涅槃。然而親證實相之賢聖菩薩，親見阿羅漢捨壽後不再受生，滅盡後有永無未來世之蘊處界時，如是無餘涅槃實即第八識如來藏獨存之境界。於其第八識獨存之際，無五蘊、十八界，迥無六塵及能知者，絕對寂靜亦絕對無我，故名無我，亦名涅槃寂靜，即是證得無生。而此絕對寂靜之涅槃中仍係如來藏獨存之境界，外於第八識如來藏即無涅槃之實證與存在；親證實相之菩薩於發願世世受生人間而世世陪同有緣眾生流轉生死之中，親見阿羅漢捨壽後所入之無餘涅槃境界，於阿羅漢未捨壽前即已存在，親見其捨壽後第八識獨存之無生無死、不生不滅而絕對寂靜之境界，無待捨壽滅盡蘊處界之後方見，故名實證無餘涅槃本際，名為本來自性清淨涅槃。能如是現觀者，能知萬法背後之實相境界，方名親證實相之賢聖，必有實相般若。

而此眞如心、涅槃心、中道心、金剛心，實即第八識如來藏也，是萬法生滅之實相，故名實相心。此實相心於因地名為阿賴耶識，通名如來藏、異熟識，即是求證實相智慧、求證中道智慧之佛弟子所應殷勤求證者。凡證此心而能轉依成功者，皆入菩薩五十二果位中之第七住位，已入三賢位之菩薩數中，其實相般若已非阿羅漢之所能知。若外於此眞實心如來藏而求佛法，皆無眞如可證，亦皆不見中道、涅槃，即無實相般若可言，名為無知無證般若之凡夫。舉凡否定此第八識眞如心如來藏者，即無眞正佛法可知可證；故說否定第八識心而竟勤心求證佛法者，即屬心外求法者，是名佛門外道。當代、後代一切禪宗大師與學人，於此皆應留心；以此緣故，平實特請《實相般若波羅蜜經》為大眾宣演；於宣演實相義理之時，益之以宗通之法，欲令眞求佛菩提道之眞實修行佛子得有入處，眞實生起實相般若，是故宣講《實相經宗通》。而今宣演圓滿整理成文，總有八輯，欲益今世、後世眞學佛法之有緣人；若世世代代皆有佛子因此實證者，非唯大乘佛法得以久住，亦令二乘正法得因諸菩薩之親證實相，亦得復興同能住世，即能廣利人天。茲以此書整理成文欲予出版流通天下，即述上理提醒學人，即以爲序。

佛子　**平實**　謹序

公元二〇一三年驚蟄　誌於竹桂山居

# 第七輯：實相般若波羅蜜經

（上承第六輯未完內容）《實相般若波羅蜜經》上週講到「正法藏」的補充資料，最後講的一句是「心集無邊業」。關於實相「心」，祂能夠收集無量無邊的業種；種就是功能差別，業種就是業的功能差別。現在這裡就有一個問題存在了，既然至教量中說心可以收集無邊際的業種，可是在現代佛教界不論南傳或者北傳，這一百年來的佛教界裡面，有人說：「心只有一個，這個心就是覺知心，不可能另外有眞心。你們正覺說還有另一個眞心，那你們每個人不就是都有兩個心了嗎？怎麼可能人有兩個心？」這是我們弘法早期，四大山頭中的某一大山頭的大法師私下提出的質疑：「心只有一個，哪來兩個？」也有人說：「心有七個，我們所知道的心都是妄心，第七個心才是眞的。」有的人就說：「你們都錯了，《八識規矩頌》就明明說有八個心，所以最後那個阿賴耶識才是眞心。」月溪法師以及我們附近這個鄰居大師都說：「阿賴耶識是妄識，應該要消滅掉。」所以，眾說紛紜莫衷一是。

可是，有的人覺得他懂的佛法比別人高超，他認爲說：「心識有九個，你們講八識，那程度太差了。爲什麼有九個識呢？因爲眼、耳、鼻、舌、身、意是六個識，加上意根、加上阿賴耶識共有八個識；可是阿賴耶識不究竟，還有個異熟識，這個異熟識才是最究竟，所以應該有第九識才對啦！」有人又繼續疊床架屋說：「你還是一知半解啦！因爲到達佛地的時候是無垢識，所以修到佛地又會出生另一個第十識，應該有第十識才對。」哇！眞的是眾說紛紜。才剛進入大乘法中修學的人，一聽說人共有六、七、八、九、十識等五種說法，那到底哪一種說法才對啊？

又加上他們的師父教他們說，每天都要打坐，什麼都不要起分別，要使覺知心變成什麼都不會分別的無分別心，說只要起分別就錯了；迷信盲從的人就每天打坐，想要不起分別；有智慧的人就會在心中想：「我們這樣一天到晚都不要分別，實相智慧哪裡可以生起來呢？」再想一想：「對啊！這樣每天打坐求無分別，跟修行求智慧有什麼相干？學佛之目的是想要出生智慧的呀！那這樣每天打坐要一念不生，不可以分別；平常被人家罵也不許分別他是壞人，被人讚歎也不許分別他是好人；遇到善人行善、惡人造惡也都不要分別，因爲那跟我的修行無關。可是這樣什麼都不分別，實相智慧要從哪裡來？」實相智慧明明叫作無分別「智」呀！是證得無分別的心而有實相智慧，可是覺知心都無分別的時候，我們智慧要從哪裡來呢？「難道每天到晚一直打坐都不要起分別，下座後在平常生活中也要當一個白癡，什麼都不要分別，這樣才是學佛嗎？可是這樣子不分別，跟弄清楚六、七、八、九、十識等五種說法，又有什麼關聯呢？」學來學去，眾說紛紜，沒有定論，偏偏各種說法都好像有根據，又都是有名氣的大法師講出來的，於是大家眞的是越學越糊塗，簡直無所適從。

然後有人想：「我不信邪，既然眾說紛紜，沒有定論，不然我自己來研究經典吧！我又不比人家笨，至少我還是個博士。」有道理啊！有的人說：「我不是碩士、博士，我至少也是個學士，不是文盲，而且咱家是國文系畢業的。」好啦！這三藏十二部經典請出來：「我的媽呀！這麼多欸！我要什麼時候才能讀得完？」因爲朝九晚五扣掉以後，每天還得吃飯睡覺，上下班的過程也要扣掉，那麼一天能剩下多少時間？糟糕！怎麼去挪也都挪不出兩個鐘頭來，這些經典又這麼多；同樣是大乘經典，這一部經典跟那一部經典講的好像又不一樣；阿含跟般若又好像不同，般若講的跟唯識種智方廣諸經講的又好像不一樣。這一下子，讀到暈頭轉向了，最後可就不知道如何是好。不信邪，就去問修行更久的別人，對方也是弄不清楚。再不然，還是以道業爲重，乾脆暫時把職業給辭了，專心在家來研讀經典：「如果夠幸運，也許讓我給悟了。」

有道理啊！可是去請問人家說：「這一部《大藏經》從頭讀到尾，讀一遍需要多少時間？」問來問去，很少有人把《大藏經》全部讀完的。不信邪，到處問，問來問去，聽說有一位雲林老人有讀完。好啊！拜託關係，也許哪一天給他找到了關係人，想要託對方請問一下老人家：「您讀一遍是幾年？」後來輾轉聽到雲林老人傳出來的話說：讀完一遍需要六年。心想：「我的媽呀！我如果把職業辭了，六年沒收入，我這六年如何養家活口？再怎麼撐也撐不了三年吧！」想一想，眞的沒轍，只好各大道場四處去混，那叫作逛道場。

於是這個大山頭逛個三年、五年，發覺這裡沒東西，再換另一個大道場。因爲他們總是要尋找名氣大的大法師，那個名不見經傳的蕭平實算什麼？結果就這樣在各大山頭，這裡混個五年，那裡混個五年，三個大山頭混下來就有十五年了；再來看一看那些小山頭，他可看不在眼裡了，因爲小山頭永遠是比不上大山頭的。大多數眞想學佛的人，像個沒頭蒼蠅一樣，在佛教界四處尋訪總是沒有出路，最後該怎麼辦呢？乾脆自己在家裡努力修行吧！好啊！下班回到家裡，每天晚上就是打坐，除了打坐還是打坐；然後每天早一些起床，洗了手，趕快又去打坐；鬧鐘響了，嚇一跳，起身趕快去上班，下班回來又打坐。家人都覺得說：「怎麼他學佛越學越怪了，是不是腦袋出問題了？」大多數想要學佛實修的人，就是這樣子混；混到三十年後，垂垂老矣，一事無成。如果是古人，古人是沒有刮鬍刀的，可就是鬍鬚一大把，垂垂老矣，就這樣用手將鬍鬚一把抓過來，大家看他還眞是老了，最後終究是抱恨而終。所以，佛法眞的難入啊！

古來的善知識們死後，去兜率天的就去兜率天，求生極樂世界的已生極樂，沒幾個再來的。這地球上的五濁眾生眞是顧人怨，善根淺薄，所以乘願再來的善知識越來越少了。是因爲大家都很聰明，自以爲是，所以這地球人不好度；加以性障重，信力不夠，所以善知識們大多不願意再來人間，願意留下而乘願再來的祖師都叫作傻瓜，這是幾百年來佛教界裡的普遍現象。那麼既然說修行就是要修心，到底是修哪個心？開悟明心是悟明自心，究竟又是該悟得哪個心？這可就是個問題了。結果探究很久以後，終於知道禪宗的開悟明心就是要證知實相心，總算知道生起疑情來：參禪是要探究出哪個心？於是在眾說紛紜之中，開始想辦法把諸家所說關於「心」的各種講法都蒐集了起來：這一位大師說是什麼心，那一位大師說是什麼心，另外一位大師又說是什麼心；古德說的是什麼心，近年新興宗教說的是什麼心？全都把它們蒐集起來。結果詳細分析以後才知道，原來這些人說的都是同一個心，叫作意識。然而意識心，四阿含諸經中不是處處說祂是生滅心嗎？

後來聽說有一個道場說：開悟所明的「心」不是講意識，而是講第八識如來藏，亦名阿賴耶識。聽一聽，覺得有一點心動：「我以前不想去學，可是現在比較有知見了以後，發覺好像正覺講堂講的才對。」可是人家告訴他說：「那是新興宗教，你別去學啦！」一聽是新興宗教，這腳底涼了，又沒力氣去了，於是又退縮了。可是，有時候素食館子看見有正覺的書，心想：「這新興宗教到底都講個什麼？」好奇心生起來了，試著請了一本回家看看：「喲！這可能才是正法喔！」然後去探討一下說：「新興宗教的定義是什麼？就是他們發跡很快，可是來得急也去得快，十幾年就不見了。」然後就把正覺的書拿來翻一翻、看一看，心想：「這正覺弘法十幾年過去了，怎麼還沒有消失呢？」看來應該不像是新興宗教，好奇的心態始終壓不下來，就想：「我去瞧一瞧，到底他們正覺葫蘆裡賣什麼藥？」終於踏進正覺講堂來，聽了現場講經以後，弄清楚佛法意涵了，才終於知道：「這葫蘆裡賣的藥都是治生死病的藥、治愚癡的藥。」從此才終於安下心來住在正覺同修會裡。然後日熏月習時間久了，知道說：「原來眞正的實相心就是第八識，所謂九識、十識還是原來的第八識，只改其名不改其體。」這下終於明白：「原來學佛的開悟而發起實相般若，是要實證這個第八識心，否則無法發起實相的智慧。」

大家知道這個道理了，我們就可以開始來探討，究竟是哪個「心」能夠「集無邊業」？既然第九、第十識只是第八識心，實際上沒有九個識、十個識，那就要從八識心王全部來探討看看：第七識、第六識乃至前五識能不能收集無邊的業種？一定會發覺不行的，因為如果意識心或者意根可以收集業種的話，這跟現象界的事實不符。譬如說，鄉下街上有許多癩痢狗，咱們設身處地幫牠們想一想，才好作出抉擇。假使我們自己身為癩痢狗的時候，看見人類在那邊來來往往生活，有的人騎機器自行車，有的騎人力自行車，有的人開汽車；人類可以吃漢堡，有冷氣、好食物，都不必吹熱風、晒太陽、淋到雨，心裡想一想：「還是當人好啊！咱們當一條狗，一天到晚見了人就得搖尾巴，有時還要被人踢。」想一想說：「我為什麼要當狗？我應該離開狗身而去當人。」

如果狗的覺知心六識可以收藏業種，牠就很清楚可以去觀察自己心中確實有業種存在；因為若是覺知心自己收藏業種，那覺知心當然能夠觀察：「現在我的心中有哪些業種。」就好像說，倉庫管理員會知道現在倉庫裡有些什麼，不管理倉庫、不能過問倉庫的人，一定不可能知道的；又好像你們現在可以觀察說：「我來正覺講堂學法學這麼久，我覺知心中對佛法的知見是什麼內容。」你可以一條一條列舉出來，覺知心自己可以檢查。同理，那一條癩痢狗；且不說一條，就說一群好了；難道沒有一半以上的狗在心中想著說：「我自己來當主人不是更好嗎？我爲什麼要當人類的寵物，每天都得討好主人。」因爲當寵物時還是得要事事聽主人的話，一天到晚要搖尾巴討好主人，否則不會被寵，只會挨罵、挨打。如果當了流浪街頭的癩痢狗，看到人類時當然更想當人，可是爲什麼牠看不到覺知心中的業種，爲何丟不掉當狗的業種？所以，還是要回到原來的問題探討：近代佛教界關於幾個識的這麼多說法中，究竟哪一個心才是能夠「集無邊業」的「心」？

譬如惡人行惡一世，臨命終時往往捫摸虛空胡言亂語，業風吹起來時他也想要把惡業丟掉，因爲他的業種大部分是惡業；但問題是他丟不掉，因爲業種不是由他的覺知心收藏的。假使業種是覺知心六識或者意識收藏的，意識當然可以自行丟掉惡業而保留善業，那一些狗自然都可以不必再當狗了。那時還有誰願意當狗？當然沒有任何一條狗願意再當狗的，狗道的眾生當然應該早就不存在了。好啊！同樣的道理，那些餓鬼道的眾生，地獄道的眾生，又有誰願意繼續當下去呢？可是三惡道的眾生明明又丟不掉這個業，不得不繼續當下去：狗還是狗，餓鬼還是餓鬼，地獄有情依舊是地獄有情，誰也無法改變，都得等到業報受完了，業消失了，才能回到人間來。

佛經裡有一典故，舍利弗有一天看見一隻螞蟻，慘然不樂，他告訴須達長者說，這隻螞蟻墮落蟻身已經九十一劫，無法脫離蟻身。又如另一個典故中，佛問舍利弗尊者說：「用你的三明六通的宿命明，瞧一瞧這隻鴿子往世是什麼？」舍利弗往前一直瞧，十世、百世、萬世、億世，這已經不行了，乾脆用劫來瞧好了，一個大劫、二個大劫往前觀，觀了一百大劫還是鴿子。不行，乾脆用萬劫為單位好了，一萬劫前、二萬劫前，一直觀到八萬大劫前，牠還是一隻鴿子。阿羅漢的宿命明只能夠看見八萬個大劫前；一般所謂有宿命通的，能夠看個二、三世就很不得了，他就覺得自己好厲害。結果是三明六通大阿羅漢看到八萬大劫前，那隻鴿子還是鴿子，顯然牠都無法脫離鴿身，可是牠並不是很願意去當鴿子。如果覺知心意識是可以收集「無邊業」，牠的覺知心就可以把惡業種子全部丟棄，牠就不必再當螞蟻、鴿子，也不必在後來去當餓鬼、癩痢狗，然後才能回來當人。也許牠想：「不然我就直接往生欲界天去也不錯。」因爲惡業種是覺知心自己收存的，當然覺知心自己一定可以把它們丟掉。但事實上不行，因爲覺知心看不到往世的業，這表示說收集無邊業種的心並不是意識心或六識心。

當然，「集無邊業」的心也不是第七識意根，因爲那一些大法師們連意根是什麼都不懂，何況敢說意根是持種者。意根是在意識背後處處作主的心，當然也不可能是「集無邊業」的心，所以最後要根據什麼來確定呢？要根據現量與至教量。現量的觀察內容，無法公開爲大家明說，以免洩露般若密意而導致佛教正法提早滅亡，所以只好依至教量來說了。至教量說收集業種的是第八識，是阿賴耶識；阿賴耶識又名如來藏，就是此經中說的實相境界。我想諸位聽到這裡，就已經知道禪宗開悟明心所證的眞心是證什麼心了，絕對不會再認定眼前這個意識離念時就是眞心。因爲眞心收集業種，可是離念靈知無法收集業種，這就很清楚了：原來這個「心集無邊業」所說的心是第八識金剛心。這個金剛心修行到了八地或修到阿羅漢位時，就只稱爲異熟識，亦名第九識，其實還是原來的第八識心；繼續修到了佛地又改個名字，叫作無垢識，名爲第十識，其實還是原來的第八識；只改其名，不改其體。這裡講的「心集無邊業」，當然就是講這個第八識如來藏心。

也許有人覺得不很認同，心想：「你這個『無邊業』講得太超過了吧？」心裡有些不信。可是有時候發生了一些事情，全都是自己想像不到的；譬如經中有個很有名的典故，有一個人知道 如來住世是非常難得的事，他想要追隨，於是就去請求出家；諸大阿羅漢觀察了以後都說：「你往世沒有佛緣，這一世不可能出家。」這個老人家很失望，哭哭啼啼的走回家，在路上剛好遇到了 佛陀要回精舍。正好遇見了，佛陀問說：「這位老人家，你在哭什麼？」一個老人會在路上邊走邊哭，一定是有很大的問題。他不認得佛陀，就說：「我去精舍想要求世尊讓我出家，世尊剛好不在，所有大阿羅漢們都不讓我出家，說我沒有因緣。」佛就為他觀察，發覺他無量劫前，有一次被老虎追逐，他爬到樹上去，就在那上面大叫：「南無佛！南無佛！」意思就是：「歸依佛！歸依佛！」他這麼大叫了好幾聲以後，也許還是被老虎殺了吧？但就因為這個因緣，佛陀就告訴他說：「有，你有因緣出家。」就帶他回去，幫他剃度了，但阿羅漢們看不到那麼久以前的事，他自己也不知道，顯然不是意識在集藏各類業種。

覺知心就是識陰六識，二禪以上的定中覺知心則是只有意識一心；但識陰或意識都只能存在一世，不是從前世往生過來的，今生的意識也不能到下一世去；每一世的意識等識陰六識，全都是獨自存在一世的生滅心，祂能收集各種業的種子嗎？顯然不行啊！所以「心」能夠「集無邊業」，這個「心」當然是能夠觀聽三世有情心音而來往三世的心，是永遠不會中斷的常住心，才有可能收集無量無邊的業。

由於能夠收集無量無邊的業，才能夠「莊嚴諸世間」。這莊嚴兩個字，諸位不要老是把它定義成自己所知的那個意義。這莊嚴在佛法裡面還有別的意思存在，譬如說，人間假使人口越來越少，這個世界只剩下一千萬人口的話，一定大恐慌，大家就說：「人間越來越不莊嚴了。」怎麼樣叫作莊嚴呢？人丁鼎盛就叫作莊嚴，人口極眾才叫作莊嚴。如果一戶人家，本來人口興旺，但是隨後一房、二房、三房、四房，一房又一房不斷倒房了；閩南語叫作「倒房」，就是香火中斷了，沒有後代了；剩下最後一房時，偏偏又是個獨生子，那就說他們家越來越不莊嚴。由於造人間業的眾生多了，所以人間的人多了，就說人間莊嚴。

現在要說到莊嚴的另一個意思了，由於造作應該生為癩痢狗的惡業有情很多了，所以十五年、二十年後，癩痢狗這一道就開始莊嚴起來了。這是什麼意思呢？這表示人間的癩痢狗已經非常多了，這樣也是莊嚴世間的一種——莊嚴癩痢狗的世間。如果造畜生業的人很多，跟天道、人道世界都沒有因緣，將來人間道就越來越不莊嚴，因為人類越來越少了；那些人跑到哪裡去呢？跑到畜生道去了，去當狗、狼、狐狸等等，那就是畜生道被莊嚴了，這也是莊嚴世間。餓鬼道、地獄道或者天道的道理全都一樣。為什麼這些世間能莊嚴、能夠興盛？都因為有這個實相心；當有情的覺知心造作了各種業行以後，業種全都落謝在這個實相心第八識中，所以每一個有情都有這個實相心收集了無量無邊的業種；而這實相心會在下一世變現各有情應該獲得的五陰，所以是由這個心來「莊嚴諸世間」。

也許有人說：「你講這個法，範圍太小了；你光是講有情世間，問題是世界從哪裡來？山河大地從哪裡來？」我說：山河大地這個世間，仍然是由這個心收集「無邊業」而來的；因為山河大地世間乃至整個星河世界的世間，全部都由共業有情的實相心如來藏所收集的業種來共同感應形成；所以這一些世間的存在，也是由這個心收集「無邊業」來莊嚴成功的。那麼這樣就很清楚了，不論是器世間或者各個有情的五陰世間，這一些世間，你如果瞭解了、通達了，你就會知道：原來所有的世間都叫作心，就只是這一個心，沒有別的。這一個實相心，是每一個人都有一個心；譬如每一隻蟑螂都有一個實相心，每一個餓鬼、天人都各有一個實相心，所以每一個有情都有一個實相心。但是這樣的心都是同樣的清淨自性，同樣都能收集「無邊業」而變現世世不同的五陰，所以把祂稱為「心」，《華嚴經》中才說「了世皆是心」。就由於這樣的緣故，才說：如果你瞭解了世間都是因心而成就，那麼當祂現起了色身的時候，就由這個心變現出無量無邊的有身或無身的眾生，才說「現身等眾生」。

那麼從《華嚴經》這一首偈的開示，諸位來瞧一瞧：這樣的心當然不是意識、意根，更不是前五識。大家想想看，這樣的心，經中說：「了世皆是心，現身等眾生。」這個心會顯現有身或無身的眾生，也就是出生而顯現有身的眾生、無身的眾生，譬如無色界是無身的眾生。既然說「了世皆是心，現身等眾生」，那我們欲界人間大家都有身，請問這個實相心是不是會與身同在一處？是啊！請問：達賴喇嘛的書中說要尋找眞正不滅的識，要往虛空去找。對不對呢？可見他根本就不懂。哪一天如果有因緣，看見他搞什麼法會，頭上還戴著寶冠，你就將它一把拿下來戴在自己頭上說：「你沒資格當法王，你來拜我作老師、作師父，還差不多！」如果他眞的不服氣，當場就跟他論法：「你說意識是眞實心、常住心，說意識是出生色身的心，一切法由意識來運作，請問狗的意識爲什麼想要繼續當狗？爲何老是當不了人？難道你願意未來世當狗嗎？」就跟他論這個法，管叫他口掛壁上。

這意思就是說，佛法其實可以用八個字函蓋，但是入手廣有多門。佛法的主要義理，這八個字就是《華嚴經》講的「三界唯心、萬法唯識」的道理。三界都是心，下從地獄的有情開始，上至非想非非想處；下從凡夫異生，上到諸佛，全部都是心。不論是在三界中利樂有情的菩薩們，或者輪轉生死的凡夫異生們，無非都是心。如果沒有這個如來藏實相心，不可能會有眾生，也就不會有三界世間。不論下墮地獄、餓鬼、畜生，或者生在人間乃至生到非想非非想天，不論是凡夫乃至成爲究竟佛，都還是這個第八識心；這是無法推翻的，所以三界唯心。

可是三界中的無量眾生身中一定有無量無邊諸法，這些無量無邊法卻有一種特性，有一句話說得很好，叫作「法不孤起」。也就是說，三界中的一切法，不會是自己出生自己，也不會由各種外緣來共生，也不由他人或他法來出生自己，更不會無因而突然出生，簡單來說就是：諸法不自生、不共生、不他生、不無因生。因爲三界所有的法，名爲一切法，全都附屬於實相心如來藏，所以一切法的本質其實就是如來藏；而這一切法都一樣不自生，不共生，不無因生，也不由他生。可是法不孤起的道理，是說三界中的法都是要有如來藏作爲根本因，還要有其他的助緣共同來配合，才能夠生起諸法。如果是八識心王以外的法，那就必須要八識心王和合才有辦法出生，因此才會說「**萬法唯識**」。

但是想要眞的進入佛門，先得要證這個心，那可就困難了！因爲難而又不許明講，以免大眾生疑而謗法，死後下墮地獄，所以 佛陀才要那麼辛苦，講了那麼多的法。可是這個實相心，縱使大眾悟了以後也不等於是究竟佛，那麼悟後接著該如何進修呢？佛陀就得要從各個不同的層面來詳細解說這個心的特性，讓大家繼續修行，漸漸通達才能入地，所以才要有第二轉法輪十九年講了那麼多的經典。入地以後也還不能成為究竟位的佛陀，還得實證實相心中的種種功能差別，最後究竟了知祂的一切功德而能夠隨意運用了，才能成為究竟佛。如果還沒有悟得實相心如來藏，不知道禪宗的開悟就是實證般若；也不知道將來無量劫修學佛菩提道而成佛，依靠的就是這個心，表示他不曉得實相般若的生起是從證悟這個心開始的，那麼所有經典讀來讀去，就會落在般若系列諸經的語言文字上面，讀到後來簡直就不耐煩了：世尊為何講得這麼囉嗦？好像在繞口令，有時候一句經文就是幾十個字。問題都是因為他沒有善知識教導，所以才會落到語言文字中，無法瞭解經文裡面隱含的眞義，老是抓不到重要的法義。因此某一些經典是指示入處，可是某一些經典卻是為大眾作悟後進修的開示。般若經典正是這樣的開示，所以才會講了很多不同層面的敘述。

前句經文講過這個心也叫作「正法藏」，為什麼後句經文又說祂是「妙業藏」？因為這個「妙業藏」所收集的業種，是包括有漏業、無漏業都在裡面的。而有漏業中的一切善業、惡業、無記業種，以及所有的無漏業，卻都是要從這個實相心無漏法去造作而成就的。這個實相心有這樣的功能，不但能成就種種世間業，也含藏著可以成就種種「妙業」的功能，所以說這個心又名「妙業藏」。這裡有一段文字是從《宗鏡錄》卷二十七中抄錄出來的：

【「佛子！……譬如遮多梨鬼爲報恩故，於萬劫爲如意珠，利益海生；一心如意亦復如是，能生長生死及涅槃法故。」】

遮多梨鬼跟海生這兩個人的故事就不談它，這一段文字的開示是說：這個實相心，就好比遮多梨鬼爲了想要報恩於海生的緣故，萬劫之中都化生爲如意珠，歸每一世的海生所有；所以萬劫之中只要海生一出生，就有這麼一顆如意珠；不論他求什麼事物，遮多梨鬼就幫他完成或者幫他弄來，所以這就是他的如意珠；遮多梨鬼就這樣萬劫之中，假藉如意珠的身相來報答海生的恩德。那麼「一心如意」的道理也是一樣的，是說每一個有情都有這麼一個心，這個心就像那顆如意寶珠一樣，爲眾生變生種種法。

也許有人不信：「我哪有這個寶珠？我每天朝九晚五謀生活，辛苦得要命。我弄了個小生意，希望今天可以賣個萬把塊錢，希望賺個五千塊錢，可都賺不到。學佛以後聽說有個如來藏寶珠，我可是一直求著啊：『如來藏寶珠啊！你今天要幫我賺錢。』結果都沒有。」但是 佛說每一個人都有一心如意，說有這個如意珠或叫作如意心；凡是想要從這個如意心來獲得所需要的，卻要有條件配合，要符合因果。換句話說，如果這個人依照因果來求，那就一定所求得遂。譬如海生因爲利益了遮多梨鬼，有這個前因，才會有後來的遮多梨鬼萬劫化身爲如意珠來利益海生。

比如說，有個人一心想要求生天堂，聽說住在天堂裡好快樂，只有享受都不會生病。只差一點他沒有想到：生天堂也會老、會死。例如五衰相現就是老，壽命終了下墮時，就叫作死。他就是沒有想到這一點，心裡只想著：**「我如果生了天堂，永遠長生不死。」**請問長生不死有沒有語病？長生就表示他出生很久了，既然有生就會有死，所以長生的人就一定會死，應該改爲長生必死，反而該說是離生不死。好了，他求生天堂，那天堂的住客都有個條件：必須是善人。那他就去行善，行善而求生天堂；死了以後，果然這個一心如意就幫他造了個天身，就生到欲界天去了。有人想：**「我努力修行，我要證樂空雙運，然後要往生烏金國土。」**好啊！他的實相心這個一心，也是會讓他如意，他一生努力與許多異性有情樂空雙運，等他死了，他的一心如意就幫他生到烏金國土，那叫作什麼國度？其實是羅剎的國度。眞的如意讓他往生了，他下一世往生到那邊去，就是一天到晚與羅刹女享樂，享受雙身法的淫樂；等他那邊壽盡捨報了，那時就只好大叫一聲：「**苦啊！**」然後就下墮三惡道了！就是這樣子，眞的一心如意而讓他如意。

有的人說：「**我想要出離三界生死。**」那就好好去修行，遇到善知識教導終於斷了我見，後來又斷了我執，他這「**一心如意**」也幫他成就無餘涅槃；因爲他把自己五蘊全都滅盡了以後，這「**一心如意**」的眞實自己就不再出生他的下一世了，不受後有了，就成爲無餘涅槃，還是所求得遂。所以，不論是生死法或者是涅槃法，不論是世間法或出世間、世出世間法，全都由「**一心如意**」來生長、變現。請問這種事情有誰能作得到？沒有誰的覺知心識陰或意識能作得到，只有祂實相心作得到。如果來世該製造一個狗身，這「**一心如意**」就幫他製造下一世的狗身；來世應該製造一個天身，「**一心如意**」就幫他製造下一世的天身。這眞的叫作「**一心如意**」，因爲凡是想要輪轉生死的人，就讓他去不斷地受生而輪轉生死；想要得涅槃的人，精進而如法地修行，就讓他得涅槃，所以說祂能夠生長涅槃法、生死法。實相心如來藏正是「**一心如意**」，是有這個能力的心，當然可以叫作「**妙業藏**」。然後又說，菩薩所行的種種妙善事業，全部都由如來藏這個能造妙業的實相心所收存，所以叫作「**妙業藏**」。

不論什麼樣的勝妙淨業，如來藏都可以收存，這些法種都不會漏失掉，這也有根據，《大般若波羅蜜多經》卷五百七十八云：「**一切有情皆妙業藏，一切事業加行依故。**」

這就是說宇宙中任何一個有情，全部都叫作「**妙業藏**」，因爲所謂的有情就是如來藏心所出生的五蘊十八界；既然如此，這些有情當然還是由如來藏所生，然後依如來藏而生存，也依如來藏而造作各種善惡業，同時依如來藏而領受各種苦樂報；所以說一切有情都是「**妙業藏**」，因爲這就是如來藏心，而祂正是一切事業、一切加行的所依。離開了如來藏，尚且不可能有五蘊十八界，何況能夠有一切有情，何況能夠有一切善妙淨業，所以說「**一切有情皆妙業藏，一切事業加行依故**」。

窺基法師註解《大般若波羅蜜多經》，他的《大般若波羅蜜多經般若理趣分述讚》卷一有這麼說；雖然不是佛陀親口講的，但因爲他講得好，我們也抄錄了來講：「**一切皆隨正語轉故，皆妙業藏。一切事業加行依故，由**

**觀有情而起三業，故曰觀自在。」**

這個註解就有一點禪的味道了，窺基引述《大般若經》的經文而這麼說：「一切的有情都隨著正語而運轉的緣故，所以說全部都是妙業藏。而一切事業加行的緣故，所以從這裡來觀察有情而生起了身口意三業，這時就從這個本來就在的心而說這樣叫作觀自在的菩薩。」這道理也是一樣的。那麼這些道理講過了，咱們再來看看宗門裡面怎麼說。《景德傳燈錄》卷二十六：

**【五雲山志逢禪師。問：「如何是如來藏？」師曰：「恰問著。」問：「如何是諸佛機？」師曰：「道是得麼？」師一日上堂，良久曰：「大眾看看。」便下座，歸方丈。】**

大家有一點失望呵？本來想：「從理上這麼講，講得這麼勝妙，聽起來心裡面好嚮往。」然後想：「也許等一下宗門的說法內容一陳列出來，那我不就開悟了嗎？」心裡正在期待，沒想到我唸出來以後只是這麼回事，眞的好失望！五雲山的志逢禪師，他的公案是這樣講的，有人問：「如何是如來藏？」因爲在正統宗師的教導下，所有門徒們都知道宗門裡的開悟就是要悟得如來藏，所以乾脆問：「如何是如來藏？」師父被問了，總得要指出如來藏的所在，不然他憑什麼當師父呢？好啊！學人這就提問啊！沒想到才剛問完，五雲禪師就回他說：「剛好被你問到。」這如來藏是在什麼地方被他問到了呢？這裡是講經的講堂，不是辦精進禪三，所以我也不會有比五雲禪師更白的機鋒；五雲禪師就是這樣的機鋒，說是剛好被他問到如來藏了。

我在想，有沒有人去禪三之前，就拜託家人說：「請你幫我演練演練吧！你扮演師父，我就扮演徒弟。」也許家人想：「我扮演師父也還不錯，可以佔佔徒弟的便宜。」所以每天見面後分手了，重新回來或者第二天再見面時，就重新再扮演一次：「請問師父！如何是如來藏？」這位扮演師父的家人就說：「剛好被你問到。」有沒有人眞的這樣作？我想應該是沒有。因爲不管哪一個家庭，一定不會有家人會同意的；因爲家人也是弄不清楚這到底是什麼意思，會覺得這樣子眞的好像有精神病，怎麼可能答應呢！

老實說，在世俗家庭中，不可能有人幫你來演這一齣戲而幫你開悟的。即使是在禪宗裡面，或者佛教界許多寺院號稱某某禪寺，既然稱爲禪寺當然是以禪宗的禪爲主修，於是請求說：「拜託師父！您每天加持弟子，就爲我扮演這個過程，好不好？」師父一定說：「我又沒有開悟，要我演這個戲，有什麼意思？」徒弟說：「拜託！師父！您就算幫忙我；我如果有因緣悟了，一定回頭幫忙您。」師父抱著萬分之一的希望，也許答應說：「好啦！」於是每天第一次見面時徒弟就問：「如何是如來藏？」師父答：「剛好被你問到。」然後弟子就下去了。等到中午過堂時，當然要來請師父過堂，初見面又問：「如何是如來藏？」師父有點忘了：「啊？喔、喔、喔……」終於又想起來了：「剛好被你問到。」終於講出來了！可是這樣演上三年有用嗎？還是沒有用啦！因爲這件公案，師父在心裡面不曉得唸過幾年了都還是沒辦法，何況這徒弟呢！眞的沒有辦法悟得。

五雲禪師的徒弟也許心裡想：「這個題目問過了，不然就換另一個問法，也許有機會悟入。」就問說：「如何是諸佛機？」就是問如何是諸佛的機鋒，諸佛來人間示現到底是來作什麼？是用什麼樣的機鋒來幫弟子開悟實相般若？所以問：「如何是諸佛機？」沒想到五雲志逢禪師乾脆跟他說：「說這個就是，好不好？」師父這樣答，你認爲到底好不好？你如果上門來問：「蕭老師！如何是諸佛機？」我就告訴你：「告訴你這個就是，行不行？」我就客氣一點說。

因爲禪師從來都是棒頭出孝子，上來還沒開口，一棒就打過去了。知道弟子準備要開口問禪，可就先打了，弟子不服氣，就抗聲說：「師父！我都還沒開口，爲什麼您就打我？」師父說：「等你開口問，縱使能夠悟入，將來能作得了什麼？」禪門裡像這樣打出來的開悟弟子，各個全都是孝子，沒有一個人會辜負禪師。呵護溺愛，往往會辜負，我不就被辜負三次了嗎？都因爲我總是呵護加上溺愛，才會得到這樣的果報。所以老人家常常會這樣子講：「棒下出孝子。」如果從小就太寵愛，將來都是不孝子；所以五雲禪師不想寵愛弟子，但他也不打人，乾脆回說：「我說這個就是，行不行？」眞的好客氣呵！但是五雲禪師這個答話，意在何處？可不能夠罵他說：「唉呀！五雲禪師這也是無頭公案。禪師家都是自由心證，什麼叫作開悟？一個禪師一個樣，都是騙人的！」等到上門議論佛法時，原以爲禪師對教下全都不懂，沒想到議論起佛法來，禪師把對方說的一件又一件地挑出毛病來；所有自以爲教下全都通達的人，可都經不起禪師考問，才知道原來禪師的開悟內容並不是自由心證。

有一天，這五雲志逢禪師又上堂。上堂了以後，他也不講話，良久。良久就是過了很久，然後他才開口說：「大眾啊！好生瞧著。」就是吩咐大眾啊：「你們大家仔細看一看喔！」才剛剛講完，就下座走了。到底他說了什麼法，要大眾好生瞧著？他開口才說了四個字，就走人了。他上座後良久，本來大家都在那邊耐心等著：「師父今天可能在構思著，要為我們講什麼很勝妙的法。」大家全都滿心期待著，沒想到他只說了四個字：「大眾看看。」就下座走了。五雲禪師葫蘆裡賣的是什麼藥？如果是現代那些教禪聞名的大山頭住持和尚，他們一定會指責說：「這叫作精神病。」因為我也曾被大山頭的學禪徒眾們罵過精神病的話，我還曾被他們罵過是「乩童」，可是我這個乩童是佛教中的乩童，可以為佛教徒指示迷津。說句難聽的話，三界中有誰不是乩童？他們自己也都是乩童，可是誰知道自己的真神呢？大家都不知道其中的密意。有時候我們不免要說一句話：「真正知道什麼叫佛法中的乩童的人，才是真悟的菩薩。」這才是真正的佛法。

所以說，禪宗門下這一些公案，看起來問處跟答處似乎都不相干，套句俗話說：問話與答話之間，八竿子也打不著。因為人家問：「如何是如來藏？」他總得要開示什麼是如來藏，讓人家知道如來藏何在呀！但五雲禪師沒有這樣回答，他竟然答說：「剛好被你問到。」眞的好怪喔？人家問：「如何是諸佛機？」他總得要解釋一下，但他完全沒有解釋，只是答覆說：「我說這個就是，行不行？」你看，眞的就是答非所問。然而，事實上，禪師已經明白指示了。

好啦！台灣北部有一位大法師，他讀到這一些祖師公案時看不懂，不論他怎麼用意識思惟體會也體會不出來；後來思惟過後自以爲懂了，乾脆開示說：「禪啊！這最好講，胡說八道一頓就對了。」還這樣公開地開示出來，後來還整理在書中印出去流通。他說：「打禪七的時候，我會開示說：生薑長在樹上，蘋果生在地下。平常我是不會這樣講的。」還印在書裡面流通，書名是什麼知道嗎？不知道啊？你們眞的是少聞寡慧，那本書叫作《禪的生活》，或者是《禪的體驗》。所以，你說禪宗這些公案容不容易懂？眞的難會。因爲連教人學禪而聞名四海的大法師都不懂，都會說出這樣的話來，當然不是容易懂的。由於他覺得公案中這些問話跟答話根本就不搭嘎，八竿子也打不著，都是答非所問，所以認爲禪師說話是應該講反話才對。

可是，五雲禪師這個答非所問，卻有弦外之音。若是有人能夠聽得到弦外之音，他就是眞正的菩薩。即使她把頭髮留得很長，或者燙了頭髮，嘴唇上還點了胭脂，但我可告訴你：她還眞是菩薩僧。不但是菩薩，而且還是僧喔！爲什麼呢？因爲佛菩提中不論僧俗，只要你悟了就叫作僧，是勝義菩薩僧。聲聞菩提中也有這樣的事實：只要斷了結、證了果，不論身相是僧是俗，全都是佛教聲聞法中的沙門。所以明心的人便叫作菩薩僧，墮於菩薩僧數。所以，佛菩提中不跟你談什麼初果、二果、三果、四果，都不談這個；只有在大乘通教法中，不修別教中開悟明心的法——不證佛菩提道的般若見道，才會說有初果到四果的果位。在佛菩提道中，就看你實證的位階是在五十二個位階裡面的哪個階段，只談這個果證，都不管你色身顯現出來是什麼樣的身分。如果你悟得早，悟得深，儘管天衣飄飄，天衣的顏色是花紅柳綠，即使不太會穿著而打扮得像三八阿花一樣，也都還叫作勝義菩薩僧。

在大乘法中就是這樣，且不說開悟，光說誦戒就好了；如果你受戒早，你就坐前面；受戒晚，就得坐在後面。即使他才十六、七歲，都還沒有成年，他受戒比你早，他還是應該坐在前面位子；即使她是個女生，只要受菩薩戒是比你早，也還是坐在你的前面。你縱使已經七老八十了，並且是個很有威儀的大法師，但你受菩薩戒比較晚，你就得坐在後面。但是如果有人受戒很早，然而因爲他受的菩薩戒是跟破戒的比丘領受的，那他連參加誦戒—布薩—的資格都沒有；假使他後來在沒有破重戒的比丘或菩薩處補受菩薩戒了，受戒就是晚了，那他就得坐到別人後面去；因爲他以前受的戒不算數，沒有戒體，後來重新受戒時才有戒體，就是後受戒者，雖然他已經出家五十年了，當然還是要坐到後面去。來到咱們同修會就是這樣子平等，這樣妳們女眾聽了，有沒有很高興？很高興呵！因爲咱們正覺最平等，從來不曾重男輕女。因爲在我們正覺裡面沒有男女之分，所看見的個個都是如來藏；從如來藏境界中來看時，哪個是男生？哪個是女生？哪個是出家？哪個是在家？全都看不見了，就依這樣的所見來處事，所以咱們正覺最平等。

問題是，五雲志逢上了堂，在法座上坐了好久，然後才開口說：「**大眾看看**。」大眾正準備要看，他可就下座走了。這是什麼道理？弟子們問如來藏在哪兒，他卻說：「**剛好被你問到**。」這裡面眞的有蹊蹺，可是蹊蹺在何處？那就是諸位要著眼的地方。如同這僧問說：「**如何是如來藏？**」我們回答說：「**如來藏具有金剛性**。」或者有人乾脆問「**如何是金剛藏**」好了，這時也許會有人質疑說：「金剛藏是一位菩薩的名稱，你怎麼要問這個？」那麼請問：金剛藏菩薩一生都在說什麼？他都在說明如來藏，那麼你問「如何是金剛藏」，不就問對了嗎？也許哪一天，有個大法師終於放下了慢心，來到正覺講堂，見了咱家便問：「如何是平實家風？」這也可以問啊！有的人乾脆開門見山、單刀直入：「如何是蕭平實？」這也可以啊！這都沒什麼好奇怪的。不該質問人家說：「你爲何這麼沒禮貌？」禪門裡面沒有禮貌這回事，只要他問的都是在法上，就沒有禮貌這回事，因爲如來藏不懂禮貌。好啦！人家問：「如何是蕭平實？」咱家趕快說：「看茶！」如果他機淺，就只好往茶裡面看，不懂得看侍者泡茶，我就走人了。

同理，「如何是正法藏？」「如何是妙業藏？」世尊說得好：「底唎——！」有沒有說得好呢？（有人答：有。）有！可是世尊說得好，到底是什麼處好？心中這麼想著：「有人聽了笑得好歡喜，眞是法喜充滿，那我要不要跟著笑？」所以說，世尊這麼答，究竟是爲什麼？這就是大家該用心的地方。宗說講完了，接著來講本經的下一段經文：

**經文：【**爾時世尊復以一切如來無量無邊際究竟盡相，為諸菩薩說一切法無量無邊際究竟盡平等實相般若波羅蜜法門，所謂：「般若波羅蜜無量故，一切諸佛亦無量。般若波羅蜜無邊故，一切諸佛亦無邊。般若波羅蜜一性故，一切諸法亦一性。般若波羅蜜究竟盡故，一切諸法亦究竟盡。」**】**

**講記：**講過了前一段經文中那個極短的咒語以後，世尊又以一切如來無量無邊際究竟盡的法相，來為諸菩薩演說一切法無量無邊際究竟盡的平等實相智慧到彼岸的法門，這個法門就是說：「智慧到彼岸無量的緣故，一切諸佛也是無量。智慧到彼岸無邊際的緣故，一切諸佛也沒有邊際。智慧到彼岸是同一個法性的緣故，所以一切諸法也都是同一個法性。智慧到彼岸究竟窮盡的緣故，一切諸法也是究竟窮盡了。」

單從字面的意思說來就是如此，然而這樣子每天讀、每天請出來課誦，要從什麼地方去實證這個般若波羅蜜？這還眞的難會。如果單單閱讀、課誦或者思惟《般若經》，瞭解這些經文的意思就能證得智慧到彼岸，古今不曉得多少人已經有智慧能夠到達無生無死的彼岸了；因為從古到今努力研讀《般若經》的人不勝其數、不勝枚舉，或者說不計其數。特別是有好多哲學教授們從西洋哲學開始研究，研究到後來說：「怎麼你們西方哲學家反而都讚歎東方哲學呢？」才忽然間醒悟過來，回頭再從自家東方哲學裡面去研究。研究下來的結果說，東方哲學都在引用佛經的話，這到底是什麼道理？乾脆自己直接來研讀佛經，於是每天就研之究之，總之一句話叫作研究。

這些研究佛經的人都是世間法中聰明絕頂的人，問題是：所有研究一輩子的人之中，最具體的代表是釋印順；他研究了不只六十年，他寫那一本《遊心法海六十年》出版以後又過了幾年？有沒有又過了三十年？還沒有？那麼應該又過二十年了；這樣子，應該說他遊心「法海」八十年了；可是若要說他遊心法海八十年，其實完全沒有；他活了一百〇一歲，二十九歲出家的，是不是？二十七歲出家嗎？那麼應該說他遊心法海七十餘年好了，結果呢，他自以為懂了般若，自以為實證般若，卻仍落入六識論裡面，只知道現象界諸法的緣生性空，並且還斷不了我見而認定意識細心常住。諸位想想看，他那麼努力研讀經典，聽說他手裡的《大藏經》被他翻到快要爛了（當然這可能只是個形容詞，不可能真的爛），既然被形容說他翻到快爛了，表示他很努力在研讀；問題是他自以為實證般若以後，竟然被我們證明他只是誤會一場。

由此可見他們拿了佛經，專作文字訓詁、治學研究是沒有用的。世尊其實早就講過了，這個深妙法「非思量分別之所能解」。世尊已經講過了：這個深般若、妙般若，並不是用意識思惟解析所能理解、所能到達的境界，所以光讀經中的語言文字而思惟研究是沒有用的。既然這樣，剛才我依文解義所解釋的那一遍說明也是沒有用的，對不對？（有人答：對。）當然是這樣嘛！你們別客氣，沒有用就是沒有用，事實上也是眞的沒有用，因爲只是依文解義。依文解義出來的一些道理，只對已經證悟的人有用；對還沒有證悟的人而言，一點用處也沒有。然而我依文解義解釋出來以後，所有眞正證悟的人讀了以後都會這樣說：「我直接讀經文就好了，何必聽你依文解義。」結果我依文解義以後還是沒有眞正的用處，所以我們還是不免要從實質上再來解釋一番。

「世尊復以一切如來無量無邊際究竟盡相」，這句話如果是一般大師們一定會解釋說：「這個時候世尊是示現一切如來把無量無邊際的所有煩惱都究竟斷盡的模樣。」一定是這樣解釋，然後接著解釋說：「示現了這樣的法相以後，就爲諸菩薩說一切法無量無邊際都究竟斷盡了，所以全部都是緣起性空，這樣就是平等實相的智慧到彼岸法門。」我保證他們會這樣講解，但實際上經文講的不是這個意思。「一切如來無量無邊際究竟盡相」，還是在講金剛心，就是指第八識金剛藏；因為祂具有不可毀壞的金剛性而能夠含容一切法，這一切法都從金剛心如來藏中生出來；菩薩們從自己身上，從異生凡夫乃至上到十方現在諸佛加以觀察時全都一樣，都有無量無邊際的究竟盡相；這其實是說，這個如來藏心不論你推究什麼法，不論你推究哪一尊如來，推究所有的有情與諸法之後，發覺如來的一切法，有情的一切法都是無量無邊際；可是推究到最後一切法都究竟窮盡了，再也無一法可得的時候，剩下的是什麼？就是金剛藏；這個金剛藏就是如來藏，也就是法身佛。

為什麼說這就是「究竟盡相」呢？因為推究到金剛藏的時候，過此即無一法可得，不可能超過金剛性的如來藏心以後還有法可以追究得到。所以，經文中這一句話說的「世尊復以一切如來無量無邊際究竟盡相」，是什麼相？（有人答：如來藏相。）對啊！大聲一點，不必客氣，對自己要有把握一點，當然就是如來藏相；是因為如來藏沒有量、沒有邊際，祂的自住境界中曾無一法可得。所以，這一句話的意思是說「爾時世尊復以如來藏相」，這樣講便節省了很多字，可是這樣就無法具足表達如來藏的另一層面的道理，因此還是得要回歸世尊所說的經文內涵來，咱們還是不能自作聰明；世尊是用這個如來藏相來爲諸菩薩宣說，說的是「一切法無量無邊際究竟盡」的「平等實相般若波羅蜜法門」。也就是說，世尊示現了這個如來藏相給諸菩薩們看，然後爲諸菩薩說這個如來藏的平等實相智慧到彼岸的法門。簡單的說就是，因爲一切法無量無邊際，推究到最後一切法都窮盡時，也就是推究到萬法的根源時，再也無一法可得了；這時就看見了這個一切法的根源，而祂是平等的，是實相法界唯一之法。這時就有了實相智慧到彼岸的功德，以實相智慧而到達無生無死的彼岸，不是靠著盲修瞎練，不是靠著橫練的外家功夫，而是依靠智慧。

有很多人修學佛法都誤會了說：「我一定要苦修苦練。」所以每天就跟兩條腿的腿痛對抗，因爲每天一定要打坐，又規定打坐時非得盤腿不行——好！就盤腿。盤腿坐好了，功夫好的話，一個鐘頭、二個鐘頭以後，開始覺得痠了；腿功不好的話，才盤個五分鐘，他就痛到不得了。每天都在跟腿痛對抗，那其實叫作熬腿。好不容易腿上功夫熬上來了，然後接著要換另一種，叫作熬心；因爲不是從斷煩惱下手來使心安靜下來，而是用練心的方法來壓制覺知心意識不打妄想。他們統統是用熬的，但是用熬的都很辛苦。大家想想看：那個「熬」字下面是什麼字首？是火啊！這表示說，熬腿的時候心裡面是火熱的，恨不得有涼水灌頂下來，也就是希望時間快點過去就可以放腿了。然後轉到熬心階段的時候，也是心頭火熱的：眞是好恨啊！每天都恨啊！恨誰呢？恨自己不乖不聽話，妄想一大堆，所以還是個「熬」字。

如果修行全都要用熬的，那眞的太辛苦了！可是來到正覺修行可就好幸福，都不用熬。你看，即使去參加精進禪三，也都不必盤腿在那邊熬腿。連盤腿都不用，隨你要怎麼坐都行；心也不用熬，不必把覺知心壓著不許打妄想，我們全都不用如此辛苦。我們打禪三時大家都不必熬腿，散盤時覺得腿痠了，改爲單盤也可以；單盤痠了，換腿就行了，不然改爲跨鶴坐或是蹲坐，也有人乾脆抱膝而坐，想要怎麼坐都行，只要不妨礙別人參禪就行；不然禮佛來參究也行，不必都坐在那裡不動，眞的隨意自在，都不用熬。我們的精進禪三過程中，大家的心也不用熬，腿也不用熬，單單要作什麼呢？叫作覓心，就是要找心；當然不是要找覺知心自己，覺知心的自己何必再找，本來就在。有誰不知道覺知心的自己存在？要找的當然是自己以前所不知道的心，只要負責把第八識金剛藏心找出來就行了，都不必熬心也不用熬腿；把祂找出來以後，既不必熬祂，也不必熬自己，統統都不用。唉呀！眞的輕鬆。

但是得要是這樣找出來的心，才會知道祂是本來自在，不是去練來的，也不是去轉變來的；祂也不是有出生的，而且祂本來就在那裡。只要能觀察自己這個心本來就在，你就可以自稱觀自在菩薩了。所以當你找出來以後，你去推究一切法：「唉呀！什麼法都有，眞的是無量無邊。」但是去把一切法作分門別類以後，再把它歸納；歸納到最後發覺一切法從哪裡來的呢？都是從這個實相心金剛藏生出來的。推究到這個心的時候會發覺：超越這個心就沒有一法可得了。這時候又觀察到實相心不是色法所以無量也沒有邊際，祂的境界中一法也無，就是「一切法無量無邊際究竟盡」相，因爲超過這個心就沒有任何法了，所有的法全都到這個心爲止，這就是「一切法無量無邊際」，但是已經成爲「究竟盡」相。這時就看見這個心是平等平等沒有差別，上從諸佛下到地獄眾生；如果是以人間來說，上從國王、皇帝下到螻蟻，莫不由此心，悉皆平等平等無有差別，這就是眞平等。

然後觀察一切法無不從此法來，包括山河大地都由此法來，所以這就是實相；宇宙萬有都從祂而來，所以才說橫遍十方、豎窮三際；推究到無量劫之前還是祂，往後推延到無量劫之後仍然是祂；但祂不曾有出生的時候，因爲是本然存在、法爾而有的不生法，本來無生所以未來也就沒有壞滅的時候，而現在這一世的一切也仍然都是祂。以十方世界來看，不論你到哪個世界去，都還是祂，一切有情莫非是祂；那麼從證悟者現觀的這個事實來看，顯然這就是宇宙萬有的根源，當然就是實相了。這樣，「一切法無量無邊際究竟盡」的「平等實相」親證了以後，當然就是智慧到彼岸。般若是智慧，波羅蜜是到彼岸；親證實相心金剛藏而現觀這個道理以後，就是證得「一切法無量無邊際究竟盡平等實相般若波羅蜜法門」了。這時現前觀察自己蘊處界存在的當下，是在生滅法當中同時也不離生滅法；而自己蘊處界這個生滅法，卻是在沒有生死的涅槃彼岸之中正在生滅著，那麼自己是不是已經住在無生無死的彼岸呢？是啊！是正在沒有生死的解脫彼岸，是同時住在離生死的解脫彼岸，因爲自己根本就活在如來藏裡面。對不對？對啊！這才是菩薩安身立命之處，除此而外再也沒有安身立命之處可得了。

所以，如果人家演戲的時候說：「我生是某家的人，死也要當某家的鬼，我死也要死在這裡。」你便讚歎說：「講得好啊！」因爲確實是如此，每一個有情都這樣：生在如來藏家，當然死也要死在如來藏家。說句不客氣的話，你想要死到如來藏以外，還眞的死不成。悟後這樣仔細觀察、再觀察，不斷地觀察，結果始終無法推翻這個道理，所以就說：「原來我有這個智慧以後，發覺自己從來都不離金剛藏心如來藏，我正在生死的當下就已經在沒有生死的解脫彼岸了，而我生死流轉當中就已經在涅槃之中。」這時候就知道說：「唉呀！原來這個就是平等實相智慧到彼岸的法門，原來這個法門就是證如來藏。」此後住在如來藏家中，出了遠門還在外地時，不必歸鄉就已經住在家中了！對不對？這樣講了，如果人家聽不懂，你就說：「我出門在外，不離家中。」眞的如此欸！沒有騙人的。

譬如說，也許明天公司派你一個任務要出遠門，到美國去出差一週。你到了美國，那客戶剛好也學佛，就說：「辛苦你了，讓你出門這麼遠。」你說：「沒關係！我出門千里之遠，依舊住在家中。」他會覺得說：「你怎麼現在出口不俗了？」眞的出口不俗，跟以前認識時大不一樣了，這就表示你確實是有平等實相智慧到彼岸的法門。這樣講了以後，這兩句也就通了，否則光是在那邊用語言文字去研究，研究到老、研究到死的結果，終究還是門外漢一個，始終不能入門。等到入了門以後，人家說：「你悟了個什麼？」你說：「我是個不入門者。」平常你總是教人家要入門，後來人家聽說你已經入門了，如今你卻說你是不入門者，那到底又是怎麼回事？不知道的人還以爲說：「你講話怎麼老是七顛八倒？」你說：「能夠這樣七顛八倒，才是佛菩提道裡的實證智慧。」

「般若波羅蜜無量故，一切諸佛亦無量。」這樣的法門到底是什麼樣的道理？世尊又有開示了：「由於智慧到彼岸沒有量的緣故，所以一切諸佛也沒有量。」量，表示某一個境界是可以演變的，那叫作量。譬如說數量，定出一個或多或少的數量，這數量要能夠被重複檢驗比對；或多或少的重量，也是一樣的道理。那麼量，就說它是一個現前的境界，或者說它是一個現前的事實，叫作量。如果依照一般大法師的解釋是說：「般若波羅蜜是沒有數量的，因爲它是智慧所以沒有數量，因爲沒有數量所以一切諸佛也沒有數量。」可是也有很多人信啊！因爲講解的人是個大法師。可是我們不這麼講，智慧到彼岸，它沒有什麼境界可言；智慧到彼岸的境界就是不生不死的境界，而不生不死是依智慧來說。這個智慧是說本來就沒有生死，而這個智慧其實是依如來藏境界來函蓋現象界的蘊處界而說的。從我們有情的五蘊來看待所證的如來藏時，現前看見如來藏本來沒有生死；而你也無法說如來藏自知有一個無生無死的境界，因爲如來藏從來不加了知——祂從來不了知自己是不是無生無死。既然從來不了知，有什麼境界可說？有什麼現量、非量、比量可說？全都沒有了，所以《心經》說「**無智亦無得**」。當然更不可能像那一些凡夫大師講的數量可說，所以祂是沒有量的——是沒有境界可說的。

由於這樣的緣故，所以一切諸佛也是沒有境界可說的。

「**般若波羅蜜無邊故，一切諸佛亦無邊。**」智慧到彼岸沒有邊，所以諸佛也沒有邊。有境界法才會有邊，沒有境界的法怎麼會有邊呢？必須是有境界法才會說有邊，譬如風景好漂亮，請問漂亮到哪裡？總不會翻到山頭去另外一邊時還是同一個漂亮吧！漂亮一定是有一個範圍，超過一個眼界的時候就沒有同一個漂亮可說；所以它有邊，是因爲它是個境界相。譬如說，這音樂好美，常常有人讚歎說：「**此曲只應天上有，人間哪得幾回聞？**」所以某某樂團來了，心想：「這是我最心儀的樂團，非得買門票去聽，即使黃牛票三萬塊錢我都願意付。」請問這個音樂有沒有邊？有啊！到了國家音樂廳去聽，總不能出了音樂廳時還能欣賞吧？當然不行了；所以一定有邊，凡是有境界法都是有邊的。可是智慧到彼岸是無邊的，沒有一個邊際可言，沒有一個邊可以到達，因爲它就是一種智慧，沒有一個境界相。而這個智慧的所依是如來藏，如來藏無形無色故亦無邊；所以這個智慧到彼岸也是無邊的，因爲如此，所以一切諸佛也無邊。

「般若波羅蜜一性故，一切諸法亦一性。」這個智慧到彼岸的法性只有一種，沒有第二種法性。不可能說某某人也有智慧到彼岸的實證，而某乙有另外一種智慧到彼岸的實證，內涵跟某甲不一樣；然後某丙又有另外一種智慧到彼岸的實證，他的內容又跟某甲、某乙不同。實相法界是唯一的法性，不可能有二種、三種不同的法性；正因爲實相法界只有一種，所以智慧到彼岸也只有一種法性。以前常常有別的道場傳話來說：「各人弘揚各人的法，你悟你的，我悟我的，請不要說人家的開悟智慧是對是錯。」我說：「我剛開始弘法那五年之間，從來都不講人家的對或錯；可是他們藉著大名聲在私下裡不斷地說我錯了，我只好公開講他們對或錯。」為什麼他們一定會講我們正覺悟錯了？因為他們的法跟我們不一樣。他們心裡也知道說，其實開悟的內容是只有一種，不可能有兩種、三種不同的開悟內容。但他們講的開悟內容跟我們講的不一樣，而我們講的很勝妙；他們講的只是意識想像的世間境界，人家一聽就懂，會覺得沒什麼；被人家一比較下來，他們的法很粗淺，所以他們受不了，當然要挾著大名聲而說我們的法錯了。

後來他們知道講不贏正覺，只好休兵；所以透過有關係的人來談：「你不要講人家對錯，你弘揚你的，他們弘揚他們的。」那當然可以啊！但我要附帶一句話：「你們不許再說眞的開悟了。只要你們不再說是已經開悟了，我就沒事了，我也就不講你們錯在何處。因為我說我開悟了，你們也說你們開悟了，結果是一個人悟一個樣，那是不是實相有兩種、三種？然而實相不可能有兩種以上。」佛早就預見未來會有這個事相出現，才開示說「般若波羅蜜一性故，一切諸法亦一性」。如果有人主張開悟有兩種、三種，你們要怎麼回應他？你可以說：「斯斯有兩種，開悟只有一種。」（大眾爆笑⋯⋯）事實上眞的是這樣嘛！這是永遠都不可推翻的道理，法界的實相怎麼可能有兩種、三種？除非實相法界分成兩種、三種，那麼某一種佛在第一種法界成佛，某一種佛在第二種法界成佛，諸佛就得要分等級而不是佛佛道同了。

除非是這樣，才可能各人悟各人的，可以互不相同。可是明明說「佛佛道同」，怎麼可能會有兩種、三種實相法界呢？不可能啦！所以如果有兩種、三種實相法界，那要怎麼樣整合？一定會出現整合的問題，否則就會有諍論：「你悟那個實相法界而成佛，我悟這種實相法界成佛，我們是不一樣的佛，我的佛界比你這一尊佛的境界高。」對方一定也會說：「我的佛界比你高。」那要如何整合與判定？這就是個大問題。所以在別的宗教裡面有整合的問題，但在佛教中，上從天界下到地獄，從娑婆到極樂，乃至向東而到不動佛土，不管到什麼佛土全都一樣，沒有整合的問題存在；因為實相法界只有一種，而諸佛所證都同樣是這個實相法界金剛藏，不可能會有兩種，所以世尊才說：「智慧到彼岸一性的緣故，一切諸法也是一性。」都是同樣的一種法性，沒有兩種、三種的法性。

那麼，這樣子，請問將來假使天主教或者道教，不管哪個宗教，他們如果也說已經開悟實相了，請問他們還會叫作天主教嗎？他們還會叫作道教嗎？一定不可能啦！因爲如果他們悟了，譬如天主教的教皇、神父、樞機主教、基督教的牧師，如果眞的悟了實相，他們一定會檢查：「我們的《新約》、《舊約》，或者比較近代的《標竿人生》、《荒漠甘泉》等經典或書籍，」包括寓有哲學意味的《但丁神曲》，全都可以拿來檢驗一下，「到底我們的哲學家、我們的教主有沒有開悟？」檢驗出來以後必然會發覺根本沒有開悟。在道教、一貫道裡，也許他們眞的證悟以後會去檢查：「我們的元始天尊，我們的母娘有沒有開悟般若？」都可以檢查他們到底有沒有悟？檢查的結果一定是沒有開悟。那好，如果今天我是道教的天師或者教主，我現在要開始弘揚實相的法門時，還能繼續自稱爲道教嗎？那時道教的宗徒都會罵我是離經叛道。如果我原來是天主教徒，今後也不能再自稱是天主教，因爲所有的樞機主教都會出來罵我離經叛道，說我是異教徒。因此我只好離開，不可能再待得住；這是因爲我知道我們原來信仰的教主沒有開悟實相而沒有般若，而我現在在天主教裡面當神父，我要如何承認自己還是天主教徒？我當然必須離開，不然我就得設法把我的天主教、道教轉變成爲佛教，不然我要怎麼整合不同的教義？眞的會有整合的問題。

可是娑婆世界的佛教、極樂世界的佛教、琉璃光如來的佛教，或者是天上、人間的佛教，不管去到哪裡，十方三世天上人間所有的佛教，都沒有這個整合的問題，因爲佛佛道同：「般若波羅蜜一性故，一切諸法亦一性。」根本沒有需要整合的問題。所以，我說那些外教在研究佛教的經典時，即使讀了我的書而開悟了，可就是他們痛苦過程的開始。爲什麼呢？因爲不知道今後該怎麼辦，明明自己的教主是沒有開悟的，若是硬要說有開悟的話，一定會被人家戳破。然而，心中想：「如果我要繼續留在以前信仰的宗教裡，我所說的證悟妙法，一定會被排擠。如果我不說證悟實相的妙法，但我明明證悟了，不該由於私心而不說。既然我已經成爲佛法中的實證者，必然已是賢聖菩薩了，爲什麼還要爲人演說凡夫位的三界生死法？那我也是要擔負因果的。」那時該怎麼辦？這個整合眞的是大問題。所以諸位從這裡可以下個結論了：實相般若的開悟實證只有一種，因爲實相只有一種。

以上說的是理證上的根據，那麼教證呢？這裡說「般若波羅蜜一性故，一切諸法亦一性」，這就是說，至教量已經印證我上面所演說的正理；如今理證、教證都有了，已證明開悟不會有兩種——實相不會有兩種。請問開悟證得的實相是什麼？只有一個金剛藏心如來藏，別無分號。今天講到這裡。

昨天第一梯次的禪三結束，我想有些人大概電話打來打去都聽到消息了。我這一回生了三個兒子——三隻金毛獅子。有的人也許覺得說：爲何這麼少？因爲正覺很需要人，應該多生幾個。但是我的看法並不一樣。譬如說，你如果養了三百多個孩子，名字已經有一些常常會忘記，還要再想老半天才會想起來，那你就不會想要多生一點。剛開始當然希望多一點，這個叫作門丁興旺。昨天禪三結束，大家過堂的時候，我與義工菩薩們留在三樓大殿作了晚課，然後向世尊告假，稟報說，這一次只有三位，雖然數量少，但品質優。可是這一回，佛的笑容不一樣。以前是有笑容，但不像這一回笑得很明顯。我想：「怎麼會這樣？是不是我眼花了？是禪三太累了所以眼花嗎？」我再定神繼續瞧眞切一點，眞的沒有眼花，就是笑得很歡喜的樣子，我從來沒有見過佛顯現那麼歡喜的樣子。

人數少一點，反而比較歡喜，這是什麼原因？這個原因當然必須要瞭解，我作了三次確認，佛陀眞的非常歡喜。這就是說，我們以了義正法弘揚到現在的主要目標，已經不是在推廣，而是在保護密意。我們平常禁止大家使用機鋒、引導等等，連我自己也在限制之列，目的就是在過濾宗門密意洩漏給證悟因緣還未成熟的人，以免導致正法因此提早斷絕。那我們就藉著禪三來過濾，這當然是兩重過濾，第一重就是報名的時候先過濾一遍，第二重是到了禪三的時候護法神也會幫忙過濾。如果是我們沒有過濾到或是沒注意到的，護法神也會在暗中幫忙過濾，所以這是一個最重要的考量點。

假使你養了三個孩子，家中萬貫家財，那麼三個孩子裡面，老大一天到晚跟你要錢出去賭博、花天酒地；老二也是一天到晚跟你要錢，雖然他不去花天酒地也不賭博，但他是從你家裡挖去他自己另外建立的小家庭裡面積聚起來，希望將來他這個家庭壯大了可以跟你相抗衡，想要分裂本來完整的家庭。這個老二雖然比老大好一些，還沒有敗掉家財，而老三都不跟你要錢，你給他多少錢，他將本求利努力去賺，經營生意賺了幾倍回來，全部都交到你這個大家庭裡來，努力把家裡建設得金碧輝煌，累積家裡的財物，而他自己都不想要什麼。像這樣的三個兒子，請問你將來年老捨報前，這萬貫家財要交給哪一個？當然交給老三喔！我也一樣，因為我代佛執行這件事情。譬如老大，我們就不必再談他，因爲根本就是個敗家子。可是，老二一天到晚說：「我要荷擔您的家業。」口號叫得好響亮，也從如來家得了好多錢財——得了很多法，結果竟然想要去承擔外道的家業，譬如去承擔一貫道、道教、天主教的家業，或者想要自己另外建立一個菩薩僧團——破和合僧，不肯融入完整的如來家業中來承擔如來的家業，那你能不能認同？不能呵！所以承擔了家業時，一定得是如來本來的完整家業。

你們可別說：「天主教？不會吧！」誰說不會？天主教裡現在也有一批人好努力在研究佛教的法義，特別是正覺的了義究竟妙法弘揚到現在的時節。以前馬丁路德改革過一次法義，他們基督教的法義，現在可能還想要再改革一遍，希望將來可以和佛教相提並論。以前基督教沒有所謂的三位一體，什麼聖靈、聖父、聖子，沒這回事，就只是信仰上帝。然而上帝的本質是什麼？是五陰。後來經過改革（因爲不能跟佛教的教義相比，當然他要改革），現在他們針對佛教的勝妙教義還在研究中，因爲他們終究無法實證，所以也還無法改革教義。一神教跟台灣那些大法師們交流二十年了，結果發現大家的境界全都一樣，所以就不需要改革；可是，現在出了個正覺同修會，大大不一樣喔！大法師們都不敢寫文章、寫書出來評論正覺，而大家都組織了研究小組在私下裡研究著：正覺所謂的開悟內容究竟是什麼？因爲這才是如來內室的珍寶。

大法師們跟天主教神父們往來的，都只是佛法庭院裡面的石頭、擺設等等，就只是那一些粗俗之物，可以在庭院中擺出來給外人看到的事物；那些其實都無妨，他們外教想要就送給他們，但是內室的珍寶就不可以了。假使有一天，道教、回教、天主教，他們也講起禪來，說他們也有明心、見性，請問佛教要放到哪裡去？那時候佛教就滅了，因爲全都被外教混淆以後成爲假開悟的外道法，佛教就被他們掩沒了。佛教滅了以後，外道裡面的禪也會跟著滅，因爲他們終究會覺得說：「已經沒有佛教可以跟我們相比了，我們還講禪幹什麼？」但這情況不太會發生，因爲他們講的禪如果是眞正開悟的內容，一定會推翻他們三人教的教義，你說他們的宗教裡不會有人反對嗎？

可是，一貫道的說法就會不一樣：「我們也供奉釋迦牟尼佛。我們既然奉侍了佛，當然我們也可以弘揚佛法。」現在有個問題：「你是不是三寶弟子？」他們只是精、氣、神「三寶」的弟子，但不是佛教三寶佛、法、僧三寶的弟子。這意思是什麼呢？其實他們是敞明了說：「我一貫道要用你們佛教的東西，來充我一貫道的門面，才能擴充我一貫道的勢力。」這擺明了就是公開宣稱：「我就是要竊盜你佛教的東西，來成就我的一貫道。」所以我說他們不是一貫道，而是一貫盜。

但是如今我還是要公開地說：假使一貫道中有點傳師，或者天才、或者經理；不管他們是什麼身分，假使宣稱開悟實相了，竟然還會繼續留在一貫道中奉侍母娘，繼續稱呼羅祖為創教者，繼續歸依著一貫道，我公開地說：這個人絕對不可能眞的開悟。為什麼呢？因為他的實相智慧並沒有生起來。假使他的智慧眞的生起來了，把所有扶鸞得來的，或者羅祖寫下來的文字全都拿來檢查：到現在為止，一貫道的前人、今人所講的法義，有沒有證據可以證明他們眞的開悟了呢？答案還是：沒有。從羅祖一直到現在的所有前人、點傳師……等人，全都沒有開悟實相，連他們創造出來的母娘也是沒有開悟的欲界凡夫。

一個明心證悟的人，必然已經同時斷三縛結而成就聲聞初果，同時也是七住位的菩薩；有了實相般若以後，竟然還能歸依凡夫位的母娘或點傳師、前人，這表示他的慧眼根本沒有生起。既然慧眼沒有生起來，一定是悟錯了，否則不可能慧眼不能生起。慧眼如果生起了，他就一定能夠簡擇：原來我們母娘沒有悟，我們羅祖也沒有悟。悟了一定會有這個慧眼能夠簡擇，所以外道裡面如果有誰證悟了如來藏，生起慧眼了，他一定會離開原來的宗教，不然他就要想辦法改革：**我們就回歸佛教而歸屬於佛教**。只有這一條路，再也沒有第二條路可走了。如果還繼續留下去，並且爲母娘、爲某某點傳師或者爲羅祖張眼說「**他們有開悟**」，就表示他的慧眼還沒有生起來，無法看出他們都是未斷我見也還沒有明心的凡夫。如果他們宣稱母娘或羅祖或耶和華確實有開悟，就得要提出他們的經典等文字證據來；但事實上，他們永遠都沒有任何文獻可以提出來佐證。

所以，從一貫道的宗教名稱來看，意思是擺明了說：「**我就是要竊盜你們天主教、道教、儒家、佛教、回教的法來成立我的教，我不但強盜了你們的教義，我還能夠一以貫之，比你們四教一家更行。**」強盜了人家的教義以後，沒有覺得羞恥，竟然還回過頭來強壓被強盜教義的四教一家，喧賓奪主，如今天下眞的不講道理了嗎？問題是：你供奉了釋迦牟尼佛，有沒有得到釋迦牟尼佛的允許來獲得這個實相法呢？釋迦牟尼佛會允許你一貫道來獲得這個實相法嗎？當然不可能，因爲如果是悟得如來的法，就得開始承擔如來的家業了，那他就是佛的弟子，他的宗教必然就是佛教。

所以，歷史上示現的大菩薩出現在外道中，最後一定是把一大票人度了、悟了以後，全都投入佛門中。沒有人是開悟了實相以後，結果還在外道法裡面繼續當外道，因爲所證的內涵與外道的教義不相容，也因爲已經看清楚外道的教主們都沒有開悟。所以，不能因爲說他們那裡供了釋迦牟尼佛（假使天主教哪一天也供了釋迦牟尼佛），你就說：「**那沒關係，實相妙法可以傳給他。**」眞的不行，因爲世尊不會去那邊住持，而他們連歸依三寶都不肯，都還不願意成爲佛弟子，怎麼能把佛法家裡的珍寶交給他們，這一點是要讓大家瞭解的。

因爲我們的法跟四大山頭不一樣，他們全都是意識的境界。意識境界通外道，所以他們要與外教怎麼交流，我都沒意見。甚至於如果哪個佛教寺院裡面要供奉耶穌、供奉穆罕默德或一貫道的母娘，我也都沒意見，那可以方便叫作布施供養天神、鬼神，那也可以嘛！但不能放在佛案上，他們得另外弄一個房間去供。可是那畢竟只能是供養，不該歸依的；因爲身爲佛弟子，

法出 世尊，由 世尊傳授，所以我們的如來藏實相法既不是意識境界而不通外道，怎麼可以把這個法流通到外道裡面去？所以假使把這個了義正法不加簡擇，並且不是嚴格的簡擇，平常課堂上就直接把妙法明言而教導了，顯然了義正法要滅，不會很久。假使將來會有這個可能，那我寧可把所有講堂都關閉，正覺教團開始銷聲匿跡，都不要再弘法了。只有在不會洩露佛法密意的狀況下，我才會繼續推廣正法；這就是我的原則，我在這裡公開作出這個宣示。因爲這回禪三只有三位破參，而 佛陀很高興、很高興；我詳細確認了三次，不是眼花，因爲眞的很高興，我就知道 世尊的意旨了。

所以我要這樣公開的宣示，我們佛教裡的家財只許交給第三個兒子，其他兩個不成才的兒子都甭想要。假使聽到有誰說：「**我得了法，想要公開把密意寫在書上印出去。**」假使我知道了，我一定會去他家裡公開殺掉他，我去警察局自首後，被關在牢裡或者被判死刑都沒關係；因爲我必須守護正法祕密，也讓他免除死後下墮地獄的果報。假使因此我得下地獄也沒關係，但我一定要殺掉他，阻止他公開寫出密意，我什麼都可以不必考慮。這就是我的決心，我說到以後也會作到。所以這件事情請大家務必要幫忙，怎樣讓了義法的密意不洩漏於外道之中，也不會洩漏給佛門中得法因緣還沒成熟的人，這才是最重要的。我們不能老是推給護法神，我們自己能作的就要先去作，至於我們有所不察而產生的漏網之魚，才讓給護法神來處理；我們不該事事都推給護法神，這就是我要表達給諸位的意思。

因爲現在各道場派來的人都有，而且不是少數人，當然我們必須要特別小心一點。所以證悟的人數少而品質好，才能夠提升正覺教團與菩薩僧團的實質內涵。我們以前草創期時，只要有人就行了；但是現在已經改爲精品店了，不想再像以前那樣趕快推出產品：有人買，大家有口碑就行。我們現在希望的是品質精良，而且都要能夠善護密意，希望大家都能體會這一點。因爲世尊也是一再交代：不要對外道隨便講，悟緣未成熟的佛弟子也不該證得。世尊說，違背的人就是虧損法事，也是虧損如來。誰要是虧損了三界至尊，那他死後就自己去承受吧！但是希望不要弄個爛攤子讓我來收拾，我希望是這樣。這樣聽起來好像有些沉重，實際上我很擔心這一點；我這一回是等於公開向大家表示，眞的很擔心。

那麼就回到《實相經宗通》來，繼續享受我們的法樂。上一週講到三十六頁第二行：「一切諸法亦一性。」這講完了嗎？講完了！好！接下來：「般若波羅蜜究竟盡故，一切諸法亦究竟盡。」智慧到彼岸是怎麼能夠究竟盡呢？因爲智慧到彼岸，這跟聲聞解脫顯然不同。聲聞聖者解脫而到達無生無死的彼岸，其實是沒有到達；因爲他們去到無生死的彼岸時，已經滅盡五陰十八界了，當然不可能有「人」能夠到達無生無死的解脫彼岸。他們自己的三界我已經滅除而消失掉了，還會有自我可以到達嗎？但菩薩的所證卻與聲聞聖者不一樣，在蘊處界仍然繼續存在的當下，就已經住在無生無死的涅槃境界之中了；因爲所謂的無餘涅槃，其實就是如來藏獨存的境界；阿羅漢入了涅槃滅掉五陰十八界以後，所剩下的也就只是如來藏，所以涅槃是依實相心如來藏施設。

涅槃不是眞實有，涅槃其實就是如來藏的自住境界。那麼這樣一來，阿羅漢離開三界生死以後，顯然並沒有眞的到達無生無死的彼岸，而是蘊處界滅失了以後，留下他的如來藏繼續獨住於涅槃之中，而那個涅槃不是阿羅漢的五蘊之所能到。但菩薩現見自己的五蘊住於如來藏中，而如來藏本來就離生死、就是無餘涅槃，這樣由蘊處界自我現前照見正在離生死的彼岸之中，這叫作般若波羅蜜——智慧到彼岸。可是這個般若波羅蜜，明明是蘊處界以及諸法完全俱在，一法也不缺，爲什麼會說是「究竟盡」？所以這不是可以依字面的意思來解釋的，否則就會成爲永遠不懂、永遠只能想像而不能親證的玄學；但佛法是可以親證的，不是只供學術研究的思想、玄學。

智慧到彼岸的「究竟盡」，是因爲推究一切諸法時，不斷地向前推，一直推窮到最究竟地步的時候，永遠都只能推究到如來藏爲止，過了如來藏就再也沒有任何一法存在。所以「般若波羅蜜」的深妙法世尊講了十九年，那麼多的經典，單說《大般若經》好了，總共六百卷，光是從文字表面上來閱讀，就得讀上六個月；還有《小品般若》和其他的《般若經》，所以世尊前後講了十九年之久。講了這麼多的般若波羅蜜多，大家都說：「哇！眞的是大部頭，數量這麼多！」可是第二轉法輪的般若系列諸經，其實並沒有函蓋三界一切法，還只是要進入初地之前所應該修學的法。這個部分的深妙法，在成佛之道三大無量數劫之中只佔了一大無量數劫，是入地之前要完成的。這一些法已經夠多了，如果加上第二大阿僧祇劫，七地滿心之前要修十度波羅蜜中的前七度，從布施波羅蜜到方便善巧波羅蜜爲止，這都屬於一切種智的範圍，同時要完成的就是三界愛的習氣種子必須全部斷盡。

習氣種子在七地滿心前就斷盡了，剩下的最後一分我執是故意保留的，作為未來世受生於人間的基礎，直到七地滿心時才斷盡。接下來是依大願而不是依三界愛習氣種子來人間受生，這時剩下三個波羅蜜要修，是專門針對異熟種子來對治、來斷盡無量無邊的無始無明「上煩惱」；這三個階位卻要修一大阿僧祇劫，都是針對異熟性的種子來修學。請問：這樣三大阿僧祇劫所應斷的煩惱，所應盡的異熟性的無明，以及所應修證的法共有多少呢？有人還能想像嗎？眞的無法想像。可是不論你怎麼推究，到達究竟佛地之前的法是這麼多，這也屬於般若波羅蜜，因爲一切種智也屬於般若，這就是廣義的般若；然而推究這三大阿僧祇劫所應斷法、所應證法，眞是無量無邊不可窮盡，而這一切無量無邊的無數法，都是到此實相心如來藏爲止，過了實相心如來藏就再也沒有一法可得了，因爲一切諸法都從如來藏中生，源於實相法界如來藏心。

假使你能夠窮盡一切諸法，推究到最後，仍然是由這個實相智慧而到達無生無死的解脫彼岸。這不是七住位或者初地心的境界，因爲這是分段生死的現行以及三界愛的習氣種子全部斷盡，也包括所知障的一切上煩惱塵沙惑全部斷盡，才能到達這個境界——成佛；可是推究一切諸法而且究竟窮盡了，依然會發覺都是這個金剛心如來藏，是由這個金剛藏來衍生一切的諸法。那麼這樣把般若波羅蜜窮究到底、究竟無餘的時候，說一切法已經「究竟盡」了，再也無法找出有什麼法可以外於如來藏時，就說「般若波羅蜜究竟盡」；由於這個緣故，所以一切諸法也是「究竟盡」。換句話說，成佛之道如果已經究竟了，那麼一切諸法也是究竟窮盡了，這時無有一法不證，無有一煩惱不斷，這就是「一切諸法亦究竟盡」。但是這「一切諸法究竟盡」，卻是從智慧到彼岸深妙法的究竟窮盡而來，這樣才能夠說是眞正的成佛之道。

阿羅漢被那些六識論的應成派中觀師們，推崇爲與釋迦佛平等，但是阿羅漢所斷的煩惱是什麼？所證的果報又是什麼？只是斷除三界愛的現行罷了，可是三界愛的習氣種子完全沒有斷，而且法界實相的正理也完全不曾觸證，連三賢位的第七住菩薩的般若智慧都還沒有，請問這樣的阿羅漢可以是佛嗎？所以當年世尊示現入滅時，有哪一位大阿羅漢敢站出來說「我要紹繼佛位」？一個也沒有！不說沒有，連起心動念都不敢，爲什麼呢？因爲擺在面前還有那麼多的大菩薩。這些大菩薩們才一開口，阿羅漢們都得閉嘴，不敢說法，何況敢站出來想要紹繼佛位？

而且 佛陀已經公開授記：當來下生 彌勒尊佛。連 彌勒尊佛都不敢馬上紹繼佛位，都還要再等五億七千六百萬年後。連隨後繼承佛位的妙覺菩薩都還要等那麼久，有哪個菩薩敢說他要紹繼佛位？菩薩們可都不敢，因爲連彌勒菩薩都沒有說他要立即成佛，菩薩們還敢嗎？那麼阿羅漢們看見菩薩，個個是緊張到不得了，因爲七地以下的菩薩們習氣種子還沒有斷盡，阿羅漢們深怕菩薩們哪一天無風起浪，找上門來：「你說你是佛，我告訴你，我都**還不是佛，你憑什麼說你是佛？不然我們來談談佛法，先談般若就好，只談三賢位中第七住位的般若。**」不迴心的大阿羅漢還能不怕嗎？個個都怕死了！所以說，那些落入意識中的應成派中觀等六識論者的說法不可信，他們的書籍寫了一大堆，我只給他們五個字的評論：滿紙荒唐言。

所以般若波羅蜜的「**究竟盡**」是不容易的，通達以後具足後得無分別智而入地了，也還沒有「**究竟盡**」；如果般若波羅蜜能夠究竟盡了，那就是窮盡一切諸法，沒有哪一個起煩惱、上煩惱是尚未斷盡的，那麼就沒有任何一個法是不證的，那些定性聲聞的阿羅漢們有這樣嗎？連妙覺菩薩都不敢這麼說，何況諸大菩薩？更何況不懂般若的不迴心大阿羅漢們？可是有一種人就敢說他已經成佛了，這種人叫作凡夫；因爲他們完全不懂三乘菩提，所以就敢這麼說。還有比凡夫更愚癡大膽的人說：「釋迦牟尼佛是我的兒子。」有沒有聽過？有嘛！那一些人連七住位明心的智慧都沒有，連初果的果證也都還沒有證得，本質上只能仰望阿羅漢。而阿羅漢們是不被第七住菩薩們看在眼裡的，更何況諸地、等覺、妙覺菩薩呢！可是這樣的凡夫連聲聞初果都不如，竟然敢說 世尊是他的兒子，這不是荒唐言又是什麼？就好像曾、曾、曾、曾、曾祖父傳下來的輩分，叫作什麼孫？叫作曾、曾、曾、曾、曾孫，結果這個孫子竟說那個曾、曾、曾、曾、曾祖父是他所生的，何等可笑！

可是不管什麼樣的邪說都會有人相信，就像是不管多麼爛的產品都會有人亂買，末法時代眞是如此啊！而且有人是花大筆錢去買最爛的產品，因爲那個產品很貴，所以他認爲買到的是最好的產品。我們的法產品賣得很便宜，眞的很便宜啊！我們不像外面那些道場，要見大法師得要把支票簿帶著，三千萬、五千萬元這樣開出去供養，大師收了票子三千萬、五千萬元軋進銀行兌現了，然後讓他去參加禪七，幫他開悟；悟個什麼呢？只是離念靈知——意識。唉呀！大法師給他的是一顆冬瓜印，可是他寶貝得不得了，帶回家用個黃金盒子裝著，還怕它漏了風，再把它封得緊緊地供了起來。二十年後，正覺推出了金剛寶印產品，他想：「我才不服呢！你那個法也不必捐上三千萬、一億元。你們正覺曾經有誰是一捐就三千萬元的？沒有呀！那我每次一捐就是三千萬元，而我已經捐了好幾年，現在已經捐出好幾億元了，這樣很不容易才獲得大法師的印證，所以我這個才是金剛寶印。」

但我們說：「那不是金剛寶印，只是冬瓜印，早就爛了。」後來風聞我說的話，心中當然不信。但是有一天因爲好奇，就拆開珍藏著的黃金寶盒來看看那個大法師給的寶印：只剩下黴菌。然而眾生大多是這樣，雖然是爛產品，你把價格提得很高，他們就說：「這個產品一定特別好，才會這麼貴。」如果像我們這樣，就有很多人不信，所以，我們不到二十年，不是已經退轉過三批人嗎？因爲我們都不向他們要求什麼奉獻與供養。那些退轉的人之中，還有一些人是從來不曾護持過如來藏正法的，跟著我學法十幾年來不曾護持過一毛錢，又得的容易，所以就看不起實相心如來藏了。

但是，法的正眞與否，不在價錢賣得貴或賤，而在於法的實質。所以眞正的智慧是從哪裡出生的？這問題一定要探究清楚，不可以只看對方的名氣大小就跟著人云亦云。可是當你實證實相心金剛藏以後，把一切法詳加推究的結果，從來不曾外於實相心如來藏之外，全都在如來藏裡面；這樣轉依實相心金剛藏而繼續修學般若波羅蜜，歷經三大阿僧祇劫，把煩惱障的現行以及習氣種子斷盡，也實證了諸地無生法忍，滿了七地心；接下來的最後一大阿僧祇劫，純粹是針對異熟種子的內容而進修。這個異熟種子的內涵要進修一大阿僧祇劫，那時不叫你斷煩惱，因爲那時候沒有煩惱可斷了，無始無明所攝的上煩惱並不是三界法中的煩惱，只是方便稱爲煩惱，因爲只會障礙成佛而不障礙解脫；這時連習氣種子都斷盡了，可是這個異熟種內涵的修學竟然要一大阿僧祇劫，然後才能成佛。

那一些自稱成佛的人，或者自稱是 釋迦牟尼佛母親的人，他們懂這個嗎？莫說不懂，連七住菩薩明心所得的根本無分別智的粗淺智慧都沒有。且也不說明心智慧，他們連聲聞初果斷我見的智慧都沒有，所以我說只有凡夫才敢說他已經成佛了。只要有一點點智慧，就不敢自稱成佛了，所以我們今天再定下一個定律：只要有誰在　彌勒成佛以前自稱成佛，他就是凡夫。請諸位記住這個定律，不管他自稱活佛或死佛（大眾笑…），全都是凡夫，這個定律永遠不會被推翻。所以諸位以後若要判斷那一些大師們，只要他們說自己成佛了，那就是凡夫。這樣最容易判斷，連他們寫的書、說的開示都不必讀也不必聽，只要聽到他講這一句話，就可以判定他是凡夫。因為只要眞的明心了，就會知道自己絕對還不是佛。為什麼我能這樣講？因為般若波羅蜜的究竟盡，到底是什麼義理、什麼內容，他們完全不知道。完全不知道的人竟敢自稱成佛，那當然是凡夫，才會有這種妄想。這就表示說，能夠究竟通達般若波羅蜜而且無有一法遺餘，也就是「一切諸法亦究竟盡」的人，才有資格自稱成佛。而這樣的人，要再等五億七千六百萬年以後才會出現在人間，在那個時節之前不會在地球上出現。

這一段經文講完了，再來看補充資料。因為經文既然說　世尊是「為諸菩薩說一切法無量無邊際究竟盡平等實相般若波羅蜜法門」，我們當然得要來探究什麼是平等實相。我們最早期的福田組組長，有一天向我讚歎，那是在十幾年前的事：「老師！您這個筆名取得好啊！眞的是平等實相。因為好像佛教界還沒有人敢用這個名字。」可是我對他說：「我從來沒有想過我是證平等實相，我取這個筆名的理由很簡單，是平凡與實在。」可是我今天卻要反過來說，其實他講的也沒有錯，爲什麼呢？因爲平等實相也是最平凡、最實在的，祂一點點都不會誇張或炫耀。所以，祂的心行很平淡，使人很不容易發覺到祂的存在，就像洞山良价禪師說的：「潛行密用，如愚如魯。」意思是說，平等實相是很平凡、很實在的，就是說這個如來藏心以及祂所顯示的佛性，從一個實證者的立場來看，眞的好像愚癡人一般，祂的直心，直到幾乎變成愚魯的人一樣，所以洞山禪師才把祂形容是「如愚如魯」。

祂呢，從來不張揚。一般人如果作了一件什麼事，就會趕快去跟師父報告：「師父！您看，我這件事情作得如何？」其實不過是件小事情，師父不好意思說：「你這個不是大事，別來煩我。」但他就是想要獻寶。這種現象在各大道場中是普遍可以見到的，但在我們會中不多，只有很少數人有這種情形。所以你看，我們正覺同修會大家努力作事，從來沒有誰來跟我報告：「欸！老師！我昨天作了什麼又作了什麼，我前天也作了什麼。」都是大家默默地去作，因爲那都是爲自己作的，不是爲我平實作的。以前常常看見有人作了些什麼事，回家就趕快到 佛像前稟告：「世尊！今天我幫您作了什麼。」世尊還需要他幫忙作事情喲？他所作的事其實是爲自己的福德而作的，不是爲 世尊作的，這個道理大家要記得。

如來藏從來不像他這樣，如來藏都是潛行密用，祂一直都很低調，不論作什麼都不會來跟你通報說：「張某某！李某某！我幫你作了什麼事。」從來都不會，祂只是默默地作；不管你有沒有注意祂，祂都是默默地作，所有的行爲都是偷偷地作，不是爲祂自己，是爲你們，所以洞山禪師把祂這個心行叫作「潛行密用」，行爲都是很低調，就好像是潛藏著去作，都不是高調地給你看見祂在幹什麼。雖然祂都是潛行，但祂的一切功德作用，都是綿密地不斷在作用著；所以洞山禪師給如來藏的評語就只八個字：潛行密用，如愚如魯。這表示什麼意思呢？既然祂能潛行也能密用，就表示祂很實在，是有功能在運作著的，不是想像的、空泛的一個概念。祂，有作用，然而從來都是祕密地在作用，從來不張揚，所以我說祂很實在。

祂也從來不會對你區別說：「爲什麼這一世的五陰這麼卑賤？爲什麼不要生爲天人或天主？」祂從來不會這樣分別。上一輩子當國王，祂也不會說：

「既然當了國王，我如來藏對這個五陰就要多付出一點。」如來藏都不會起這種分別，永遠平等看待；不管哪一世的五陰是怎麼樣的貴賤尊卑，祂都一概不分別，同樣努力地照顧到底，所以祂眞的很平等；這種平等法，才是眞正的實相法界，因爲一切法都是從祂那裡出生的。這種平等的法有無量無邊的功德，可是卻「潛行密用」，因此說祂眞的是「平等實相」——無有一法不從祂來。

這個平等實相法，永遠都是很平凡、很實在，從來不會跟你唱高調。但是等你證得祂了，從此你可以唱高調了，不管你彈起什麼曲子——說起什麼法來，眾生都是「仰之彌高、鑽之彌堅」，可是永遠都到不了；而你智慧之所以湧發，猶如噴泉一樣不斷地噴出來，叫作智慧橫生，卻都是因爲證得這個很平凡、很實在的平等實相心，不是證得什麼很玄妙的法；從此以後「曲高和人寡」，沒有人能夠跟你應和。有哪個大師是能跟你應和的？你這麼有智慧，彈的都是高調，心裡面卻一點都不高傲，覺得自己眞的不能算是老幾，更不要說是老大；因爲推究自己的所有智慧與功德，都是從很平凡實在的如來藏心得來的。人家如來藏都沒有傲慢了，我們憑什麼還要自己傲慢起來呢！所以慢心也就不在了。

即使你很努力在破邪顯正，把一切大師都捅下水了，可是你心中仍然沒有慢心，因爲你只是想要救護那些被大師陷害落入大妄語業的眾生而已，不是爲了要與大師們比較高下。爲什麼不是爲比較呢？因爲無從比較。單說一個明心，那些大師們就不懂了；而你的實相智慧橫生，如何能讓他們理解？所以根本不用比較，無從比起。因此，十幾年來，很多道場都說：「**蕭平實沒有辦法跟佛教界對話。**」我一向都接受這個說法，因爲我一開始就接受了：眞的沒辦法對話。這不是因爲我瞧不起他們，而是因爲南轅北轍，無法組成一輛車。還眞的是南轅北轍，所以我是一開始就接受，並且沒有一絲絲的瞋心去接受，我是歡喜接受的。所以在網路上，今天哪一家這麼說，另一家又這麼說，有人列了好幾家的說法給我：「**您看！這麼多道場說老師您沒辦法跟他們對話。**」我說：「**對啊！**」我第一次聽到時就說：「**對啊！我是沒辦法跟他們對話。**」所以這是我自己的認知，不必等他們講；因爲我在現象法界中又同時也在實相法界中，他們只在現象法界中，完全看不見實相法界，我爲他們詳細解說以後他們還是不懂，那我要如何與他們對話？

但是，這平等實相畢竟是個什麼？就是如來藏所顯示的眞如法性，也就是修學大乘法的人所熟知的自性清淨的無分別心。那麼談到自性清淨的無分別心，這句話其實就是一個套索，這個圈套一拉，佛教界所有凡夫大師全都死盡。什麼人不會被這套索拉死呢？只有菩薩。因爲菩薩脖子從來不在這個套索裡面，菩薩都是拿著這個套索的人。爲什麼我這麼說？譬如說「**自性清淨的無分別心**」，這句話一提出來，佛教界沒有人敢推翻。諸位可以回憶一下，從你學佛以來，有誰曾經出來推翻這一句話？沒有。因爲修行的目的就是要心地清淨，不去作高下分別；這個理論大家都承認，因爲這符合平等平等的經文說法。

然而問題來了，要修證這個般若波羅蜜法門，是該站在六識論的立場而修呢？或是站在八識論的立場而修呢？這個立場一旦選錯了，一生所修可就全都唐捐其功。堅持六識論的人說要自性清淨、要無分別，所以努力修行，終於覺得自己開悟了，就寫了很多文字出來流通；當別人說他落入意識、悟得不對的時候，他如果是憤恨不平地寫東西出來反駁以前，首先要通過弟子眾的檢驗，弟子們會說：「**師父！怎麼您寫反駁的文章寫得這麼生氣？帶著**

許多火氣？顯然師父就是有分別，師父的自性不清淨。」徒弟們心中就開始打問號了。既然有人這麼說話了，他當然要壓著性子，結果就是頸動脈跳得很厲害，又不可以發脾氣罵人，就變成臉色鐵青，有的人體質不同的緣故就會滿臉通紅。他爲何要如此壓抑自己不生氣呢？因爲他所謂的自性清淨心正是這個會生氣的覺知心。

可是，三賢位的菩薩如果看到有人毀壞正法很嚴重的時候氣得不得了，也沒有關係。當人家說：「你不是證得自性清淨心嗎？不是證得無分別心嗎？你若是不分別，怎麼會生氣？你生氣了，還能叫自性清淨嗎？」菩薩說：「錯了！我儘管自性清淨，我儘管是無分別，因爲眞我從來就是這樣，所以我的五蘊現在不論怎麼生氣、怎麼分別，眞正的我還是自性清淨而不分別。」這六識論者聽了可就麻煩了，他沒有辦法挑毛病，爲什麼呢？因爲他聽不懂。菩薩接著說：「我生氣的是意識心，我正分別的是意識心，可是我的本際金剛藏從來不分別，從來不生氣。」毛病還眞挑不到。

想想看，我出來弘法五、六年後寫書開始破斥邪見時，眞的是四面爲敵，然後每天晚上聽到的是八方楚歌，我卻拿它當調劑娛樂的音樂來聽；何以至此？因為我當時在人間沒有知音。既沒有知音，無妨把那一些東西拿來作為努力為眾生付出的沒什麼世俗樂趣的過程當中，作為一種花絮來看待。如果大家都不提出意見，讓我這樣很平淡的過著救護眾生的日子，不會覺得太無聊嗎？譬如說音樂好了，有沒有哪個樂團一奏起音樂來，就只是同一個音符而永遠都是一條線的？有沒有？一定沒有！因為這種音樂不論誰都不想聽。菩薩就是這樣，把那一些榮辱毀譽當作弘法過程中的花絮，有時候拿來調劑說：「今天還能有人罵，還不錯啦！表示還有人在意我，正在學佛的人們還沒有到麻木不仁的地步。」這就是說，你是植基於八識論或者植基於六識論來談論自性清淨心無分別心，會導致修證上的完全不同，接著我們就從《占察善惡業報經》卷二來看看平等與實相是怎麼說的：

【「復次應知，內心念念不住故，所見所緣一切境界亦隨心念念不住。所謂心生故種種法生，心滅故種種法滅；是生滅相，但有名字，實不可得。以心不往至於境界，境界亦不來至於心；如鏡中像無來無去，是故一切法求生滅定相了不可得；所謂一切法畢竟無體，本來常空，實不生滅故。如是，一切法實，不生滅者，則無一切境界差別之相，寂靜一味，名為眞如第一義諦自性清淨心；彼自性清淨心，湛然圓滿，以無分別相故。無分別相者，於一切處無所不在；無所不在者，以能依持、建立一切法故。復次，彼心名如來藏，所謂具足無量無邊不可思議無漏清淨功德之業，以諸佛法身從無始本際來無障無礙、自在不滅，一切現化種種功業，恒常熾然未曾休息，所謂遍一切世界皆示作業，種種化益故；以一佛身即是一切諸佛身，一切諸佛身即是一佛身，所有作業亦皆共一，所謂無分別相。」】

不論是誰，在還沒有證得實相法界如來藏之前，讀這樣的經文，都覺得那只是一些文字，因爲無法現觀，就會把它當作哲學思想。若不說是哲學，就會說是思想。近代佛教界沒有佛法，只有思想；現在還有人每年在辦印順法師的思想研討會，既然只是針對他的思想而召開研討會，就是已經承認印順法師的書中所說都只是思想，不是佛法。佛學思想跟佛法不同，佛法是可以實證的，眞的實證以後，所證的內涵也是不可能被改變的，以後就永遠不會有演變的過程。佛學思想卻只是思惟以後推斷出來的一種想法，不必然是可以實證的，而且也會因爲思想的演變或改進，使原來的佛學思想跟著演變而無法有一個不可推翻的定論。佛法必須是可以實證的，而且實證以後的內涵也是不可能被演進或改變的，所以眞正的佛法不是佛學思想。如果有誰要說他所弘揚的法是思想，你就可以確定他說的不是佛法，他是用想像思惟得來的所知所見，當然不是正確的佛法。

我們現在來看看，這段經文所說是否只是思想呢？或者它是可以實證的？正覺同修會裡面有許多人是親證如來藏的，這一讀完以後就說：「這個經文內容無法修改，也無法加以演變。」因爲這裡面講的都是法界中的實相，都是平等法、實相法，而實相法界本來就這樣是永恆不變的事實。既然實相法界本來就是這樣，這段經文所敘述的正是實相法界，如何能修改它或演變它？當然沒辦法修改或演變它。

《占察善惡業報經》卷二這段經文說：「應當要知道，由於內心念念不住的緣故，因此所看見的、所攀緣的一切境界，也就隨著這個心的念念不住而同樣是念念不住。」有許多人斷句取義，他們不僅是斷章、斷節或斷段取義，而是斷句取義。本來罵人家斷章取義就已經是很嚴重的指控了，可是斷章取義比起他們那些人斷句取義，可就罵得太寬容了。因爲斷章取義是說，前面二章、三章講什麼，接著後面講什麼，到最後又是講什麼，人家作者是前後連貫的，所說的宗旨是前後不變的，然而他只取其中的一篇、或取其中一章的內容，就指稱人家的整本書是什麼樣的內容，這叫作斷篇取義、斷章取義。比斷章取義嚴重的叫作斷節取義，比如說一章裡面有三節、四節，他只取其中的一節就用來代表那一本書的內容，這就是斷節取義。接下來，如果取其中的一章一節中的一段作爲整本書的代表，那就是斷段取義了。但現在還有比這個更嚴重的叫作斷句取義，只把經中一小段裡的幾句話提出來說：「這就是全部的佛法。」可是佛法不是這麼單純的，佛法的內涵有著無量無邊的面向，不能只說其中的一部分就認爲是整體佛法。

如果有誰堅持要斷章乃至斷句取義，我就對他們說：「請問先生、小姐！你的小指就是整個的你，對不對？」我要請問他們：「如果小指就是你們，那我就不動你們的小指，那麼其他的部分既然不是你們，應該是任憑我怎麼樣處理都沒關係，你們都不會反對吧？因爲其他部分都不是你們，我殺了你們也沒有得罪你們啊！都跟你們無關啊！好不好？」我要問他們「好不好」。如果他們說「不好」，我就說：「那你們把佛法中的一個小指部分當作全部佛法，把其他大部分佛法全都否定，爲什麼可以接受？」我問的邏輯是一樣啊！

所以，學佛的人都不能夠斷句取義就說：「你看！這經文這麼講，內心念念不住，所見所聞一切境界也隨之念念不住，所以我們只要不打妄念就可以了，就是證得無分別境界了，這就是佛法了。」這跟外道在修定有什麼差別？那麼根本用不著釋迦老子來人間辛苦那麼久，祂在色究竟天日子好過得很，爲什麼要來人間那麼辛苦？以前是連車子都沒有，連柏油路都沒有，也都沒有水泥地，走在路上什麼時候要被木槍刺到腳都不知道，祂老人家那麼辛苦是爲了什麼？所以學佛時千萬不能斷句取義。

這段經文裡講的「念念不住」是什麼？是說如來藏這個心，由於對內境而運作，或者在五蘊之中面對外法，所以稱之爲內心；祂不是面對外境而起分別的覺知心，所以不是外心。這個「內心」不是指覺知心裡面，而是講五陰身中內裡的心，不是講攀緣外界六塵的識陰識心。識陰六個識叫作外心，因爲不斷向外攀緣；如來藏住在五陰裡面，從來不對外攀緣，這才眞是內心。這個內心念念不住，爲什麼念念不住呢？因爲蘊處界所收集來的種種煩惱種子不斷地流注變異；所以這個「念念不住」講的是內心如來藏，而不是說外心覺知心的念念不住，這一點要先弄清楚。由於這樣的「內心念念不住」的緣故，因此所見所緣的一切境界，就隨著內心如來藏的種子流注念念不斷而跟著同樣的「念念不住」。

這個「念念不住」的意思是講什麼呢？就是「所謂心生故種種法生，心滅故種種法滅」；也就是說，當內心如來藏動了起來時就叫作心生，不動的時候就叫作心滅。當如來藏心動了，種子就不斷流注出來了，於是種種法跟著出生了。譬如連識陰都還不存在的時候——剛入胎的時候，內心如來藏都還會不斷地「念念不住」不停地運作著，才能夠分裂細胞而產生這個色身；然後也是一樣的「念念不住」就產生了內相分的六塵；再繼續「念念不住」而藉六根與六塵產生了識陰六個識，於是十月懷胎滿足以後就呱呱墜地；出生了，這就是一個眾生。

可是如果經由修行以後，使得內心如來藏不再有三界愛的種子流注現行了，就說它叫作心滅；當這個心的運作行爲消滅了，種種法就跟著消滅了，以後不再有五陰出生了，這時就是心滅，成爲無餘涅槃。這只是從出離三界生死來說，如果你要從斷盡變易生死來說，這話頭可就長了，咱們無妨就把它省略。由於這個緣故，所以說內心運作或者停止運作而顯現出來的生滅相，被人們觀察到而演說出來時，其實都只是名字。緣起性空也只是名字，是在說明內心如來藏念念不住而出生了五陰，就是緣起：如來藏藉意根出生了五根，再藉六根出生了六塵，再藉六根、六塵爲緣而出生了六識，於是人類五陰便具足了，這就是緣起；但五陰十八界全都是由如來藏藉緣生起，本性無常故空，就合稱爲緣起性空。而緣起性空只是在顯示五陰是由如來藏藉緣生起的，所生的五陰無常性空，所以緣起性空只是名字，並無實法，只是在指涉這個因緣法生滅的過程罷了。你要眞實去推究緣起性空這個生滅相的時候，「『實』不可得」；是說五蘊等法之中的眞實法是不可得的，是說生滅相中沒有眞實法可得。在這一些生滅相裡面，你想要求得一個眞實法是求不到的，只有出生這一些生滅相的內心如來藏才是眞實法。

接著就解釋說：「以心不往至於境界，境界亦不來至於心；如鏡中像無來無去，是故一切法求生滅定相了不可得；」由於這個內心如來藏不往至於境界；請問境界是在六塵中還是六塵外？（有人答：六塵中。）是六塵中。六塵中才有境界，外於六塵就沒有境界可說了。因爲這個如來藏心不會來在六塵境界之中，所以說祂「不往至於境界」；而六塵境界也不會來在如來藏內心境界中，請問這個說法跟經集部《維摩詰經》講的「法不可見聞覺知」，有沒有一樣？一樣嘛！對不同的小孩作出不同模樣的食物來賣給他，這就是佛方便。譬如說一個蛋糕，那小孩子說：「媽！我不想吃了，我吃膩了。」可是偏偏妳只會作蛋糕，那該怎麼辦？那就是弄一些不同的模樣：今天是小狗蛋糕，明天是魚蛋糕。到了後天，孩子一看：「今天是花蛋糕，跟昨天不一樣。」唉呀！好新奇喔！於是他又一口一口吃了。諸佛菩薩也是一樣啊！同樣的法對不同的根性，就用不同的方式來度，當大家聽膩了「法不可見聞覺知」，這時候就改說：「以心不往至於境界，境界亦不來至於心。」如果今天也講法離見聞覺知，明天也講法離見聞覺知，眾生說：「佛陀！您怎麼每天都講一樣的法？」喔！抱怨起來了。好！今天不講法離見聞覺知，就說：「眞心不會去到境界中，境界也不會來到眞心中。」聽起來不一樣了，於是眾生聽法就歡喜了：「佛陀今天講的法不一樣喔！」他們會覺得新奇，其實本質還是一樣的，但是講得更深入、更貼切。

這一小段經文又說：譬如鏡中的影像無來無去；對鏡中的影像，沒智慧的人會說是有來有去，因爲只看到鏡像而沒看見鏡體。假使有一個鏡子籠罩了整個世界，大家都只看到鏡中的影像，都沒有看到鏡體時；譬如又高又大的牆裝上整片的大鏡子，有許多不到二歲的小孩子常常會撞到這面大鏡子；你們有沒有看過？有啊！常常會有小孩子撞到鏡子，因爲他只看到鏡子裡面的影像，不知道有鏡子存在，誤認爲影像是眞的。連成人有時候都會撞到鏡子，因爲有時失神而只注意到鏡中景物的影像，所以覺得屋子好深廣喔！直到看見鏡中的自己影像時，才注意到原來那只是一面鏡子，不是那屋裡很深廣。

眾生就是這樣，只看五陰影像而看不到顯示五陰影像的如來藏明鏡，於是無法斷我見。其實五陰六塵都是這個如來藏明鏡表面顯示出來的影像，可是大家都只看這個五陰影像，沒看明鏡如來藏本體。如果能夠看到明鏡本體的時候，實相般若生起了，說話就與以前不同了。凡夫都只看到明鏡裡的影像，說五陰影像是眞實我；愚夫則說這個影像來來去去都是生滅的，所以一切三界我都是緣起性空，不懂般若，因爲他們沒有看到鏡體。可是看到鏡體的人說：「不！這個影像是常住法，因爲影像屬於明鏡所有；明鏡常住，鏡中影像當然也就常住不斷，你怎麼可以說影像是虛妄的？」

菩薩就是這樣看待五陰影像的，是把五陰攝歸於如來藏明鏡；五陰影像是在如來藏明鏡的表面來來去去，鏡中這一世的張三走了就換下一世的李四來；李四走了就換下一個王五來，王五走了又換下一個趙六來，鏡中人物的影像就這樣一直換下去，可是從張三到趙六前後四個人，是不是都屬於如來藏明鏡？對啊！所以無妨一輩子又一輩子不斷地變換新的五陰，終究還是如來藏明鏡而沒有第二個自體。正因爲這樣，才能夠說過去世的什麼人，就是這一世的什麼人，而未來世他將會是另一個人。若是單從五陰或意識覺知心來說，憑什麼可以這麼說？因爲意識覺知心與色身都只能存在一世，跟上一世、下一世的意識完全無關啊！每一世的五陰明明不一樣，也有三世不同的名字，生在不同的家庭，幹不同的事業，而五陰不通三世，全都只有一世住，當然不能說是同一個人，所以世世五陰全都緣起性空。

然而，我們爲什麼可以說這一世的五陰就是上一世的什麼人呢？因爲世世不同的五陰，有一個互相聯結的法始終不滅。所有前後世不同的五陰，全都歸屬於這同一個法，才會說上一世什麼人，這一世轉生以後是什麼人，這個聯結前後世無量五陰的法就是實相心金剛藏，又名如來藏阿賴耶識，祂帶著世世相同的意根，來與世世不同的五陰輪轉生死。但這個金剛藏識永遠都是離六塵境界中的見聞覺知，從來都不了知六塵境界，因此說「心不往至於境界，境界亦不來至於心」，也就是說如來藏對六塵境界永遠都是不加以了知，所以永遠是如如不動的。

這一個心—這個如來藏—不會隨著表面影像的變動改換而動心，就是永遠不會跟六塵境界相應。只有外心攀緣外法境界，才會對六塵境界動心；但內心如來藏只會隨著影像加以支援，讓影像自己去演變：當外在六塵境界不斷地演變時，內心如來藏顯示出來的六塵影像就跟著不斷地演變，但祂對六塵境界都不加以了別。當鏡中影像五陰造作了各種業行以後，內心如來藏就為他預備下一世應有的五陰影像，因為鏡中的五陰影像造業時，從來不曾外於內心如來藏鏡體，業種成熟落謝時，當然也不會外於內心如來藏鏡體，內心如來藏當然會依那些業種而製造出下一世應得的五陰：下一世也許繼續成為人類，也許變成欲界天身，也許變成畜生。也就是說，業種如何——異熟種如何，那麼下一世的影像就跟著改變；影像就是指五陰，可是如來藏明鏡自體永遠不變。

菩薩們悟後從如來藏的立場來看世間諸法的時候，以內心如來藏爲自己實體來看世間法，自己就如鏡中影像無來無去，是因爲以鏡子爲體而不以影像爲體，所以就因爲鏡體一向都不生滅，才會永遠都有五陰影像在鏡中來來去去；可是不論鏡子去到哪裡——上天下地，鏡中的影像都會跟隨著鏡子，那你怎麼能夠說鏡中的影像有來去呢？就由於這個緣故，在生滅性的五陰等一切法繼續存在當中，你想要求生滅的定相，了不可得。雖然每一世的五陰影像都是生滅性的，但你想要找到無始劫來世世連續的影像，是何時第一次生、何時第一次滅，想要找到整體影像有生有滅的法相，說這連續而變動不斷的影像是曾經斷滅過的，其實你是找不到的。這樣的智慧，與阿羅漢們大大不同，不共阿羅漢們，所以稱爲別教的妙法。菩薩就是這樣看待世世五陰的，所以菩薩將要轉到下一世去的時候，可以輕鬆愉快地跟大家 say goodbye——來世再見；心中沒有什麼罣礙，因爲不是斷滅空。至於來世要去哪裡，自己也可以決定；只要你眞正開悟了，你在中陰境界中決定想要去哪裡都可以去；因爲一般眾生的福德遠不如你，你這個福德也是遠超過阿羅漢的。

也許有人妄自菲薄說：「那可能只是在人間繼續受生時有用吧！如果我

要去某一個佛世界，可能沒辦法如願吧？」那麼我問你：你去參加聯考，考得滿分六百分了，這時台灣大學的每一系你都可以選得上，不只是其他的大學；也許你說：「我不想去台灣大學，我想在家鄉就讀成功大學，好不好？」你打個電話去成大看看，成大歡迎不歡迎你？一定回你說：「歡迎啊！趕快來！趕快來！絕對錄取。」因爲你的分數排在最前頭。諸佛世界也都是這樣，一般而言都是凡夫有善根就可以往生的，譬如極樂世界；但有的佛世界要求比較高，一般人不一定能往生，因爲有的佛世界需要一念不生或淨念相繼的功夫，才能往生成功。你如果已經有實相般若智慧，這時諸佛世界全都歡迎你，沒有不歡迎的。譬如說，生到阿閦佛的世界，所須的條件比極樂世界高，求生那裡至少要有淨念相繼的功夫，但也還不必開悟明心，那你明心以後還怕不能往生過去嗎？佛陀在本經中也講過，開悟的人可以「十方淨土隨願往生」；只要你悟了，眞的可以隨願往生，假使想要生到極樂世界去，那時一定可以上品上生。

　　我回想二十幾年前初學佛的時候，聽到人家說台北縣樹林鎮某某寺有個某某老和尚，他們宣稱是上品上生。那時候，我們眞的好羨慕：上品上生。

可是現在你悟得實相法界如來藏心以後，把《般若經》對照了，第三轉法輪的唯識諸經對照了，又回頭把初轉法輪的《阿含經》也對照了，全都相契相符；這樣子親證了，再把淨土類的《觀經》請出來閱讀，這時心想：「**上品上生也不算什麼難得的事**。」因爲自己確定可以上品上生了，而且如今智慧也還比剛剛可以得到上品上生的人更高，所以還眞的不瞧在眼裡。因爲這不只是鐵定，應該叫作金剛鑽定——眞的可以上品上生。可是你卻另外還有其他的想法，所以你不一定會求生極樂世界而上品上生，所以我們會裡有很多人發願要繼續留在這裡荷擔如來家業。

大家眞的要荷擔起 釋迦如來的家業，希望 如來的家業可以藉正覺同修會的存在而永續流傳，因爲如果有人還想要依賴那一些大山頭們，就別再想了；全都是不可靠的，我們必須靠自己，而我們現在也有能力了。像這樣來看，如果要轉生到下一世去時，需不需要恐懼呢？根本不需要，因爲你將來捨壽時，只要順著如來藏的運作而自然轉入中陰境界去就好了，到了中陰身時，隨你要去哪裡都由你自便；那時你說：「**我想要去不動如來的世界。**」需不需要打電話去？不必啦！你只要呼求 不動如來聖號就行了，祂就來接你去了！因爲這一種弟子很難得，不是常常有這種弟子可收的，所以諸佛都歡迎，特別是現在從正覺同修會中印證出來的。因爲正覺同修會印證了以後，還有悟後起修的課程而繼續增上，並不是開悟印證了就沒事；等於是幫諸位打好基礎，去到諸佛的淨土世界那邊，諸佛只要略說法義，你們就可以往上實證了。像這麼容易教的徒弟，哪一尊佛不要你？

所以，你如果能夠看得清楚，從這個如來藏界來看現象界的時候，你說：「我有什麼好擔心的？一切法雖然表面上看起來是生滅不斷，而如來藏是常住不斷的，一切法就在常住的如來藏表層來來去去，可是這一切法本來歸屬於常住的如來藏，那當然不能夠說這一切法是生滅相；所以這時想要求證一切法的生滅定相，也就了不可得。」這時不就全然安心了嗎？眞的沒有任何一個所生法是有生滅相，你沒有這個決定性可以確定下來。這是怎麼說的呢？就是說：「一切法畢竟無體，本來常空，而眞實法不生滅的緣故。」一切法都沒有畢竟眞實的不壞體性，一切法都是有生必壞的，但出生一切法的如來藏是眞實常住法，性如金剛永無可壞之時。所生的一切法畢竟無體，意思是說本來就常常都是虛幻的、常常都是不實的，可是它們所依的理體卻是不生滅的，以此緣故而說一切法不生滅。

這在告訴我們什麼呢？告訴我們說：生滅法必依不生滅法，才能繼續生滅不斷。如果沒有一個不生滅法作爲所依，生滅法是不可能出生的，更何況是出生以後的消滅。西方哲學界也有一批人很聰明而想到這一點，他們想：「無中生有是不可能的事，既然無中生有是不可能的，可是現象界看起來很多好像是無中生有，但明明不可能無中生有啊！」所以他們去推斷出來說：「一定有個從來不生不滅的法，叫作本住法；正因爲這個本住法不生不滅，才能夠有生滅法不斷地生了又滅。」所以，他們就提出了一個思想，那眞的叫作思想，因爲他們沒有親證，他們說：「生滅依於不生滅。」

可是這一句話來到我們正覺同修會，可就是佛法而不是思想了，因爲是可以實證的。生滅依於不生滅，如果生滅法不是依於不生滅法而可以不斷地生滅，那就是無中生有，龍樹早就破斥過了。依此邏輯，應該你今天是個窮措大，明天將有可能一覺醒來無因無緣就變成億萬富翁，因爲貧富的不同都是可以無中生有的，所以無中生有的理由是不能成立的。而五陰十八界都只能存在一世，這是不是表示說：每一世的五陰都是無中生有？單憑外緣——

也就是單憑父母的因緣，就可以有眾生的五陰、十八界？是不是這樣子？如果眞的可以這樣，那就沒有因果律可說了，就純粹是物種遺傳與或然率的二種情況了。若是前者，就應該同一對父母的子女心性全都是非常好，或是全都非常壞，或是全都不很好也不很壞，個性全都一個樣。那麼這一對父母品性都不錯，平常的教導也都很好，爲什麼三個兒子卻有很大的不一樣？譬如老大是教授，老二是十大好人接受表揚的，老三卻是偷雞摸狗，一天到晚被關在看守所裡面等著判刑。爲什麼會這樣？顯然不是物種遺傳所導致的。若是後者—由或然率—所導致的，就與物種遺傳無關了，就該狗永遠是狗、人永遠是人、天永遠是天、上帝永遠是上帝而羔羊永遠是羔羊，可就推翻因果律了。

然而因果歷然，無法推翻，顯然是各人有各人的種子帶到這一世來現行。而前世五陰不能持種來到這一世，因爲只能存在一世；這表示說，生滅性的五陰不是無中生有，而是要依於另一個本住法，才能有世世的五陰等生滅法出現。因此，所生的一切法畢竟無體，本來就常常都是無常故空，然而生滅法背後的眞相卻是不生滅的眞實法。正因爲有眞實法不生滅的緣故，所以一切法才能夠畢竟無體、本來無常空，而又不斷地生滅著。

當菩薩們把生滅法攝歸於不生滅法而依止於不生滅法時，生滅法就是不生滅的了；就像是這個道理，把生滅的諸法歸屬於不生滅法時，一切法就成爲眞實法的一部分，就變成是眞實而不生滅了，那麼就沒有一切境界差別之相可說。也就是說，當一切法都收歸這個「實不生滅」法的時候，那麼生滅的一切法就變成眞實的了；如同那明鏡表面的生滅影像，若不把它獨立於明鏡之外來看，而把明鏡的影像歸攝於明鏡所有，這時候就說明鏡中的一切影像也是不生滅的。那麼因爲明鏡如來藏不生滅，在明鏡如來藏表面上生滅的蘊處界一切法就歸於不生滅的如來藏本身，這時明鏡如來藏還是對六塵境界如如不動的，而祂所生的蘊處界一切法都歸屬於如來藏所有而說是實、是不生滅的時候，那時一切法就得要依明鏡如來藏來說了；所以這時一切法雖然畢竟無有自體，本來無常而空，卻因爲是明鏡如來藏的一部分，也就沒有一切境界差別之相可說了。

有智慧的人都不能把影像排除在明鏡之外，說影像可以獨立於明鏡之外而存在，所以五陰影像當然應該是明鏡如來藏裡的一部分；這時就可以說，一切法正在喧鬧的當下，其實也是寂靜一味，因爲明鏡如來藏始終不隨著影像而喧鬧，而喧鬧的影像始終都屬於寂靜的明鏡所有。所以當人家問你：「某某師兄！你不是證得寂靜一味的如來藏了嗎？既然開悟了，爲什麼回家吃飯一定要看電視新聞；那時心中這麼鬧，究竟是幹什麼呢？」你說：「無妨！鬧自鬧，靜自靜；靜中有鬧，鬧中有靜，相處無礙。」這時眞淨克文禪師那首偈就可以派上用場了：「手把豬頭口誦淨戒，趁出婬坊來還酒債。」爲什麼呢？因爲這時是「事事無礙如意自在」了。那些六塵境界都只是表相，悟後何妨藉境修心？可是凡夫們不要學悟者這樣子，可別說：「這不是你鼓勵我們作的嗎？」但我說的是：等你過了牢關以後，你再去作。因爲那是藉境修心。就像二祖慧可也是這樣子作，而人家眞的可以不動其心。所以，得要轉依實相心的妙眞如性成功了，已經可以出離三界生死了，你再回頭來藉境修心而斷除習氣種子；可別住在我見裡面也來學人家這樣作，可就像幼稚園學生模仿大學教授教人學習微積分一樣可笑了。

所以已經轉依完成來觀一切法，這時一切法雖然仍然是那麼喧鬧，從明鏡如來藏看來，其實卻是「寂靜一味」。像這樣實證，才能稱爲「眞如第一義諦自性清淨心」，而這樣的清淨心本來就是「湛然圓滿」。湛然就是澄清而完全沒有雜質汙濁，而且已經圓滿了，無法再修行來增益祂了，才叫作「湛然圓滿」。從因地來說，祂也是「湛然圓滿」，因爲祂從來不會變異其心，祂的清淨自性是永遠都如此，直到佛地還是如此；而祂所含藏的七識相應種子無妨有染汙、無妨有變異，可是這個明鏡心體自身仍然是清淨的，「以無分別相故」；因爲祂自始至終都是無分別相的緣故，你要找到祂有一剎那的分別相，都是不可得的。

「無分別相者，於一切處無所不在；」只有能夠於一切處無所不在的法，才能遍於十二處，也才能夠說祂是眞正的無分別相。假使造了惡業該下地獄或者該下餓鬼道，如來藏如果對六塵境界有分別的話，祂會這樣說：「我不要幫他出生地獄五陰，我不要幫他出生餓鬼五陰，我寧可暫時住在無餘涅槃裡面。」如來藏假使對六塵境界會有分別，就會這樣子。如果是有分別性的時候，祂能不能無所不在？顯然如來藏不可能繼續存在於畜生道、餓鬼道、地獄道中，可是明明畜生道、餓鬼道、地獄道中的眾生仍然是有如來藏的，可見如來藏在三界中，眞的是一切處無所不在。

而祂能夠無所不在的原因，正是因爲祂的無分別相；祂對六塵境界都不分別，該出生地獄身時就幫他生了個地獄身；如果這個地獄身是應該出生在沸屎地獄中，就讓他生在沸屎地獄中，那裡面的屎尿都還會沸騰煮他。那個境界好不好受？不好啊！如來藏如果有分別，就會想說：「我爲什麼幫自己出生一個地獄身而住在這個地方？」那就不可能爲他出生地獄身，那麼如來藏也就沒辦法遍於三界一切處都能存在了！但是因爲「無分別相」的緣故，所以如來藏能夠於三界一切處無所不在。那麼在各個有情的五陰十八界中，也有十二處，如來藏假使不是「無分別相」，同樣的道理也就無法遍於十二處的一切處存在了；這道理是一樣的，但現在就暫時略過不說，以後若有因緣時再說吧。

因此，如來藏於一切處無所不在的意思，是因爲這個如來藏能作爲一切法的依持，也能作爲一切法建立的基礎；因爲這個緣故，《占察善惡業報經》才這麼說：「無分別相者，於一切處無所不在；無所不在者，以能依持、建立一切法故。」所以人間的有情正因爲如來藏有這個特性，才會有人類在人間存在。正因爲如來藏有這個特性，所以餓鬼道、畜生道、地獄道所有的境界之中，都可以有如來藏存在；那麼就會有那三惡道的有情繼續存在，將來也一樣會有人類或天人下墮而生在三惡道中，都因爲如來藏「無分別相」的緣故。

由於無分別相的緣故才能夠無所不在，能無所不在的緣故才能依此而建立欲界中最低層次的三惡道諸法。可是因爲無分別的緣故，也能依此建立欲界六天、色界十八天、無色界四天的法，全都是因爲如來藏無所分別。如來藏不會說：「今世這個五陰修行這麼好，結果竟然不要色陰了，要到無色界去，好無聊喔！我不如繼續幫他出生有色陰的五陰。」因爲在無色界那裡都是一念不生的定境，譬如生在非非想天，如果不中夭，在一念不生的境界中過完八萬大劫，這樣子好不好？（有人答：不好。）諸位有智慧啊！如果在那邊打禪七的人只是爲了求一念不生，他們那種人都會說：「這樣子好啊！」可是等你告訴他們說：「生到那邊去以後，八萬大劫之中全都一念不生，什麼都不知道，只是住在定境裡，這樣好不好？」他們就會想：「原來這樣喔！那我不要生去那邊了。」他們又不肯修定了。可是如來藏都不分別，假使有人對三界一切法全都想要丟棄，他只願意覺知心單獨存在一念不生的境界中，他的如來藏也一樣不分別這樣子好或不好，那麼他死後就會讓他生到無色界去，就成爲只有受想行識，他的如來藏也就不爲他出生色陰了，不會爲他惋惜的。

如來藏因爲不分別，寂靜一味，才可以無所不在；能夠無所不在，才能夠作爲無色界天有情的依持，才能夠建立無色界的世間。因此說，這個無所不在，其實就是依無分別的自性而來的；所以必須是能夠無所不在的心，才能夠建立三界世間。若是意識分別心，即使沒有語言文字時也還是在分別的，看到畜生、地獄、餓鬼的痛苦境界時，一定不肯住在那種痛苦境界中，一定不可能無所不在的，就不可能建立三惡道的境界了。所以，宗喀巴在《廣論》中說意識是**結生相續識**，眞的是沒智慧，因爲意識有分別性，不可能遍於三惡道中存在，就不能成爲三惡道世間的依持與建立。

接著經文中說這個心是什麼心呢？就是如來藏：「**復次，彼心名如來藏，**」這個如來藏具足了沒有量、沒有邊際，而且是不可思議的無漏的清淨功德之業。只要你證得如來藏，你可以現前觀察，看你的如來藏是不是這樣？眞的沒有邊、沒有量，你無法衡量祂。不能夠說「**你證的如來藏多胖多瘦、多長多短、多大多小」，因爲祂無形無色，沒有邊、沒有量。關於量，如果要講到境界相，那可就都有量了；所以如來藏若是有分別的，就會有六塵境界中的境界，就有一切不同的境界相。那麼，因爲這個如來藏是這樣的特性，祂爲何能夠具有無量、無邊、清淨功德之業？證明這事實的原因是，諸佛法身就是這個如來藏，而這個法身從無始本際以來無障無礙、自在不滅的緣故；所以法身如來藏能夠顯現或化生種種功德之業，時時出生四聖六凡一切有情的無邊萬法，而且恆常熾然不曾休息過。爲什麼是這個道理呢？時間到了，只能下週分解了。

今年夏天的兩個梯次禪三在昨天結束了，昨天在大溪祖師堂禪三結束的時候向佛菩薩告假回家，佛陀好像沒有像上回那樣歡喜，因爲這一回我的手頭寬了一些，應該還要再汰除一位才對；等下一梯次再把他鍛鍊一番以後才幫他印證，品質一定會更好，但是我沒有狠下心來；不過，禪三圓滿順利就行了。

上一週我們一開始有講到，一貫道的三寶叫作「精、氣、神」，不過那是較早期的說法，後來的我就沒有再詳細說明，所以有人就提出來說，現在一貫道的三寶已經不是早期講的精氣神了。那我就必須要再說明一下，他們換另外三個東西稱爲三寶，所以他們對外也是宣稱歸依三寶，也說是三寶弟子。他們現在的三寶，第一寶叫作點玄關，第二寶是手抱合同，第三寶叫作五字眞言。他們一貫盜—一貫竊盜其他宗教的法義—警告說這三寶的內容是不許公開的，宣稱誰把它公開講出來了，就會遭到天打雷劈，但我就在這裡講經公開它了！（大眾笑：…）他們最祕密的第三寶眞言，就叫作「無太佛彌勒」，我也一併把它公開，但我不會有事。

是什麼時候 彌勒菩薩被冠了一個無太佛的名字呢？也是有趣呵！因爲佛陀授記 彌勒菩薩成佛是五億七千六百萬年後，這是《阿含經》中的明文記載；但一貫道（一貫盜）的道親們都認爲他已經成佛了，說現在由他來掌天盤；原來 彌勒妙覺菩薩成佛以後只能管到欲界天的境界啊？但這只是他們一貫盜的看法，且不管他；而我今晚作了這個更正，因爲上週我講的一貫盜的三寶是早期的；後來他們有了這個改變，我們也就順便跟大家一併說明，也證明他們從其他宗教竊盜來的法義，是必須隨時演變的，當然就不是眞實的不生滅法；因爲不是實相法界的本然事實，永遠都需要演進改變。

回來《實相經宗通》，上一回補充資料講到說：「彼心名如來藏，所謂具足無量無邊不可思議無漏清淨功德之業。」那麼今晚接下來要說：「以諸佛法身從無始本際來無障無礙、自在不滅。」今晚要從這裡開始解說。諸佛的法身當然是指第八識，也有人說成第九識，也有人說成第十識。不過，第九識異熟識，依舊是第八識心體，並沒有改變，只改其名不改其體，只是因爲祂的分段生死的執藏性的種子滅除了，祂的分段生死種子的執藏性已經斷除了，所以改名爲異熟識，其實應該說是剩下異熟識的名稱，把原來同時存在的二種名稱中的阿賴耶識名稱捨棄了；是捨棄阿賴耶識的名稱，就稱爲捨棄或滅除阿賴耶識，實質上只是滅除阿賴耶識執藏分段生死種子的識性，而不是滅掉阿賴耶識心體；因此所謂的第九識異熟識，其實仍然是第八識心體，只是改個名稱。那麼，繼續進修到佛地時，如來藏異熟識中的種子都不再變異了，就是變易生死已經斷盡了，這時有人把祂稱爲第十識；但這個第十識其實也就是原來的第八識心體，只是換個名稱，把異熟識這個名稱給捨了、滅了，因爲不再有種子的異熟更易了，所以不再有異熟性，就是因爲捨了異熟性而稱爲「滅異熟識」，但不是把這個異熟識心體給滅了；所以成佛以後改名為無垢識時，還是原來因地時的第八阿賴耶識心體；所以實際上並沒有在第八識心體以外，另外有第九識、第十識心的存在。

那麼，這個第十識無垢識，或者說成佛時的第八識心，是因地的阿賴耶識心修行以後變成無垢識心了，這個佛地的第八識無垢識就是諸佛的法身。「以諸佛法身從無始本際來無障無礙、自在不滅」，也就是說，諸佛這個第八識法身無垢識，從來都沒辦法去推究出祂是從何時開始存在的；始從諸佛因地時證悟了祂以後就觀察祂是無始的存在，一直到現在成佛很久了始終如此，就知道未來也仍將如此；諸佛以十力中的宿住隨念智力加以觀察時，也證明是如此，所以祂的特性就是「無障無礙、自在不滅」。無障，是說祂沒有任何的遮障，換句話說，沒有任何境界可以遮難祂；不論是十方世界三界六道中的任何處所，沒有任何境界可以遮難祂去到應該去的地方，這叫作「無障無礙」。

「自在不滅」是因為祂自在——自己本來就在，永遠可以自己單獨存在，不必仰賴別的法就能獨自存在，就叫作自在。凡是必須依附於別的法才能存在的，就不是自在；例如意根必須依賴阿賴耶識才能存在，又如意識必須依賴意根與阿賴耶識、五色根，才能於人間存在，就不是自在之心。自己本來存在，才是自在的眞實義。所以一般人說的自在，只是於某一些境界中可以不受干擾，無憂無慮地存在，就稱爲自在。但是佛法中講到內心如來藏所說的自在，其實是說祂不必依附任何一法，可以單獨自己存在。譬如觀自在菩薩，是觀察自己這個本心如來藏本來就自己存在著，能這樣現觀的人便叫作觀自在菩薩。同樣的道理，說這個諸佛法身無垢識——內心，這個內心從無始本際以來就始終是無障無礙的，既然無始本際就已經是如此的，表示祂在因地阿賴耶識位時，就已經是無障無礙的了，因爲追溯到無始以前的本際已經是如此的了。無始的本際就是凡夫因位，還沒有開始學佛以前的時候；在因地的階位，祂已經就是自己可以單獨存在而不會壞滅的，不是修行開悟以後才如此的。

那麼，祂也是同時對一切法都能夠現行、化生，或者變化而產生了種種的功德作業。變化而生，或者說爲變生；譬如變生宇宙中的山河大地，又譬如變生了天界的環境，又比如變生了每一世應該有的五陰或者四陰，這都叫作變化或者「現化」。「現」是現行、現前的意思。這一些就稱爲**「一切現化**

種種功業」。「功業」兩個字是說，這個如來藏心不是某些人書中或論文中講的想像建立、唯名無實的虛妄法，而是有眞實的自體性存在的；因爲祂有自己獨有而不共於覺知心的功德和業用，所以說「一切現化種種功業」。

「**一切現化種種功業，恆常熾然未曾休息，**」是說，這樣的現化功業是恆是常，而且很明顯地不曾休止或停息過。「**恆常**」是說心體的本身是恆是常，所以祂的這一種功德業用以及清淨自性都是不會變異或休止，所以是常；但是祂的功德業用是時時刻刻都在顯示著的，是很分明在顯示著。如果證悟如來藏了，就可以證實祂確實是熾然而且生生不息，這種現象是從無始本際以來就已經如此，不曾休息過。這意思就是說，如來藏心遍於一切世界之中，都在顯示祂所作的各種業用，不是唯名無實的施設建立，永遠不會成爲**心不相應行法**。爲何經中這麼說呢？因爲祂有種種的變化來利益眾生的緣故。那麼，這個種種變化利益眾生，眞要說起來可眞是話長，但因爲我們現在並不是要解釋這個部分，我們是在講《實相經宗通》，所以只針對《實相經》中說的實相境界來講，就不解釋變化利益眾生的部分，否則這一段經文要解釋完，必須使用二、三個鐘頭來講，就變成喧賓奪主而失掉了主題性，所以這裡就不解釋它。簡單地說，就是能夠以種種變化來利益眾生。

由於諸佛法身都同樣是第八無垢識，所以這經文中是以一佛身作爲一切諸佛身來看待的。一切諸佛、一切菩薩都是這樣看待：一佛身就是一切諸佛身，那麼一切諸佛身也就是一佛身。而諸佛的實際也都是無垢識，所有諸佛的第八無垢識所作的一切業用之中，雖然都同樣化益無端、無量無邊，可是都有一種共同不變的特性，故說「**亦皆共一**」，就叫作「**無分別相**」，同樣都對六塵中的諸法擁有共同的一種法相——無分別的法相。當諸佛法身時時刻刻在變化利益無量無邊眾生時，對六塵中的諸法卻都從來不起分別；這種無分別相就是一切諸佛法身共同的一種法相，因地的諸菩薩乃至一切凡夫有情莫不如是，這就是講如來藏眞如法性中的如如不動性。

因爲祂對六塵中的諸法，從來不作分別；所以當有人咒罵祂的時候，祂不會反應，因爲祂不分別；有人稱讚祂時，祂也不會反應。這就是說，不論誰對法身讚歎或者辱罵，法身如來藏都不起分別；這是因爲讚歎或辱罵全都是六塵境界中的事，可是如來藏不對六塵中的任何諸法生起分別。所以，當某人每天在受用如來藏的功德業用時，卻因爲不知道如來藏的眞實存在，偏又受了邪教導或自己生起了邪思，因此他同時寫書或者口頭上說法不斷地破斥如來藏，而他的如來藏也不作任何分別，所以不會對他作任何反應。他的如來藏不會出來抗議說：「你竟然敢罵我。我每天在利益你，你還罵我，我就讓你難過。」他的如來藏絕對不會這樣作。

譬如我每天寫書讚歎如來藏，每週講經也讚歎如來藏，可是我的如來藏也不會反應，祂不會說：「你蕭平實每天在讚歎我，眞的不辜負我的功德；我每天化益你，你這樣每天讚歎我，那麼我就給你更多一點利益好了，讓你不管怎麼冷都不會感冒。」我的如來藏不會這樣作，因爲祂從無始劫以來都不曾分別，現在一樣是不分別的。當我講經說法，寫書讚歎我的如來藏、也讚歎一切人的如來藏，但我的如來藏不會說：「蕭平實讚歎一切眾生的如來藏，我們如來藏是同類，所以我就請所有眾生的如來藏共同運作，讓你蕭平實好過一點，讓你永遠不會老。」祂也永遠不會這樣作，因爲祂不在六塵之中作任何的分別，祂就是這種無分別相。而這種無分別相是從無始本際以來就如此的，所以不論誰咒罵祂都沒關係，祂大人大量，都不計較。其實祂不是大人大量，是因爲祂從來不理會這一類事情，所以不是知道了而大人大量不計較。

這就是說，凡是平等法、凡是實相法，一定都是眞實而如如不動的法性；眞實而如如不動的法性，一定是離六塵境界中的見聞覺知，才能遍一切境界中都可以安住，才能遍十二處中都能存在，才能成爲一切有情的依持，才能建立一切世間與有情，這才是諸佛的法身。而這個無分別相，自古以來被誤會到很嚴重，特別是這一、二百年來，很多大師們教導徒眾：「學禪就是每天要打坐，要修到不起任何分別而如如不動；下座以後，要把這個如如不動的心境，帶到平常生活中來，修道就是要這樣修。」所以，就有所謂的生活禪、自然禪、安祥禪……等，連作生意賺錢的人也都講禪，什麼禪都有了。可是佛門中的禪只有一種，哪來那麼多種呢！

那些大師們都是要求徒眾們：「要安祥自在、如如不動，不管誰罵我們，我們都要安祥不動。」突然間有一個人上來說：「你這個都是假的、騙人的，什麼如如不動？什麼無分別？你都分別不完啦！你每天分別了好多事情，還騙我們說你都不分別。」這一下他得要繼續保持無分別，可是被人評論的時候心裡面硬壓著不動，所以脖子血管「砰！砰！砰！砰！」猛力跳動著，那到底分別了沒有？雖然他心中還是沒有語言文字，其實已經都分別完成了。

大師們都說：「只要心中沒有語言文字、沒有妄想，那就是無分別。」

是這樣的無分別，爲什麼當人家說他悟錯了，他馬上就臉紅脖子粗？要不然就是臉色鐵青，爲什麼如此？因爲他的心中都沒有語言生起的離念靈知境界中，聽完人家的言語時都已分別完成了。所以眞正的無分別，必須是自無始本際以來就已經無分別，不是現在用定力把它壓著沒有語言文字生起叫作無分別。

當覺知心中沒有語言文字的時候仍然是在分別的，只要有知，就是在分別了，知的當下就是分別完成了。所以一定是自無始本際以來就不分別的，到現在仍然不分別；你開悟前，祂不分別；你開悟後，祂仍然不分別；可是你心中想著什麼，祂都知道而能夠化益於你，這樣才能夠叫作眞實而如如，才能說是你自己的法身。這樣的心才有可能如如不動，而且是無始以來就如如不動，一直到未來際還是如如不動；這樣才能稱之爲眞實而如如，簡稱眞如，這樣的眞如才能稱之爲平等實相。所以平等實相講的，其實就是如來藏的眞如法性，也就是自性清淨的無分別心。

那麼這《實相般若波羅蜜經》既然有談到無量，我們無妨再從《大般若經》裡面取一段經文來證明確實是無量，在《大般若波羅蜜多經》卷九十八有一段經文這麼說：

【「憍尸迦！譬如虛空，量不可得；眼界等亦如是，量不可得。憍尸迦！虛空無量故，眼界等亦無量，眼界等無量故，菩薩摩訶薩所行般若波羅蜜多亦無量。憍尸迦！耳界無量故……身界無量故，菩薩摩訶薩所行般若波羅蜜多亦無量；觸界、身識界及身觸、身觸爲緣所生諸受無量故，菩薩摩訶薩所行般若波羅蜜多亦無量。所以者何？以身界等，量不可得，故說無量。憍尸迦！譬如虛空，量不可得；身界等亦如是，量不可得。憍尸迦！虛空無量故，身界等亦無量；身界等無量故，菩薩摩訶薩所行般若波羅蜜多亦無量。憍尸迦！意界無量故，菩薩摩訶薩所行般若波羅蜜多亦無量；法界、意識界及意觸、意觸爲緣所生諸受無量故，菩薩摩訶薩所行般若波羅蜜多亦無量。所以者何？以意界等量不可得，故說無量。憍尸迦！譬如虛空，量不可得；意界等亦如是，量不可得。憍尸迦！虛空無量故，意界等亦無量；意界等無量故，菩薩摩訶薩所行般若波羅蜜多亦無量。」】

這是《大般若經》卷九十八的經文。虛空不可能有量，因爲虛空無法，無法故名爲虛空。既然無法，怎能說它有量呢？那麼，虛空最重要的一個施設的緣由，就是無物、無形無色，而眼等六識也是無物、無形無色，就把虛空拿來譬喻無形無色的眼耳鼻舌身意，來譬喻這六識的功能性「無量」。所以說，眼的功能性（界又名種子，種子又名功能差別，眼界的意思就是說眼的功能差別），眼的功能差別如同虛空一樣，量不可得。眼的功能差別，不能夠說它有大小方圓輕重，所以量不可得。虛空無物的緣故，而眼界也是無物的，所以眼的功德等也是沒有量。不能夠說虛空有量，因爲所有的虛空，譬如杯子裡面無水，那麼就名爲杯空；氣球裡面無物，名爲氣球空；籃子裡面無物，名爲籃子空；講堂裡面無物，名爲講堂空：如果大家都走光了，就稱爲講堂空；如果這裡擠滿了人，就說講堂不空。

可是不管什麼樣的空，終歸只是一空，沒有二空；因爲所謂的杯空，或者一個盒子裡面無物而說盒空，只是依於那個空間裡空無一物而稱爲空；但不是說那些物體中的空可以外於十方虛空，其實本來就是同一個空。當這個物體移走的時候，也並沒有增加了虛空；因爲這個物體存在之前，這裡就是無物。物體放在這裡，擋住了其他的物體，使其他物體不能在同一個地方存在，所以說它不空。若是這個物體裡面是空心的，其中空無一物，就稱呼那個物體中的空，叫作某物之空；其實依舊與十方虛空是同一個空，並沒有兩種或者三種以上的空。那麼，虛空如此，我們藉它來形容眼的功能性時也是如此，因爲虛空空無一物，就不可能有長短方圓的量；也不可能有重量的量，更不可能有物質大小的量；而眼界等也是如此，所以說虛空無量的緣故，眼等亦無量；因爲眼的功德沒有辦法秤重，也沒有長短方圓，所以就藉虛空來說眼的功德等也是無量。

那麼，眼等六識的功德無量的緣故，所以菩薩摩訶薩所行的實相到彼岸、智慧到彼岸也是無量；這就是說，所有的功德性都要歸納於如來藏中。而般若波羅蜜多智慧也沒有量，能證般若波羅蜜多的覺知心六識也是沒有量，被證的如來藏本身也無量，就不能夠說附屬於如來藏而存在的眼耳鼻舌身意等功能德用有量。那麼眼等無量，同樣的道理說耳界無量，乃至意識界無量的緣故，所以大菩薩們所行的智慧到彼岸也是無量。身界如此——身界是說身的功能；那麼身界如此，身界相應的觸塵的功德性，以及身識的功德性，包括身觸、身觸爲緣所生的諸受也同樣都沒有量；因爲沒有量的緣故，所以大菩薩們所行的智慧到彼岸也是無量。

《般若經》所說的菩薩摩訶薩是七住位以後，明心不退了就算是菩薩摩訶薩。如果是唯識諸經所說的菩薩摩訶薩，往往就限定在入地以後的菩薩了。不同層次的經典有不同的說法，因爲《般若經》是二轉法輪時期所說，是針對迴小向大的大阿羅漢說剛剛開悟時；有時是大阿羅漢們迴心大乘修學般若而正要開悟時，都說是菩薩摩訶薩，因爲他們的解脫果已經相當於初地菩薩了；當然也是針對凡夫們說，證悟的人是菩薩摩訶薩。如果眞的開悟了就會成爲菩薩摩訶薩，就稱爲菩薩僧，因爲已經是大乘法中的沙門了。

如果是到了第三轉法輪，要讓阿羅漢們知道說：你們迴小向大而開悟明心了，但這還只在賢位中，因爲依大乘別教之法來說，還沒有進入十地的任何一地之中，不是菩薩摩訶薩。這樣，這些迴小向大證悟明心乃至眼見佛性的阿羅漢們，對文殊、普賢等大菩薩們就會懂得恭敬了。所以摩訶薩的定義，在《般若經》與第三轉法輪的唯識諸經定義不一定相同。也許諸位說：「這個可能是你編造的，我爲什麼沒有看過經典這麼說？」當然，如果有人這樣懷疑，也是應當的，我是接受的，因爲還沒有實證的時候懷疑是合理的，所以叫作**合理**的懷疑。

但是，我們可以舉個例子來說明，佛世有不迴心的大阿羅漢，就是結集四阿含的大迦葉等人。古時候的摩訶迦葉有很多位，結集四阿含的那一位摩訶迦葉是不迴心的阿羅漢；有一次結夏安居的時候，他看 文殊竟然沒有在道場中結夏安居，聽說他跑到波斯匿王的王宮裡面去跟女人們結夏安居，他想：「**在那裡住，那叫什麼結夏安居？**」因爲 文殊雖然現天人相，但他其實是道地的出家人。過一段時間聽說他又到別的地方去，又繼續跟女眾住在一起，依舊是跟女眾們混在一起。文殊菩薩那個夏天總共住過三個地方，都不在道場裡面，都是跟很多女眾一起結夏安居。好了，大迦葉聽了很不高興：「這算什麼出家人！」後來結夏安居終於解夏了，文殊菩薩回來道場中，這摩訶迦葉拿了雲板就要集眾，想要羯磨擯出 文殊；當他手裡拿著犍椎（就是木槌），正準備要打雲板集眾的時候，文殊突然化現出百千億 文殊，遍滿虛空中，這時候大迦葉麻煩了：「**我到底要趕哪一個文殊出去？**」他想要把 文殊菩薩趕出道場去，但這時到底要趕出哪一位才對呢？因爲無量的 文殊在那裡，一個個看來全都一樣。這時候 佛說話了：「大迦葉啊！你要趕出哪個文殊呢？」這時候大迦葉那個槌子可就不敢打下去了。

這表示說他根本不知道人家菩薩的證量到底怎麼樣，他只在事相上看：「文殊！你這個出家人，竟然結夏安居時跑到皇宮跟女人混在一起。」可是他不知道：文殊菩薩早就斷了三界愛的習氣種子了，又是示現為妙覺菩薩，那個證境是他完全無法想像的，為他解說以後他其實也弄不清楚，既然無法為他解說，就只好這麼變化示現來讓他警覺自己的無知。大迦葉根本就不知道在那個結夏安居三個月中，文殊菩薩度了多少女人成為大乘佛子。他根本不懂，他所知道的只是在斷除三界愛的現行上面；可是人家 文殊一大阿僧祇劫之前，這三界愛的習氣種子就已經斷盡了，現在是即將成佛的人。說句不客氣的話，他是成佛以後倒駕慈航而來的；但大迦葉只是用聲聞羅漢很微小粗淺的心境，就好像一隻螢火蟲的光明，想要來跟 文殊那個太陽光明來比較，竟然還想要把 文殊趕出去。

等到 文殊化現出百千億 文殊遍滿大地與虛空的時候，他想：「糟了！我要趕哪一個文殊出去？」總不能全部趕嘛！因為去王宮跟女人混在一起的只有一個文殊，於是手上高高舉著木槌，卻無法打下去。佛陀這時候說話了：「大迦葉啊！你要趕出哪一個文殊呢？」你看，這是佛教史中記載的事實。那麼同樣的，這一種實證，在大乘法的實證上所施設的摩訶薩，層次是沒有一定的；所以有廣義的定義，也有狹義的定義。二轉法輪的時候，只要明心了就是摩訶薩；三轉法輪的時期，有時可得要入地了才算是摩訶薩；但也不一定的，都是面對不同的根基而有不同的方便善巧來攝受眾生。

話說回來，身界如是，接著說：「虛空無量故，身界等亦無量；身界等無量故，菩薩摩訶薩所行般若波羅蜜多亦無量。」剛剛講到這裡，因爲這裡已經講到眼耳鼻舌身，等於是五聚的法界了，那就是眼根、眼識、色塵一聚，乃至講到身根、身識、觸塵一聚，接下來是意界一聚。意界一聚，就說由於意根的功能差別沒有量，所以菩薩摩訶薩的心，行於智慧到彼岸之中的時候也是沒有量的。意界如此，法界的功能差別以及意識的功能差別、意所觸（這個觸，不是觸覺的觸，而是境界受的觸，這是五遍行心所法裡面的觸，不是身識觸覺的那個觸），意識這個觸以及意觸爲緣所生的種種受（這個受屬於境界受，不屬於苦樂憂喜捨受的受），所生的諸受同樣也是沒有量。由於這個緣故，所以菩薩摩訶薩的心運行於智慧到彼岸之中，也一樣是沒有量可說的。為何要這麼說呢？因為意界、法界、意識界，乃至意觸為緣所生諸受的量，完全不可得，因為不可得所以說沒有量。換句話說，如果你轉依於如來藏來看這一些法時，就沒有一法可得；在所見如來藏的境界中來看而不可得時，卻無妨眼界乃至意界在現象界中繼續不斷地運轉，可是依如來藏自身來看依舊都不可得。因為不可得所以無量，因為這樣證知而生起了智慧到彼岸的功德，所以這時所行的智慧到彼岸，仍然是沒有量可說的，這就是這一段經文所要說的主要意旨。

接著，經文中作了一個結論說：「憍尸迦！」憍尸迦就是釋提桓因的名字，佛菩薩當然不會稱呼他玉皇上帝，當然直接稱呼他的名字，因為他不過是忉利天的天主，所以就直接稱呼他的名字：「憍尸迦！就好像虛空一樣，虛空的量是不可得的，因為虛空沒有長短方圓，也沒有重量，沒有大小可說，所以它的量不可得；所以意界等等法同樣也是。」當你從如來藏來看意界等等法的時候，那不過是在如來藏中生生滅滅、起起滅滅，本來就不屬於生滅法，本就應該附屬於如來藏。只有看不見如來藏的人，才會說它有界可說，因此說意界等的量不可得。所以說：虛空沒有量的緣故，意界等亦無量；意界等沒有量的緣故，當然大菩薩們所行的智慧到彼岸也是無量的。這就是無量的意思。總而言之，菩薩看一切眾生時並非單單是眾生，菩薩看一切眾生時同時都是如來藏。從如來藏來看一切眾生時，沒有任何一件世俗事可以計較。可是，沒有任何一事可以計較的情況下，無妨事事計較，因爲外道在誤導眾生，菩薩摩訶薩一定要計較，不能不計較——依於慈悲想要救護眾生的法身慧命而必須計較。可是，菩薩深心之中卻沒有量可說，所以解脫於三界一切諸法，乃至解脫於異熟種子。

這一段《般若經》的經文中有說到無邊，《實相般若波羅蜜經》經文中也有說到無邊。我們再援引《大般若經》卷六十三的一段聖教來闡釋這個無邊：

【「舍利子！布施波羅蜜多如虛空，淨戒、安忍、精進、靜慮、般若波羅蜜多如虛空。所以者何？舍利子！如虛空，前際不可得，後際不可得，中際不可得；以彼中邊不可得故，說爲虛空。布施、淨戒、安忍、精進、靜慮、般若波羅蜜多亦如是，前際不可得，後際不可得，中際不可得，何以故？布施波羅蜜多性空故，淨戒、安忍、精進、靜慮、般若波羅蜜多性空故，空中前際不可得，後際不可得，中際不可得；亦以中邊俱不可得，故說爲空。舍利子！由此緣故我作是說：布施波羅蜜多無邊故，當知菩薩摩訶薩亦無邊；淨戒、安忍、精進、靜慮、般若波羅蜜多無邊故，當知菩薩摩訶薩亦無邊。舍利子！四靜慮如虛空，四無量、四無色定如虛空，所以者何？舍利子！如虛空，前際不可得，後際不可得，中際不可得，以彼中邊不可得故，說爲虛空；四靜慮、四無量、四無色定亦如是，前際不可得，後際不可得，中際不可得，何以故？四靜慮性空故，四無量、四無色定性空故，空中前際不可得，後際不可得，中際不可得，亦以中邊俱不可得，故說爲空。舍利子！由此緣故我作是說：四靜慮無邊故，當知菩薩摩訶薩亦無邊；四無量、四無色定無邊故，當知菩薩摩訶薩亦無邊。」】

《實相般若波羅蜜經》說：「般若波羅蜜無邊故，一切諸佛亦無邊。」

那麼既然這樣，無邊的義理當然也得要探討一下。在這段《大般若經》聖教中說：「菩薩修行六度波羅蜜的時候是猶如虛空的，菩薩依六度到彼岸，因此所修行的布施到彼岸如虛空；淨戒、安忍、精進、靜慮、智慧到彼岸，也是一樣猶如虛空。」讀到這裡有沒有人想到說，這裡怎麼會說六度到彼岸？那麼想要成佛，後面二大阿僧祇劫是應該修行十度波羅蜜多，爲什麼這裡只說六度呢？因爲三賢位中只修六度就行了。三賢位中也沒有能力來修學十度波羅蜜多，因爲十度波羅蜜多的修行是依無生法忍智慧來修的，不是依般若的總相、別相來修的，更不是依般若的眞見道智慧來修的，所以這裡只要修六度般若波羅蜜多就足以入地了。

爲什麼說布施等六度到彼岸猶如虛空呢？譬如虛空，虛空的前際不可得，虛空的後際也不可得，虛空的中際也不可得；因爲虛空是無法，無法之中能有什麼可得呢？所以虛空不可得。既然是無法，把無法分成前際、中際、後際，能有什麼意義呢？同樣的道理，譬如如來藏無形無色猶如虛空，而如來藏離見聞覺知，心中不存任何一法，所以祂於一切法也不可得，因爲祂從來不領受任何一法。既然從來不領受一法，領受所有法的是由如來藏所生的見分，也就是由七轉識來領受如來藏所生的內相分六塵諸法，來聯結到外相分而在三界中生存。請問：由見分來領受相分，所領受的相分是外法還是內法呢？結果是內法，是如來藏所化現的內相分六塵，這樣才是十八界法的正確理解。因為十八界法中的六塵不是外相分，而是自己的如來藏金剛藏所變現出來的內六塵——把這內六塵相分給自己的見分七識心觸知。問題來了：既然是如來藏自己生出一個法來領受自己所生的另一個法，那麼會有什麼外法可得嗎？其實都是自己玩自己，沒有一個外法被自己所得。

好啦！既然是自己玩自己，眾生是在高興什麼、痛苦什麼、憂愁什麼呢？所以痛苦憂愁歡喜高興的境界，是無所得的如來藏所生的見分，在如來藏所生的內相分六塵之中喜怒哀樂；而如來藏自己卻不領受這些事，祂只管供應快樂的、痛苦的境界給你，如來藏祂自己是不理會苦樂的。從如來藏的立場來看，沒有任何一法可得，所以見分在相分之中行六度波羅蜜到彼岸的時候，菩薩自己證實了這一點，那麼他的六度波羅蜜多同時就是不可得的。既不可得，哪裡還有量可說呢？既不可得，又如何去追究到它的邊際呢？既然無邊際，當然菩薩摩訶薩也就無邊了，因為都如同虛空。

從如來藏不受一切法的現量境界來看，三界一切諸法全都是猶如虛空一般。已經猶如虛空一般的時候，再來施設前際、中際、後際也就沒有意義了；因為凡是施設時間的前中後等三際，這是五陰境界中的事；也是現象界中的事，才能施設前際、中際與後際。既然有這樣施設，就有邊了，因此就施設某一年、某一月、某一日開始，施設某一年月日終止。可是假使這個世界沒有太陽上下，請問你能施設哪一年、哪一月、哪一日，要如何施設呢？就不能施設了。同理，只有在現象界之中，不斷地重複同樣的生住異滅過程，才能施設前際、中際與後際。如果不在這個時間空間所限制的境界中的話，就沒有三際可說了；而如來藏正好是這樣，所以從如來藏境界來看時，一切法就沒有三際可說，菩薩所修的六度波羅蜜多當然也是如此。

當然，有人會說：「你前世幹了什麼惡事？所以今天當一條狗。人家前世作了好事，所以今生當個有錢人。」那就有三際了，有三際就會有邊。也就是說，依一個五陰的開始到結束，來施設前際與後際，是依這個五陰來施設過去無量世為前際，未來無量世為後際；或者依這個五陰來施設阿羅漢的前際，以及施設阿羅漢沒有後際，而以他這一世作為最後邊身。所以凡是有邊的一定是有量，有量才能施設其邊。可是如來藏猶如虛空一般，無生亦無滅，如何能施設祂的前際、中際、後際呢？依如來藏來看待一世又一世的五陰，那些五陰只不過在如來藏之中生住異滅，而如來藏從來無生住異滅，又如何會有三際可以施設呢？所以依如來藏來說的時候，每一世的五陰行六度波羅蜜多時，都沒有三際可說；因此說布施、淨戒、安忍、精進、靜慮、般若等六種波羅蜜多亦如是，前際不可得，後際不可得，中際不可得。爲什麼都不可得？因爲布施到彼岸，其性本空的緣故；而淨戒、安忍、精進、靜慮、般若到彼岸，其性本空的緣故；依其性本空之中來看，前際不可得，後際不可得，中際不可得。既然三際都不可得，那就沒有中也沒有邊可說了，所以就說這樣是空。換句話說，從如來藏來看，這一些無非是空。

無非是空，可別誤會成斷滅的空。無非是空，譬如《阿含經》裡面說：由於河空的緣故說爲空，不是無河；而是河中無水，施設爲空，河還是在的。譬如一個村落，人物都走了，說村落空；不是沒有村落，村落還是繼續存在，只是人物空掉了。譬如說，阿羅漢入了涅槃說之爲空，但不是斷滅，因爲他們的空性心如來藏還在，只是五陰滅了而使如來藏中空無五陰，所以說爲空，不說如來藏此時所顯示空無五陰的無餘涅槃即是斷滅空。同樣的道理，五陰十八界無常故空、緣生性空；菩薩又因證悟空性如來藏的緣故，在行六度波羅蜜多時，由於六度其性無常故空、緣生故空；緣生故空是說六度皆是性空，但如來藏還是眞實存在，不是斷滅空。如同河水空了，河還是在的；如同村落空了，村落還是在的；以此而說空，所以不是斷滅空，不是應成派中觀師等六識論者所說的緣生故空。

那麼，接著就作一個結論說：「舍利子啊！由於這樣的緣故，所以我這樣說：布施到彼岸其實沒有邊的緣故，當知大菩薩也是無邊；同樣的道理，淨戒、安忍、精進、靜慮、般若到彼岸沒有邊的緣故，應當知道大菩薩們也是無邊。」因爲依如來藏來看的時候，沒有邊際可得，所以說六度無邊；六度無邊的緣故，當然菩薩摩訶薩也是沒有邊，就不能夠說菩薩摩訶薩是有邊的。所以菩薩摩訶薩所說的法也沒有邊，沒有邊當然也就沒有中，因此中邊俱不可得；有邊就一定有中，有中就一定有邊。

接著說：「舍利子啊！初禪到四禪的境界猶如虛空，四無量心的境界、四無色定的境界，也是猶如虛空；爲什麼呢？舍利子啊！因爲如同虛空一樣，前際不可得，後際不可得，中際不可得；由於中邊俱不可得，所以說爲虛空。」虛空無爲不是在講虛空，而是在講眾生如來藏心的體性猶如虛空一般無遮無障、自在不滅，所以說爲虛空無爲，不是講虛空即是無爲法。同樣的，證得四禪、四無量心、四無色定的時候，依如來藏來看，這三個法也是前際不可得，後際不可得，中際不可得；由於四禪其性空的緣故，四無量心、四無色定其性空的緣故，在如來藏空性之中來看時，四禪、四無量心、四無色定的前際都不可得，後際也不可得，中際也不可得。這是依如來藏的境界而空掉了這些法來說沒有邊，沒有前際、中際與後際；所以依如來藏境界來看的時候，證得四禪、四空定、四無量心時統統如此，再加上五神通或者阿羅漢的六神通來說，仍然是一樣，而諸地菩薩能證得的六神通也一樣，都是空。但是這個空，是說這一些法空，不是講如來藏空無，因爲如來藏還是存在著；再從如來藏的自住境界來看這一些境界時，全部都不存在而同時說是空；也因爲這些境界本身無常故空、緣生故空，而如來藏仍然不相應於這些境界而說是空。所以，既然三際不可得，就沒有中際與兩邊可說，中邊俱不可得的緣故，因此說爲空。最後作一個結論：「舍利子啊！由於這個緣故，所以我這樣說：四靜慮沒有邊的緣故，應當知道菩薩摩訶薩也是沒有邊；四無量、四無色定沒有邊的緣故，應當知道菩薩摩訶薩也是沒有邊。」

佛陀演說般若諸法時是這麼說的，佛陀都不嫌煩，你們可別煩喔！我知道有很多人讀《般若經》的時候覺得煩，是因爲這樣想：只要講眼界的部分而不必把耳乃至意的境界一一都拿來講；講布施的部分，空所以無邊，菩薩摩訶薩也無邊，然後就說依此類推都無邊，就不必再把持戒等法一一重新都講一遍。大家依此類推就行了，爲什麼要一個又一個提起來講呢？這是因爲眾生積習難返，所以佛陀這樣一而再、再而三，甚至五而六、百而千，把一一法都不厭其煩地講解。爲什麼要這樣呢？因爲必須要不斷地耳提面命，終於心得決定，大家才能快速過完第一大阿僧祇劫。

然而　佛陀是福慧雙全，可以這樣演說；我如果也這樣說，在如今速食麵的環境下，只怕人們早都跑光了。因爲我如果多說一、二遍，就會有人心煩，來向我說：「老師啊！您上個月才講過，這個月還講。」我說：「因爲講過沒有效果啊！我只好再講幾遍，要一直講到有效爲止。只要有效果了，我就不再重講了。」對佛教界也是一樣，我們前後二十年，今年已經快滿二十年了，我們不斷地宣講如來藏妙義，佛教界好像都嫌煩了；可是我還要繼續講下去，因爲我講一遍他們不信，我得要不斷地引經據典一直講到他們信，他們未來才能回歸正道，法身慧命就不至於斷絕。就是說，當你講一遍時，人家不信；講十遍時，大家有一點點信；講一百遍時，比較相信一些；可是你如果講一千遍時，他們就一定信。

因此我只好講上一千遍來幫助他們生起正信，如果講到口乾舌燥了，我就多喝一點水。佛陀就像是這樣，不斷地耳提面命。你們看這《般若經》，好像是演說十九年吧，全都是在講這個般若；講的正是說，這些大阿羅漢們迴小向大以後，要怎麼樣從初住位修到入地，就是這個內容；爲了要讓當時的大阿羅漢們化長劫入短劫而快速入地，佛陀得要這樣辛苦。同時也可以攝受一些凡夫們繼續熏習般若，讓他們熏習久了以後，別人再也無法把他們轉退，就成爲在菩薩道中發起了菩薩性；這樣持久熏習的結果，目的是要使他們的菩薩性變成積習難返，誰也退轉不了他們，未來世就容易成爲菩薩摩訶薩，這就是佛陀如此辛苦不厭其煩詳細演說《般若經》之目的。

在印度，天氣是很熱的；講了這麼多的般若妙義，一定是口乾舌燥，然而佛陀都不嫌煩，學法的人怎麼能嫌煩呢？世尊可以不必來人間跟人類在這邊廝混；百歲時的人類是五濁心性，祂老人家何苦來人間跟五濁的人類廝混？何況還得要被外道們辱罵或毀謗。其實不必說到佛陀，大部分的菩薩們都不必再來人間受生，因爲只要悟時已有未到地定功夫，就可以不必來人間受苦，都可去欲界天中過好日子了，何況是有初禪的證悟菩薩？

而大部分的大菩薩們都不只證得初禪，都可以去色界天過清閑的日子，乘願再來人間有什麼好處？全都沒有啊！就只是來讓眾生毀辱。因爲眾生大多是用自己的境界去衡量菩薩：「我是這麼貪的，你這位菩薩也一定像我這麼貪。我脾氣這麼大，你一定也跟我一樣。我受不了人家指指點點，你一定也跟我一樣。所以你竟敢說我的法不對，我就一天到晚罵你，看你氣不氣？」可是他們倒楣，遇到一個不生氣的蕭平實，眞的是他們倒楣。他們儘管繼續罵，我還會繼續講如來藏阿賴耶識的正理；因爲只要有人罵得有道理的時候，影響力大的時候，那就是我的機會：我又可以從另一方面多講一點比較深入的如來藏妙法，讓眾生看看說：「人家菩薩來人間講的是什麼本質，菩薩講的那些法義都不是隨隨便便、言不及義的東西。」

你們也看到現代佛教界有好多人寫佛書，裡面有什麼值得一讀的內容呢？並沒有啊！講來講去都只是用世間法在講，所以你把他們的書整本讀完了，也等於沒讀。可是我們全部的書都很有內涵，而且分量又大，寫這樣的佛書才是難，可是我們作起來輕而易舉。爲什麼我們需要來人間跟五濁眾生這樣混？只是不想看見了義正法被相似像法淹沒掉，所以願意當傻瓜繼續來人間受苦，其中的特大號傻瓜叫作蕭平實。如果心狠一點的話，我才不管他們，我儘管生到色界天去，不然就到別的佛世界去，何必要跟現代人間這些五濁眾生混在一起？眞是吃力不討好！

可是爲什麼我要這樣作？其實說白一點：蕭平實也是自私。爲什麼自私呢？因爲沒有人願意來的地方，我來了，我的福德增長就會很快，累積功德就很大。這是在無意中發現到：其實這樣也算是自私了。已經發現這個事實以後，那就算是有一些些自私了；可是話說回來，其實還是沒自私，因爲重新受生於人間時的本意不是如此，而是爲了大眾的法身慧命。所以未來世再來人間時也還是一樣，還是不會落入這個自私中，依舊是爲了眾生的法身慧命著想而來受生。我早期的想法很簡單：這如來藏妙法看誰肯要，只要有誰得了，就讓他去弘法，我就回故鄉買塊田地建個農舍住下來，學學陶淵明採菊東籬下，每天讀一點經典，多麼愜意。是不是？假使有人願意得這個法，就讓他去弘揚，我的責任可就完成了。那剩下的時間，我好好再把還沒有完成的禪定全部完成，接著一步一步後面待完成的道業，也可以繼續去自修，所以我回這一世的出生地，買了住宅區的土地預備要建屋歸隱。

可是，凡是看不下去的事情我就得作，這個習性難改。眞的很難改，當我看到眾生被大師們誤導了，又看到那些學佛人被誤導以後還迷信得要命。他們供養了大師好幾千萬、好幾億元以後，結果得到的一個印章，都只是石頭甚至冬瓜雕刻的，並不是金剛印；而他們還是崇拜得不得了，我就覺得他們好可憐。那我不忍心，又該怎麼辦？就得隨緣隨力去作，有多少能力就去作多少，就這樣一步一步作下來；作到如今，這個擔子越來越大，如今我能把它丟了嗎？丟不下，沒有人同意我放下這擔子。本來是想在二〇〇一年退隱下來，交棒給大家去弘法，可是絕大多數的親教師起來反對。繼續幹到今天，看著眼下，只怕正法是無法長久鞏固下來的，所以到最後反而是我自己丟不下，因爲心裡面想：「我如果半途休止了，將來捨報時，瞿曇老子會不會開口責問說：『你怎麼可以中途走人？』」想一想，畢竟還未竟全功，如今倒像是古人說的「行百里者半九十」，多可惜！所以剩下最後十里路，還是得要自己親自把它走完，就這樣準備繼續作下去了。

這意思就是說，其實菩薩從自己所證的立場來講，沒有邊際可說。沒有邊際可說的時候，卻無妨在各種邊際上面繼續跟眾生廝混。廝混的意思懂嗎？眾生喜怒哀樂時，菩薩就跟眾生一起喜怒哀樂：你氣，我表面上跟著你氣；你高興，我表面上也跟著你高興；你痛苦，我表面上也跟著你痛苦，得要一起領受眾生的喜怒哀樂。如此跟眾生混在一起，叫作廝混，不必顧慮形像。可是，廝混之中，菩薩有自己的本際存在，這個本分是永遠不會超越的；因為從自己的智慧現量來看待這一些事情的時候，無妨出之於慈悲來作拔苦和利樂的事；可是自己的心境之中，其實是沒有邊際的；能夠這樣現觀，才能夠稱之為菩薩摩訶薩。

菩薩為什麼能這樣現觀？因為住在如來藏的境界中，從如來藏無邊的境界中來看待諸法，並且將諸法攝歸於如來藏的時候，由於如來藏無邊，所以諸法也就跟著無邊，菩薩的智慧也就跟著無邊，就不會像阿羅漢一樣逃避人間的痛苦，願意再來受生人間而受痛苦，跟眾生廝混在一起。菩薩這樣看待一切法而修行波羅蜜多，六度滿足了以後還是無邊；六度滿足而入地以後，還要再進修的無生法忍、四靜慮、四空定、四無量心、五神通等，也還是無邊；所以說六度無邊，四靜慮無邊、四無量無邊、四空定也無邊，所以菩薩摩訶薩也是無邊，這就是無邊的義理。

那麼，這一段經文裡面有說「一性」，怎麼說呢：「般若波羅蜜一性故，一切諸法亦一性。」我們仍然引《大般若經》的經文來說明這個「一性」，《大般若波羅蜜多經》卷二百八十八：

【爾時具壽善現白佛言：「世尊！如是般若波羅蜜多最爲甚深。」佛言：「如是，以一切法本性離故。」具壽善現復白佛言：「世尊！如是般若波羅蜜多皆應禮敬。」佛言：「如是，功德多故。然此般若波羅蜜多，無造無作、無能覺者。」具壽善現復白佛言：「世尊！一切法性皆難可覺。」佛言：「如是，以一切法一性非二。善現當知，諸法一性即是無性，諸法無性即是一性；如是，諸法一性無性、無造無作。若菩薩摩訶薩能如實知諸所有法一性無性、無造無作，則能遠離一切執著。」】

一性，道理是這麼深。很多人讀佛經時，不是讀無字天書，而是有字天書；因爲經中每一個字都認得，那些文字都不深，可是到底在講什麼呢？不知道，所以明明是有字的經典，一樣喚作無字天書。這就是學佛人的悲哀，這個悲哀，如今大家可以把它結束掉：只要證得了如來藏，這悲哀就可以結束了，這就是正覺同修會存在之目的。除此而外，不論怎麼樣，這個悲哀都會永遠存在學佛人心中。如果是有智慧的人，不想再擁有學佛時心中的悲哀，那就趕快來正覺求證如來藏；除此一路，別無他途。當代佛教界有那麼多大師與居士們自認爲開悟了，如今爲什麼會被我們直接或間接證實是錯悟？因爲他們認爲說，除了參禪親證如來藏，用別的方法修行悟得別的內容，也可以說是開悟。但問題是，他們所謂開悟而寫出來的書籍，裡面講出來的法能不能經由聖言量來檢驗呢？能不能經由現量和比量來檢驗呢？事實上都無法通過檢驗。所以我還是要奉勸佛教界的所有大師、小師們，全都要回歸到親證實相心如來藏這一條路來；因爲實證般若的道路，除此一路，別無他途。

言歸正傳，這個一性，在《大般若經》裡面，佛與須菩提有下面這一段對話。須菩提說：「世尊！就像是這樣子，這樣的智慧到彼岸，是最深的法。」佛陀說：「正是像你所說的這樣子，是因爲一切法的本性都是遠離的緣故。」須菩提又向　佛陀稟白說：「世尊！這樣的智慧到彼岸，都應該要禮敬。」佛陀說：「就像你所說的一樣，你說的是正確的，因爲智慧到彼岸的功德非常多的緣故；然而這個智慧到彼岸，沒有造也沒有作，其中也沒有一個能覺知的人。」須菩提又向佛稟白說：「世尊！一切法性都難以覺知。」佛陀竟然向他認同說：「你說得對啊！因爲一切法都是一性，而不是二性。」又說：「須菩提！你應該要知道諸法一性其實就是無性，諸法無性也就是一性；就像這個道理，諸法一性是沒有造作的，諸法的無性也是沒有造作的。如果大菩薩能夠像這樣如實的了知一切法都是一性無性，同樣是一性的這個法性就是無性，也同樣是無造也無作，就能夠遠離一切的執著。」

佛陀演說《般若經》時，都是依如來藏心的眞如法性來說的；可是這麼長的經文，你不可以要求 佛陀每說一句話，就提示說「我是依如來藏講的」，那要不斷地重複把這個前提講到什麼時候？所以是在一開始的時候，先說這個非心心、無心相心或者無住心、不念心；一開始就說明是在講這個心，然後就不斷地說明下去。可是，古今的大師們一向的習慣，就是只取這一段或者只取這一章，而把前一段或者前一章的前提丟棄了，那麼這樣子讀經、解經時就會出問題。這種現象在世間法也是一樣常常出現的，有一些法律條文都有它的前提存在，譬如說這一篇或者這一章，這一節或者這一條，它的前提是講什麼，都是各有前提的。可是有的人淺學，只看到那一條法律條文，就辯解說：「你看，我講的沒有錯。」可是這一條的條文是歸屬在哪一節裡面，這一節的前提是什麼，他都忽略掉了。把前提忽略掉了，當他自己認爲對就去作，作了以後就會變成違法。然後去到法院時，法院當然就要判決。當他被判決下來的時候，才知道自己沒有注意到大前提。然而那時已經太慢了，得要接受懲罰了。

經文也是如此，都有前提在；所以要知道《般若經》全部經文所說的一切法空之前，全都有個前提，就是如來藏不空這個空性；因爲如來藏所生的法空了，所以說如來藏空，不是說如來藏不存在而空；這就像說河空，是在說河裡流的水空了，所以說河空，但河還是存在的。但是這些前提，自古以來一向被凡夫大師們所忽略，而凡夫大師們偏又很喜歡出頭，也很喜歡寫論著；即使他們的論著被收入藏經裡面，未來世還是會被實證的菩薩們拿出來評論。譬如安慧寫了《大乘廣五蘊論》，正好退轉者努力弘揚它，想要藉它來否定正覺所弘揚的阿賴耶識，我們就寫了《識蘊眞義》評破他。其實過去世玄奘菩薩就曾經評破過他了，只是在寫《成唯識論》時，被窺基勸阻說不要指名道姓，要保持當時佛教界的和諧，因此就把「某人說」全都改爲「有義」；論中寫的那些有義，講了很多人，古天竺的十大論師有一些人就在那些「有義」裡面。

那時的十大論師之中，有證悟的地上菩薩，但也有凡夫位的聲聞僧假冒大乘菩薩而寫論。例如安慧、清辨、佛護等人即列名十大論師之中，卻是被玄奘菩薩所評論破斥的。可是有誰知道這些事實？才一看到他們的論被印在《大藏經》裡面，就信以爲眞了。信以爲眞以後就被他們誤導，法身慧命可就死掉了！所以，有些人就拿了安慧的《大乘廣五蘊論》來證明說：「你看！我們就說阿賴耶識是生滅的，論中不是這麼說的嗎？所以正覺證悟阿賴耶識，根本就不是開悟。阿賴耶識被眞如所生，不是如來藏，不是眞如；得要證得另一個如來藏眞如，才是眞開悟。我們講的沒有錯，安慧菩薩論中就是這麼講的：阿賴耶識是識蘊所攝，所以是生滅法。」他們根本沒有慧眼去簡擇安慧錯在何處，不幸的是《大正藏》的編輯者也是沒有慧眼的，更別說法眼了，所以把一些古代凡夫論師所寫，已經被玄奘大師評破的錯誤論著收進

《大藏經》中。末法時代的迷信者因此跟著迷信，結果進入寶山抱得了一堆的寶物回家以後，那些沒有到過寶山的人跟他說：「你這些都是銅鐵、石塊，不值錢啦！」他就信受而丟棄了，然後人家在地上撿了一些銅鐵、石塊說：「這才是寶物。」他們就當作眞的黃金、寶物，結果變成空入寶山。

所以，藏經的重新編輯以及闡述都很重要，這就是我們要編輯《正覺藏》的原因。對我們來講這眞是個大工程，因爲僞經、僞論、謬論，我們都必須一一指出他們謬在何處、僞在何處，但這件事情若沒有慧眼就作不到。這是個大工程，我們當然需要很多人來作，所以大家就不要怕辛苦，我就陪著諸位每年繼續辦四個梯次的禪三，就這樣子幫助大家悟入實相法界，才有更多的人可以編輯《正覺藏》。

辦禪三，那實在累死人，卻不得不作。而且我現在有些年紀了，不像以前年輕了。這第二梯次禪三回來，看到我的血壓記錄好像是一百五十九？這還是有使用降血壓藥的結果。前二年都沒留意，有一次禪三回來第一次講經後，有位醫師同修幫我量了一下，竟然高到一百八十九；好在現在有使用藥物控制著，這個色身還眞是麻煩！可是不論禪三多辛苦，我們仍然要作；若是不作，編輯《正覺藏》的人手一定不夠，又該怎麼辦？

這就是說，實相般若眞正的法義廣被誤解，在末法時代是普遍性的，因爲太難實證了。如果天下有一件事情發生了，諸位一定不信，那就是人家講的一句俏皮話：「百萬將軍一個兵。」也就是說，普天下大家都開悟了，只有一個蕭平實悟錯了。你接不接受？不接受嘛！因爲這個道理違背邏輯：普天下所有大法師都悟了，只有一個蕭平實悟錯了。可是一般人沒智慧，他們接受的說法是：「大家都證悟了，只有你蕭平實一個悟得不對，因爲你講的都跟人家講的不一樣。」前幾年也有一些說法在佛教界流傳：「正覺同修會的法跟人家都不一樣，那個如來藏法應該不是佛教的佛法。」這是佛教界很多初機學人所接受的說法，可是你如果把這個邏輯套上來，那就是「百萬將軍一個兵」，因爲大家全都悟了，只有一個蕭平實沒有開悟。然而「百萬將軍一個兵」大家不能接受，爲什麼卻可以接受「大家都開悟而只有蕭平實一個人沒有悟」？這不是很奇怪嗎？

這個道理實在應該把它講出去，因爲開悟實相般若本來就是很困難的事；如果大家都可以悟得，就只有一個人悟不了，就表示說，這個法是很容易實證的，不必怎麼動腦袋，只要用膝蓋想一想就可以開悟了，才應該是很普遍化而使大家都能開悟。可是，很普遍化的東西會是很尊貴的嗎？會是甚深極甚深而不可思議的嗎？滿地都是石頭，石頭尊貴嗎？可是在滿地石頭中想要找到金塊，可就極難可得啊！所以金塊才尊貴。當大家都開悟了，只剩下一個沒有開悟的蕭平實，就應該說蕭平實是最尊貴的。是應該這樣看待才對，因爲具有稀有性；是稀有性的才特別尊貴。有智慧的人是這樣看的，沒有智慧的人就想：「大家都這樣，你看那些大户人家的家裡都鋪石頭、鋪泥巴，你家裡怎麼鋪黃金？你那個地板一定不好。」能夠把家裡的地板鋪起黃金來，世間能找得到幾個？一定是絕無僅有，所以具備稀有性的特質。因此應該是「百萬士兵一將軍」，才是正常的事情，大將軍永遠是稀有的，士兵則是很普遍而不稀有的。所以諸位要注意到，實相般若的生起是要依於實證如來藏，沒有證得如來藏實相心，就不懂實相法界的內涵，就不會有實相般若生起；但實相般若很難生起，是因爲實相心如來藏很難實證，所以歷代能實證的人一定都是稀有的，不可能是普遍化的，當然應該是「百萬士兵一將軍」才是正確的現象。

以前，會裡有一位幹部希望我大力推廣，勸我說：「我們這麼好的法，為什麼只是一個小團體呢？這眞的沒道理啊！」他說得義憤塡膺：「他們各大山頭的法都錯了，都是落入意識境界中，為什麼他們可以廣聚資財而弄這麼大？這眞沒道理啊！」他覺得很不服氣，可是我說：「請問，咱們這個法好不好修、容不容易修？好不好證、容不容易證？」他才想通了：「也對啦！我們得要這樣拚死拚活才能夠開悟，叫大家都得這樣，哪有可能！」終於想通了，所以就不像以前那樣一直衝、衝、衝，他現在不再衝了，才終於定下心來。

這就是說，實相般若不是容易實證的。他們印順派那一些人，也有一句話說：「般若甚深極甚深。」我眞的很認同這句話，因為連釋印順自己也無法證得，所以我很認同。但是，你看 佛陀為了說明實相智慧，可以花這麼多口舌，這樣不厭其詳來為大家講這個諸法的一性。佛陀講解這個一性，並不是只有這一段經文，還有卷五百四十五裡面也是這麼說的。這些經文一向都沒有大師敢演說，因為只要一演說出來時，就會露出自己的狐狸尾巴，不免要顯示他們全都落入意識或識陰六識中，全都不離五陰的覆蓋。你們可以看看剛才講的這一段經文：「般若波羅蜜多，無造無作、無能覺者。」好啊！既然無能覺者，才是眞的般若波羅蜜多，那麼請問：大師們都要求說，要捨掉一切的妄想妄念成爲離念靈知；那個離念靈知有沒有覺者？有。糟糕了！如果拿出這段經文來講解，就等於自打嘴巴了。且不說弘揚禪宗、弘揚般若的人，只說弘揚阿含解脫道的人好了，《阿含經》中說阿羅漢所證的涅槃境界也是無覺無知——是離覺離知的境界，又說阿羅漢所證這樣的涅槃是如，並且還說：「如是盡知已，無漏心解脫比丘不知不見，如是知見。」那麼他們對這些解脫道的涅槃證境要怎麼解說呢？

這時所有的大師又沒辦法解說了，因此，釋印順不得不對四阿含一千餘部經典作了取捨：他取了自己所要的極少數《阿含經》法義，捨了大部分《阿含經》法義，不承認是　佛說的，因爲他對四阿含諸經中的法義覺得互相矛盾而無法會通，不像我們對四大部阿含諸經是全面接受的，也都是可以全面會通而無矛盾的。這表示即使不是甚深般若，只是聲聞解脫道的淺法，大師們都已經無法實證了；如果是甚深般若，他們就更難實證了。所以當今全球只有一個蕭平實證得如來藏而生起了實相般若，也能會通聲聞法的解脫道，而大師們全都悟錯了——百萬士兵一將軍，這才是佛教修證上的正確事實，有智慧的人只用膝蓋想就能瞭解這個道理。所以不可能是所有大師們都開悟而只有一個蕭平實悟錯了——百萬將軍一個兵，因爲他們連四阿含的粗淺法義都誤會了，何況遠遠深妙於四阿含解脫道的大乘甚深般若！接著我們再來看卷五百四十五這一段經文：

**【佛言：「如是，以一切法本性離故。善現當知，若一切法本性遠離，即是般若波羅蜜多。所以者何？如來證覺諸法實性、無造無作。」善現復言：「是故如來應正等覺，於一切法無所證，故名現等覺。」佛言：「如是，以一切法一性非二，善現當知，諸法一性即是無性，諸法無性即是一性。如是，諸法一性無性是本實性，此本實性即是一相，所謂無相。」】**

這裡講的「一性」好像又有一點不一樣了，前面講的是「無覺者」，現在說「無所證」。佛陀說：「就像你所說的一樣，因爲一切法本性離的緣故。」這句話看起來好像很奇怪，明明一切法各有它的自性，而這一切自性從來都在一切法中很實際的顯現出來，從來沒有離，爲什麼又說「一切法本性離」？因爲這是從本際如來藏來看待一切法，一切法雖然不斷地生住異滅，有眾生的種種情執貪著等自性在，應該是一切法本性不離；可是當你悟後把一切法歸屬於如來藏，看見如來藏不受三界有一切法、離三界有一切法等自性時，又看見祂所生的一切法可以有種種事相而相應不離，但如來藏出生了一切法之後，祂自己對所生的一切法仍然是離、依舊是不執著，所以說「一切法本性離」。

如果能像這樣子現觀一切法本性是遠離的，就是實相智慧到彼岸。這就是正覺要告訴佛教界的話：無量無邊的生死都是在無生死之中生死，無量無邊的貪瞋癡都是在無貪瞋癡之中生起無量無邊的貪瞋癡，「以一切法本性離故」，這就是諸法的實相。所以生死的當下就已經沒生死，但無妨五蘊繼續示現有生死；本際仍然無生死，但所示現的五蘊生死是在無生死的本際之中再三地生死，菩薩摩訶薩就這樣一世又一世邁向佛地。這樣現觀，才是實相智慧到彼岸，這樣現觀的人是很清楚的實證了：凡夫有情的一切法似乎是不離三界愛，但凡夫們一切法的本性其實也是遠離的，只是凡夫們不知這個實相。

由於一切法遠離的緣故，如來證覺諸法實性，所以沒有造作，這樣就稱爲「無證者」，所以善現才說「如來應正等覺，於一切法無所證」，因爲是轉依第八識實相心金剛藏的境界來說。是什麼人有所證？是五陰或五蘊對實相智慧有所證。五蘊生起實相般若時是因爲證得什麼呢？是由於證得本際如來藏。證了本際如來藏以後，卻現觀如來藏於一切法「無所證」，所以說「如來應正等覺，於一切法無所證」；由於對這個「無所證」的現觀已經究竟無餘了，成爲究竟「無所證」的緣故，所以稱爲示現正等正覺。

然後 佛陀作了一個結論說：「就像你所說的一樣，由於一切法是一性不二，善現啊！你應當知道，諸法一性其實就是無性，而諸法無性也就是一性。」不二性——只有一性，是什麼樣的一性呢？這個一性就叫作無性。爲什麼說是無性？明明所生的一切法有種種不同的自性，而如來藏也有各種功德業用，爲什麼 世尊說是無性呢？大家可以看見如來藏所生的一切法，明明有種種自性，才能讓眾生在其中喜怒哀樂，不斷地一世又一世生死輪轉不絕，爲什麼會是無性的呢？因爲證悟後把一切法收歸於諸法本際的如來藏實相心時，那時一切法只是在如來藏的表面有種種性而附屬於如來藏，然而菩薩們從如來藏的境界來看待一切法的時候，一切法就成爲無性了，這是因爲如來藏自體沒有三界一切法的自性，所以說如來藏無性、一切法無性。菩薩摩訶薩從如來藏的立場來看一切法的時候，如來藏本身不領受六塵一切法的法性——沒有三界一切法的自性。既然不領受一切法的法性，如來藏就是無性——無三界法性；所以如來藏的無性是無一切三界法性，不是無如來藏性，猶如河中的水空了而說河空，這個河空並不是說河不存在，千萬不要依文解義而誤會了。

世尊又說：「**諸法的一性就是無性，**」三界中的一切法全都另有同一個法性，就是歸屬於如來藏的無性，也就是無三界性。這個無三界性就是一切法的一性，因爲一切法已經被收歸如來藏而從如來藏來看，這時就沒有一切法的三界法性可說了；三界一切法全都是如此，所以世尊說諸法一性就是無性，而諸法無性是普遍存在於三界中的事實，所以諸法無性是遍於一切法中的，諸法全都有這樣的同一種質性，所以諸法無性就是一性；因此在《楞嚴經》中，世尊說五陰、六入、六大、六根、六塵、六識「**本如來藏妙眞如性**」，本屬如來藏所有的各種功德，分散出這部分，在十八界六入上面運行，其實本應歸屬於如來藏，所以無性。

接著總結說：「就像是這個道理，諸法一性的無性是本來已經存在的眞實性；而這個本來就存在的一性、無性的眞實性，就是一種法相，這唯一的法相就是無相。」所以如來藏出生了一切法以後可以有無量萬千的法相，而如來藏自身仍然是一相，就是無一切法相；這樣的無一切法相就是一相，因爲如來藏自身的境界中沒有一切法的自性與法相可說，而一切法全都收歸無性的如來藏了，所以一切法也就成爲無相了，這就是諸法一性、一相、無相的眞實意思。

這個一性，經中又說是捨性，是因爲於一切法都沒有取捨的緣故，在《大般若波羅蜜多經》卷一百三十有這麼一段經文：

【「眞如法界法性，不虛妄性、不變異性、平等性、離生性，法定法住實際。虛空界、不思議界、無漏四靜慮、四無量、四無色定、八解脫、八勝處、九次第定、十遍處、四念住、四正斷、四神足、五根、五力、七等覺支、八聖道支、空解脫門、無相解脫門、無願解脫門、五眼、六神通，佛十力、四無所畏、四無礙解、大慈大悲大喜大捨、十八佛不共法無忘失法，恒住捨性。一切智、道相智、一切相智、一切陀羅尼門、一切三摩地門及餘無量無

邊佛法，皆是此中所說一切無漏之法。」】

這裡說的眞如法界—實相心如來藏—的法性，有無邊的法性，世尊擇要舉出眞如法界中的一些世出世間法性來說，然後總結爲一性而稱之爲捨性；而且說眞如法性中的這些世間出世間萬法的法性，攝歸如來藏的眞如法界來看時，都是永遠住於捨性中。爲什麼說它們都是捨性呢？就是在顯示如來藏的眞如法界的體性，是對一切世間出世間諸法永遠無所貪取。眞如，在《般若經》中有時候是指稱如來藏心，譬如這裡說的眞如法界；有時候是指稱如來藏所顯示的眞實與如如的法性，譬如指稱眞如爲如來藏非心心的心性——眞實而如如。在這裡特地指出眞如法界如來藏心的法性，就是不虛妄性、不變異性、平等性、離生性，因爲眞如法的功德性永遠都是有這四個特性，這四種特性是永遠如是而不變異，也永遠是依於眞如法界如來藏心而住，眞如法界如來藏心是這四種特性的所依而說是實際。

不虛妄性所以稱爲眞，因爲祂眞實存在而有祂的業用，不是名言施設，不是方便說，所以祂有不虛妄性，所以眞實；出生一切法以後於一切法中卻是如如不動其心，所以合名眞如；眞實如如而又有其功能性用，所以名爲眞如法界，界就是指功能差別。眞如法界第八識心體的自性是不變異的，從不可推究的無始劫之前，祂就已經是眞實而如如的。這種法性是不變異的，乃至盡未來際仍然是不變異的，所以祂具有不變異性。由於不變異性，所以說祂是常。

那麼，祂又具有平等性。爲何有平等性呢？因爲祂不住於六塵境界中，因此始終都不分別，並且隨緣任運不作取捨。當眾生應該生爲天人，祂就將有情出生爲天人身；當眾生應該生爲地獄有情，祂就爲有情出生爲地獄眾生，恆具平等性而不作任何了知與分別；依於眾生的業緣應該如何作，祂就如何去作。祂是平等看待一切境界的，不會說：「**這是我要出生的五陰，我下一世的五陰不應該生成那麼惡劣吧？**」否則祂就變成不平等了。可是祂從來無分別性，所以始終是平等性，這才是眞如法界的法性。

然後說祂有離生性，離生就是無生，這也是一向都被末法大師們誤會的。至於什麼是離生——無生？自古以來不斷有錯誤的說法在誤導眾生。這個無生，在大乘法跟二乘法中的定義是不一樣的，雖然基礎同樣都以八識論爲基礎。在二乘法中說的無生是將滅止生，是以蘊處界的生滅無常作爲觀行的內容，是滅掉現象界的蘊處界以後，不再有未來世的蘊處界出生，所以說是證得無生法，這就是二乘法中的無生忍。爲什麼叫作忍？因爲接受了。接受什麼？接受未來世不會再有自己出生於三界中。未來世不會再有自己出生——不受後有，就稱爲後有永盡。後有永盡，是滅掉現象界中的蘊處界而說的，所以說不受後有；這是滅掉蘊處界自我而說是無生，是以滅來稱爲無生，不是本來就無生。

可是大乘法中的無生，除了有能力像這樣證得無生忍以外，卻要迴心於佛菩提道中來實證本來無生。爲什麼可以實證本來無生呢？是因爲如來藏本有離生性。如來藏絕對不會有出生的時候，祂無始劫以來就在，從來沒有經歷過出生的時節，是法爾如是的。那麼證悟眞如法界如來藏心以後，窮盡未來你要尋找祂何時曾經出生的機緣也是找不到的，即使諸佛也絕對無法找到有一個如來藏是曾經有生的；因爲祂本來就有離生性，是從來不曾出生過——本來無生。諸佛都無法使某一個有情的如來藏消滅後再度出生，永遠都不可能；眞如法界具有這個離生性，所以才能說祂是眞實而如如的法界法性。那麼，這一種「**法定法住實際**」，是眾生所不知的，唯有菩薩摩訶薩追隨諸佛而修學才能實證。這個法是決定而不改變的，永遠都不變異。這個法也是本住而非所生之法，所以每一個有情各自都有這種眞如法界的法性。也就是說，眞如不是徒有名言，眞如眞實可證的，因爲眞如是如來藏運行時顯示出來的眞實如如的自性；而眞如法界就是如來藏的功德性，就是如來藏法的功能差別；而這種法性是法住——法爾如是，是本來就是永遠住於這一種境界性中。祂也正是諸法的實際，實際就是眞實理地，眞實理的境界相就稱爲實際。這個實際不稱爲虛際，從來沒有佛法說勝妙法爲虛際；因爲虛則無際，無際不可稱爲際。實，是說祂有眞實性，而這個眞實性是永遠不會改易的；如果可以改變的就不可能被稱爲實際，因爲它有改易。譬如有人想要把妄心意識修行變成眞心，那個修得的眞心即是有生的——本來不眞而現在變眞；現在的眞是所生法，既然有生將來必定有滅，所以現在從妄心變成眞心了，將來還會再度變回妄心，因爲是有生之法，不是無生的本來眞如。可是離生的法是法定法住實際，祂是眞實際，是從來不變異的，因此無可演變改易，這樣才是眞正的眞如法界的法性。今天講到這裡。

上週《實相般若波羅蜜經》談到一性與捨性，最後是談到《大般若經》

卷一百三十的眞如法界的法性有哪一些特性，講了四種：不虛妄性、不變異性、平等性與離生性。那麼這四種眞如法的功德性，它是法定法住實際；也就是說，如來藏眞如法的功德性，是無始劫以來就本來這樣，絕對是這樣而不可演進改變的，所以說祂是「法定」，也是說這個法性無法被轉變。這個不虛妄性等四個法性是永遠不可能被轉變的，永遠都是決定如此，所以是「法定」，就不可能被演進，因爲本來就是究竟而有決定性的。

「法住」是說這四種特性，是如來藏的眞如法性的恆住法，永遠都存在，不會有一剎那的間斷，未來也不會有時間斷，連一剎那都不可能，這叫作「法住」。又說祂是「實際」，因爲祂一定是要具足這四種特性，才能夠說是「眞如法界」。而這四種特性所顯示出來的眞如法界，就是諸法的實際。即使三界中最貪、最瞋或最愚癡的眾生，他的如來藏的眞如法性始終都具備這四種法性。因爲本來就具備這四種法性，才能夠成爲萬法的實際；否則就不可能成爲萬法的實際，一定會如同七轉識一般，就不可能出生萬法，也不能遍於三界六道中存在。所以萬法的根源必然具備這四種特性，具備這四種特性的時候才能夠說祂是眞如法界。

有了這四種特性，接著就有佛法中修行所會實證的，以及將被實證的各種法出現，就是虛空界、不思議界、無漏的四靜慮、四無量、四無色定、八解脫、八勝處、九次第定、十遍處，乃至「一切陀羅尼門、一切三摩地門」，以及最後說的「餘無量無邊佛法」，都是從眞如法界的法性中來出生的。如果不是如來藏有這種眞如法界的法性，如果眞如法界的法性不是具備這四種特性，就不可能出生菩薩所應證的這一些無漏法。也就是說，凡是諸法的根源，一定要基於具備眞如法界法性的心，也就是具備這四種特性的心，才可能是法界萬法的根源，也才可能是世出世間法的根源。那麼從「虛空界、不思議界、無漏四靜慮」，乃至「一切三摩地門及餘無量無邊佛法」，都是如來藏眞如法界的法性中所說的一切無漏之法。

這意思就是在告訴我們：如果非心心如來藏不是具有這種眞如法界的特性，或者眞如法界的法性不具備不虛妄性等四種特性，那麼就不可能是一切無漏之法的根本，也不可能是萬法的根本。那麼這個一性就是這四種特性，叫作不虛妄性、不變異性、平等性與離生性。而這四種特性總合起來就是眞如法界的法性。而眞如法界的法性，其實就是如來藏所顯示出來的法性。如果要把它歸納起來說如來藏有什麼法性而要把它歸納成為一性，這個一性也就是捨性，或者加上一個附註：無性。無性是說無一切世間法的特性，而不是祂沒有自己的眞如法性。為什麼這樣說呢？因為如來藏的眞如法性，顯示出如來藏這個心於三界一切法都無取捨的緣故，所以說是無性。這種無性遍在一切有情的眞如法界中，也是說祂對六塵一切境界中的萬法全都只有這種捨性，所以 世尊說為「一性」。

這樣瞭解了，我們可以回到《實相經》的經文，再從理上來說明什麼是「般若波羅蜜」的「究竟盡」；因為我們講的《實相經》這一段經文裡面有說「究竟盡」，我引述了那麼多的《般若經》來講解的目的，也是要幫助大家確實瞭解這個「究竟盡」的道理，那我們當然要來說明一下。般若波羅蜜的究竟盡，不是一般人所想像的那樣；因為這不是意識境界中的法義，卻又函蓋了意識境界。這不單單是如來藏心的境界，而是函蓋了八識心王整體的境界；必須八識心王具足和合而且究竟窮盡了諸法，才能夠說智慧到彼岸是「究竟盡」。而智慧到彼岸的「究竟盡」，說白了就是佛地的境界。

這意思是說，「般若波羅蜜」的究竟窮盡，其實是理與事融合為一，而果德已經究竟清淨，也於一切法究竟盡知，成就了一切種子的智慧。由於這個緣故，如來藏中的一切種子都能夠生起現行而產生了該有的不可思議作用。這時如來藏就不再稱爲如來藏了，因爲如來已經不藏於這個心中，而是已經分明現行了，所以這時就改稱爲無垢識，那就是如來地的第八識，名爲佛地眞如。我們可以從《大般若經》卷一百八十三來瞭解這個部分，佛說：

【「善現！四念住清淨即果清淨，果清淨即四念住清淨，何以故？是四念住清淨與果清淨，無二無二分，無別無斷故。四正斷、四神足、五根、五力、七等覺支、八聖道支清淨即果清淨，果清淨即四正斷乃至八聖道支清淨，何以故？是四正斷乃至八聖道支清淨與果清淨，無二無二分，無別無斷故。善現！空解脫門清淨即果清淨，果清淨即空解脫門清淨，何以故？是空解脫門清淨與果清淨，無二無二分，無別無斷故。無相無願解脫門清淨即果清淨，果清淨即無相無願解脫門清淨，何以故？是無相無願解脫門清淨與果清淨，無二無二分，無別無斷故。善現！菩薩十地清淨即果清淨，果清淨即菩薩十地清淨，何以故？是菩薩十地清淨與果清淨，無二無二分，無別無斷故。」】

般若就是實相智慧，波羅蜜是到達無生死的彼岸，意思是藉著實相智慧到達無生的彼岸，無生就無死。但是智慧到彼岸的證境，是有究竟與不究竟的差別；是有賢位與聖位的差別，當然也有賢位與凡夫的差別。賢位與凡夫的差別，是實證者和臆想猜測者之間的差別。實證了就屬於賢位的實證者，在大乘別教中說仍然是凡夫，但已經進入三賢位而不再屬於一般人了，同時也一定已斷我見，當然同時是聲聞解脫道中斷三縛結的初果聖人。可是親證以後進入第七住位，成爲內門修行的賢位菩薩時，要到達聖位初地的距離還是非常遙遠，那是一大阿僧祇劫的三十分之二十三，這就是大乘的相見道位所需經歷的悟後進修過程的時間。

也就是說，眞見道是證得眞如而讓你進入第七住位，可是眞見道以後還要繼續修除異生性，還要把見道位中的所有後得無分別智加以通達。從證眞如這個眞見道位，繼續進修般若波羅蜜，直到未來世進入初地爲止，這個過程都叫作相見道；是依第七住位眞見道的功德而從各種法相上面去探究眞如的各個層面，並且還要把大乘見道位所應斷除的廣泛異生性也修除了，才能入地而稱爲見道的通達位。這個過程很長，可就不曉得要喝掉多少母奶、要吃掉多少穀麥，要用掉多少個色身。

諸位有沒有想想看，從一出生到死亡，這樣一世的過程到底吃掉了多少稻穀？不說男眾，只說女眾好了，一餐一碗飯好不好？一日三餐，菜就不算，光說稻穀就好。如果以現在平均歲數是多少？（有人答：八十歲。）八十？這麼好！就讓諸位的願都成真。好，就算平均八十歲，一日三餐，每餐一碗飯，就不說菜餚，柴米油鹽也都不談，這樣一世下來，要吃掉多少稻米？算算看，不得了啊！如果這些稻米再加上入地之前，世世都會死掉而要埋掉的色身和生前所吃的稻穀，一大阿僧祇劫的三十分之二十三累計起來，到底是多少？這個數量很龐大。可是從明心開始想要到三賢位圓滿，想要到達初地的入地心，就是要這麼久，那麼到底總共是多少米飯跟色身呢？

這跟二乘法羅漢道大不相同，羅漢道的見道，最多不過是二、三天就能整理完成，甚至於證得阿羅漢果往往也是一夜就完成了，智慧不很好的人也能在一世就完成阿羅漢的果位了。可是菩薩單是明心後到入地為止得要那麼久，可見不容易通達，因為實相般若見道智慧的通達很困難；而且在通達般若的過程中，還要把大乘見道所應斷的廣泛異生性給除掉。二乘見道所斷的異生性是既淺又狹窄，可是大乘見道後應斷的異生性非常廣，而且非常深、非常厚、非常堅硬難斷，因爲它的範圍太廣太深了，所以才要那麼久的時間。諸位想到這裡，腳底有沒有涼涼的？因爲是眞悟以後才能談到這個問題，可是悟後想要入地，竟然……，喔！眞的遙不可及，確實遙不可及。但是如果能夠像《水滸傳》那個拚命三郎石秀一樣，能夠像他那樣的精神去拚，把長劫化作短劫，那也就快了，就看大家悟後要怎麼修。

這意思是說，到了入地爲止，同時也有阿羅漢的解脫證境了，佛菩提道也才只過完三分之一，後面還有二大阿僧祇劫，想起來有時會打哆嗦：「好難喔！」是很難，不過釋迦佛示現給我們看，是可以成佛，這也不是假的。那麼，古來也有諸地菩薩示現給我們看，入地也是可能的，套一句儒家的話說：「舜何人也？予何人也？有爲者亦若是。」所以你就不要一天到晚消極而變成一個無爲者。修學大乘無爲法時卻得要提起有爲性，你若沒有有爲性，根本無法精進修學極勝妙的大乘無爲法。那麼，一直要到後面的二大阿僧祇劫完成以後才可能成佛，那時才是理事究竟融合爲一的究竟清淨。到那個時節，一切法究竟盡知；既然一切法究竟盡知，當然如來藏中所有功能——種子，你就可以具足發起而成佛了。

那時的如來藏就不像等覺位、妙覺位了，在那一念之間頓悟的結果成佛了，那時如來藏可以加上五個別境心所法以及善十一等心所法，總共有二十一個心所法相應。沒有成佛之前，在等覺妙覺位都只有五遍行心所法而已。當如來藏可以有二十一個心所法相應時，當然可以自己直接運作，所以有一切種智。而佛地的前七識是可以具足了了而知如來藏在作什麼，可以互相配合；這種佛地境界是等覺、妙覺菩薩之所無法臆測，所以等覺、妙覺菩薩們見了佛，都是恭恭敬敬，一點點放肆都沒有，這絕對是有原因的。

從表相看起來，佛地與妙覺位就只差這麼一個小小的、幾乎不存在的階位，可是這一個位階可是落差很大的位階，因為兩種智慧境界的差異與距離非常之大，所有妙覺菩薩們都無法想像。等覺、妙覺菩薩都無法想像佛地的境界，凡夫們連我見都還沒有斷除，更別說什麼明心和見性，竟然開口閉口都說他們已經成佛了，竟敢自居為法王。我們想起這種事情來都會覺得很好笑，如果不想到他們捨壽後會怎麼辦，一定會覺得很好笑；你如果再想到他們捨壽後會怎麼樣，可就笑不起來，心情一定是很沉重的。這就是說，一定是「果究竟清淨」了，才能夠理與事全部融合為一，這時理中有事，事中有理，也都具足圓滿而完全沒有界限差別，這樣如來藏才能具有二十一個心所法，妙覺菩薩無法想像。

在《大般若經》這一段經文說：「四念住清淨就是果清淨，果清淨就是四念住清淨。」四念住，有很多人說：「那還有什麼困難？我早就知道了，無非就是身、受、心、法四個念處而已。」是四個念處而已，沒有錯啊！但是各人的所證淺深廣狹是不同的。同樣四念處，有人解說出來時，說得很淺、很狹窄；另外有一個人來講時，就講得很深妙、很廣泛，那到底應該怎麼樣才算是標準的說法呢？其實是沒有標準的，因爲佛地的標準不能拿來妙覺、等覺菩薩位用，地上的標準不能拿來三賢位中衡量，所以其實各有不同標準，而果究竟清淨的人也就是到達佛地了，他的四念住當然是清淨的，因爲到那階段，四念住的清淨與果清淨其實無二無二分，互相無差別；而且也從來沒有間斷，從此以後也不會再有間斷的時候。

那麼四正斷、四神足、五根、五力，乃至八聖道支全部究竟清淨了，就是修行的果位清淨；果位清淨了，就表示他的四正斷乃至八聖道支，已經全部清淨，因爲這二者也是「無二無二分」，也是「無別無斷故」。同理，三解脫門、空解脫門如果究竟清淨了，那果就是究竟清淨；果究竟清淨，表示他的空解脫門究竟清淨。無相無願解脫門究竟清淨，果德也是究竟清淨圓滿；果究竟清淨，也就是無相無願解脫門究竟清淨；因爲空無相無願的解脫門究竟清淨，以及果的究竟清淨，其實是「無二無二分」，也是「無別無斷」的緣故。這樣如實了知以後，加上入地後的十度波羅蜜修行，次第成就了十地的果德；把初地到十地的境界都修行清淨了，果也就清淨了；果清淨，就代表十地的修行已經清淨了，因爲菩薩十地的修行清淨與果的清淨，其實也是沒有差別，本來就是同一個法，而且從來也不曾間斷，因全都是依不間斷的第八識眞如法界而修習、而具足。

那麼，這樣就可以瞭解到，清淨其實是有許多的層次差別，並不是只有一個一成不變的標準。譬如聲聞法好了，先不談菩薩法。在聲聞法中同樣是大阿羅漢（我不是指諸大阿羅漢座下的阿羅漢弟子），也是各有不同的清淨狀況。總不會有人認爲大阿羅漢不清淨吧？我相信諸位不會這樣想。即使到會外去問，也不會有人這樣想，一定都說：「已經是大阿羅漢了，當然是清淨的。」可是例如畢陵尊者，他每次見了恆河神，老是呼喚他爲小婢，到底他有沒有清淨？這問題就來了。又例如難陀尊者，佛陀有三十二大人相，他有三十種大人相；他常常提早下山去托缽，有時候施主家裡女眾才剛剛起床，往往露肩袒腹在那邊刷牙洗臉（那時沒有牙刷，大家都用楊枝），他就站在那邊看個不停。他最喜歡看女眾，人家肩膀露出來、背或肚子露出來，他就在那邊一直看個不停，目不轉睛。那麼到底他清淨不清淨？

其他的大阿羅漢也有不同的情況，那麼這些大阿羅漢們到底清淨不清淨？我說還是清淨的，只是習氣種子還沒有斷盡罷了，所以說清淨原來是有差別性層次的。難陀清淨的部分，是他絕不跟人家生氣，也是不受後有的，他絕對是清淨的，可是他喜歡觀看女眾；特別是袒露了肩膀等等，他會特別喜歡看，可是他從來不會跟任何人起瞋，也是可以不受後有的聖者。這就是說，其實清淨是有層次與內涵差別，大阿羅漢的清淨主要是三界愛不再現行，可是他們的習氣種子是完全具足的，多數是還沒有斷除絲毫的。以這樣來看諸地菩薩的話，諸地菩薩就會覺得說，大阿羅漢都沒有在斷習氣種子，就覺得他們不淨，所以二者的清淨顯然有所不同嘛！

再請問：入地了是不是清淨？是嘛！有沒有人說菩薩入地了還不清淨

的？有沒有？沒有人主張。可是菩薩入地就眞的具足清淨了嗎？他只是三界愛不再現行，同時開始在斷習氣種子了；可是習氣種子的斷除，諸地各不相同，這一地與另一地有差。再不然說，人家到了七地滿心，三界愛的習氣種子都已斷盡了，應該是究竟清淨了吧？可是從八地住地心的菩薩看來，或者從十地來看九地，從等覺來看十地，那又有不同的染淨差別了，因爲七地滿心菩薩雖然沒有起煩惱了，可是他的上煩惱還是那麼多，因此所謂的清淨其實是有很多差別的。（編案：起煩惱、上煩惱之意涵，請閱平實導師《勝鬘經講記》。）

因此說，果的清淨與那個果位所證的同一層次的清淨，才能說是一樣，而這一些清淨其實都應該歸納到實相心如來藏來；因爲不論染汙與清淨，不論所證的果或者他所修某一些法的清淨，都是從如來藏來的；都依如來藏而有，從來不曾外於如來藏而有果的清淨或者所修法的清淨；所以說如來藏與果清淨，也是「無二無二分」，所以才說無別。但是菩薩畢竟與二乘聖人不同，菩薩這個法的修證、果位的實證，是會延續到未來世去，直到成佛以後仍然繼續維持，絕不間斷，所以在「無別」以外又加了個「無斷」。這就是成佛之道與聲聞解脫道特別不同之處。

那諸位想想，這樣三大阿僧祇劫的成佛過程，要跟多少有情結緣？大家可以先想想看，你這一世就有許多的眾生緣：父母、祖父母、子女還有孫子女。以現代人來講，能接觸的親屬大約是這樣，因為現在很少五代同堂，家中往往又只生一個孩子，往往連兄弟或姊妹都沒有。可是除了親屬以外，還有許多其他的親戚朋友，事業上往來的朋友……等，接觸的眾生非常多。如果三大阿僧祇劫全部計算起來，到底是有多少眾生被你接觸？當然是很多嘛！那麼，在這一種情況下，你想要成佛，對自己果清淨與所修法的清淨，是不是要獨善其身的快速進行？是不是要這樣？當然不是！因為你如果獨善其身快速進行自己的佛道，將來你成佛的時候，只有菩薩十個人、阿羅漢十個人，然後就入滅了，不能廣利有情了，都是因為福德太少，這根本不可能成佛，正是起因於菩薩道的修行過程中，沒有利樂很多人。對啊！是這樣啊！所以菩薩要花許多時間給眾生，不能只考慮自己的道業。要有許多時間花在眾生身上，將來你成佛的時候，那一些人跟著你來人間成佛而圓滿你的八相成道大業，那可就是一大票人了。

彌勒菩薩晚成佛，可是他成佛時在娑婆世界的阿羅漢弟子有多少？每次所度的阿羅漢都是將近百億，講聲聞法時的龍華三會，每一會的阿羅漢弟子可都是九十幾億人；你想想，龍華三會的九十六億、九十四億、九十二億人成阿羅漢，正是他在因地時好樂追求世間的名聲，好與眾生結善緣而不急於成佛，所以他在因地時到處結交朋友。以這樣的心性，一世一世與眾生結緣的數目太多了，他結了很多好緣、善緣，所以他光是初轉法輪龍華三會的阿羅漢弟子（二轉法輪、三轉法輪的菩薩弟子且先不說），光是龍華三會講聲聞法時，阿羅漢弟子就是將近三百億人。不只如此，他在龍華三會時度了二百八十幾億阿羅漢弟子，這些阿羅漢之中假使有一半迴小向大，那你算算看，會有多少入地的菩薩？所以　彌勒菩薩的福德廣大，眞是不得了！但是大家要想一想，他在因地時花了多少時間去跟眾生結緣？雖然道業上是延緩了，因爲他發菩提心開始學佛是在釋迦佛之前，可是你看看，他將來成佛時是那種光景，眞是難以想像的勝妙。

也就是說，要修集福德來跟眾生結緣，這個時程不應該求很快速的獨善其身立即成佛；因爲福德不夠時也沒有辦法成佛，縱使能夠成佛，也眞的有些不像佛。世間會有福德這麼少的佛嗎？不可能！這意思就是說，你想要到達究竟清淨位是不容易的，而清淨是有很多層次的差別，這是諸位應當要瞭解的。所以，將來你們如果遇見了一個阿羅漢，比如彌勒尊佛來降生的時候，妳正好還是繼續當女人，覺得這樣比較容易度眾，而妳也成阿羅漢了，那時妳是在家作阿羅漢，又生來美麗端莊，可別懷疑說：「**有幾位阿羅漢怎麼每次看見了我，就目不轉睛地瞧著我。**」不必疑心對方是不是阿羅漢，只是因爲習性就是這樣子，他們的習氣種子還沒有斷除，只有斷現行而已；所以妳那時候當然也會知道自己同樣只斷現行，也沒斷盡習氣種子，就會知道這也是正常的。所以這些知見諸位都應該有，如果我把這些法拿到會外去講，就變成聞所未聞法了，就會有許多淺學之人開始毀謗了。我相信諸位也同樣沒聽過，也就成爲聞所未聞法；可是這個知見，在佛菩提道中其實也是很基本的次法，也該讓諸位瞭解。

這意思是說，果的清淨有因地的清淨，以及與究竟佛地的清淨差別，乃至諸地的清淨也各不相同，我們無妨嚴以律己，卻要寬以待人；這樣子在正覺菩薩僧團中，日子也好過，道行也好修，學佛就學得很快樂。如果用特別嚴的標準去衡量別人，特別寬鬆的標準來對待自己，就會一天到晚是非不斷了。所以這個果清淨以及所修的諸法清淨，諸位是要自己有這種智慧去作抉擇，作爲自己依止的標準，才不會有負面的狀況產生；然後未來成佛的時候我們就是一大家子人，而不是少數幾十個人。這個道理講完了，這就是說「究竟清淨」是有層次差別的，因此般若波羅蜜的清淨當然同樣也有層次差別，而究竟清淨唯在佛位。

我們再來看看宗門裡面怎麼說平等實相法，因爲《實相經》中這一段經文講的是「平等實相」，我們使藉克勤圓悟大師的開示來利益大眾，克勤大師說：**【「釋迦老子云：『以大圓覺爲我伽藍，身心安居平等性智。』」師云：「釋迦老人慈悲，大殺怕爾諸人不知，與爾一箇護身符子。雖然如是，點檢將來猶帶影在。若是山僧則不然：即雲居山見成伽藍，九旬安居拍拍是令。」】**（《圓悟佛果禪師語錄》卷十二）

有的人覺得說：禪宗祖師們對釋迦佛好像不太恭敬。其實不是不恭敬，「老子」其實應該讀作老子（ㄗˇ），因爲現在子（ㄗ˙）輕音，聽起來似乎有些不恭敬，是應該讀作釋迦老子（ㄗˇ），可是又怕跟道教的老子（ㄗˇ）混淆，於是大多唸作老子（ㄗ˙）。老子（ㄗ˙）其實就是老爸的意思，會有什麼輕蔑的意思呢？都沒有啊！以前胡適有一篇短文，寫到他與母親之間的事。那時好像是他媽媽怕他著涼，要給他一件外衣穿；我現在有一點印象模糊了，因為那是學生時代閱讀的文章，好像是他講一句話說：「娘（涼）什麼？老子都不老子。」他好像是裝著很壯而說不怕寒，因為他媽媽好像是說：「穿上吧！涼了。」他回說：「娘什麼！老子都不老子呀。」那個涼跟娘諧音，他覺得自己很大了，可以不理會老爸了；因此他的母親心中很難過，罵他說：「你沒有老子，是多麼得意的事！」後來他寫了那篇〈母親的教誨〉，把這件事描述出來，發露自己的錯誤，紀念母親。所以「老子」是「老爸」的意思，沒有輕蔑的意味；大家可別誤以為禪宗祖師們動不動就講「釋迦老子」，對佛陀眞輕蔑。其實沒有輕蔑，以前沒有人叫父親老爸，這個爸字是近代才有的。以前都說父親是老子，「我家老子」就是現代人講的「我家老爸」，哪裡有不恭敬？

克勤大師說：『以大圓覺作為我的寺院，身心安居於平等性智之中。』克勤大師就解釋說：「釋迦老人很慈悲，非常地恐怕大眾諸人都不知道，所以就給你們一個佛道上的護身符子。雖然是這樣子，眞正把祂這話點檢了以後，其實猶帶影在。」也就是還拖泥帶水，不夠俐落；「如果是我克勤圓悟，可就不是這樣說，我說：『雲居山就是我現成的寺院，九旬安居拍拍手就了結了。』」

你看，到底這跟般若波羅蜜有什麼關聯？宗門家就是這麼說話的，不跟人家拖泥帶水講一大篇佛法。像我剛才那樣解釋平等性、金剛性等等，眞是囉哩囉嗦，已不只是拖泥帶水了，簡直是拖著繩或絲線，都長過萬里長城了。家裡人說話就是簡單扼要：會就會了，你就拿了去；若是不會，那就拉倒，兩廂無事。那麼到底平等實相法是該怎麼說的？爲什麼雲居山是現成的伽藍？人家住山一定是弄個寺院來住（伽藍就是寺院），克勤大師爲什麼說不一定要蓋寺院？說「這座山頭就是我的寺院」？老實說，你也可以如此說：這台灣就是我的現成伽藍。等你去到大陸時，你可要改個話，別單提台灣，不然人家難免要說：「你心量這麼小，只看到台灣，都不看看我們大陸的佛弟子們。」因爲大陸有好些同修抱怨，說我都不去看他們。

好了，如果哪一天眞的去了，假使去到南京，我就說：「南京是我的現成寺院。」如果哪天到了北京，我就說：「北京是我的現成寺院。」也許哪一天又到了陝西去，我也說：「陝西就是我的現成寺院。」人家不免要問：「為什麼南京、北京、陝西都是你的現成寺院？」我說：「何止這三個地方？整個地球就是我的伽藍。」這究竟是怎麼說話的呢？你們如果能夠過得了這一著子，《金剛經》就可以自己通宗，也不必要我來講。雖然你沒有辦法像我講得這麼好，這也是事實；不過，講得好，這也有層次差別，如果我要來跟佛比，那又沒得比了，所以大家別比高下。人比人，氣死人；我們能得多少就盡量去得，但是不要互相比較高下。言歸正傳，到底是什麼緣故說雲居山就是 克勤大師的現成寺院？現在大陸雲居山是個名剎，如果有因緣去瞧一瞧，倒也不錯，只是別說你從正覺來。

那麼，九旬結夏安居完了還有什麼事？克勤大師根本不把它當一回事，拍拍手也就解決了，哪還需要辦什麼解夏法會呢？還有什麼可以在那一邊煩惱的呢？人家宗門下就這麼說話。看起來這些說話好像跟教下無關，但是人家祖師們會了這一著子，教下可就通了，所以這裡面一定有蹊蹺。這個蹊蹺，當然諸位得要去通達；只是想要通這個竅，可就是個大麻煩。如果這一竅通了，其他九竅也就跟著通了，遠比人家通九竅的好。懂這話嗎？聽不懂啊？

對啊！通了九竅的人，就叫作一竅不通。但你只要通了這一竅，其他九竅管保都通，這才是好啊！所以學佛時看到禪師們的模樣，好像那些祖師們說話瘋瘋癲癲都跟教典所說的聖教無關，其實不然，只是他們言下之意不在文字上面。但是這一竅如果通了，教典你也就可以通了，所以還眞的要下心喔！爲什麼這個雲居山便是現成的伽藍？爲什麼「九句安居拍拍是令」？無妨下心參酌一下。下一段經文：

**經文：【爾時世尊說此法門已，復告金剛手菩薩言：**「金剛手！若有人得聞此無量無邊際究竟盡實相般若波羅蜜法門，受持、讀誦、正念、思惟，此人所有一切障累，皆得消滅、究竟無餘；疾至菩提，獲於如來金剛之身而得自在。」**爾時如來復說咒曰：**

驃——！（長呼）**】**

**講記：**世尊說完了「一切法無量無邊際究竟盡平等實相般若波羅蜜法門」之後，就向金剛手菩薩吩咐說：「金剛手啊！如果有人能夠親聞這個沒有量、沒有邊際、究竟盡的實相智慧到彼岸的法門，他能夠受持、讀誦，也能正確地憶持它，並且加以深入思惟，那麼這個人所有的一切障礙以及勞累都可以消滅，並且究竟無餘；從這個時候開始，他修學成佛之道就可以快速入門，很迅速證得佛菩提，獲得諸佛如來的金剛之身而得到自在。」然後　佛又說咒：驃——！

這就是吩咐大家，這個「一切法無量無邊際究竟盡」的實相智慧到彼岸的法門，眞的很重要；因爲修學佛法是從這個地方正式開始的，在此之前的學習都只是多聞與熏習，不算是眞正在修學。直到親證了般若而入了內門開始，才算是正式的修學。所以想要正式的修學佛法，得要實證；然而實證之前必須要靠多聞、熏習，先要選擇正確解說的法義而多聞熏習，之後當然就要受持、讀誦、正念和思惟。然而多聞是很困難的，因爲一般人都沒有能力抉擇：什麼才是自己所應該多聞熏習的正法？這就是末法時代學佛人的悲哀。換句話說，大家都還沒有開眼，眼睛都還閉著，看不見成佛之道在哪裡，一片漆黑而不知該怎麼走，當然要去尋找一條明路——光明之路。

還沒有開眼的人，什麼都看不見，如何能看得見光明之路？一不小心就會跌下萬丈深坑、粉身碎骨，法身慧命全都沒了；所以得要有個方便，聰明人就弄個杖子，一面走一面探路。可是問題來了，那杖子要從哪裡得來？得要眞善知識給，假善知識給的可沒用。可是還沒有開眼之前無法分辨眞假善知識，自己手裡也沒有那支杖子，要如何去尋覓善知識？這就是個問題了。沒有開眼之前，當然沒有能力抉擇誰是眞善知識或假善知識。開眼了可以自己看見道路，自然有能力抉擇，也不需要人家幫忙。在沒開眼之前得要多聞熏習，該怎麼多聞呢？要到處去逛。到處去逛道場，聽了很多大師的說法，讀了很多大師的書，還得旁及其他人的說法，不斷加以思惟、比對，直到確定是眞正可以幫人實證的法門爲止。

不斷追尋正法之路的結果，最後來到正覺，那時說：「早知道，我以前就**不去那些道場逛了**。」據說有人花了將近一百萬元買佛書回去讀，那可眞是書蠹蟲了。等他來到正覺時就說：「**早知道如此，都不要讀那一些佛書了**。」然而你如果不讀過那一些，又如何有能力辨別出正覺的法才是正確的？因爲那一些錯誤的說法裡面，總有一部分是對的。如果自己有那個世間智慧，把很多錯誤的法義摒除掉以後，把一些正確的湊在一起，最後當然會發覺到某一個說法才是最正確的法。

所以，跌跌撞撞是初學佛者應該要經歷的過程，這叫作「上一次當，學一次乖」。所以不斷地經歷那些過程以後，終於有能力弄清楚：原來這個第八識妙義才是正法。但這往往已是學佛十年後、二十年後乃至三十年後的事了。如果學佛三十年後才來到正覺，冤枉不冤枉呢？冤枉呵？其實不冤，因爲把往世學佛的歷程加起來，何止三十年的十百千倍？絕對不只啦！可是大家都必須經歷這樣的過程，才能夠到達今天這個地步。因此對一般學佛人來講，其實都還不是眞的在學佛；他們名爲學佛，其實還是在人天乘的範圍之內；必須要經過那些過程中的互相磨練，大家磨來磨去，磨到稜角不見了，大家都變得圓圓的，也就是性障消除掉很多了，才是正好學佛的時候。

俗話不是講圓融嗎？變得圓圓以後就沒有一身尖銳的刺角了，這時第一次看見正覺所寫的書，還是會有一點點生氣的：「竟然敢說這個大師也不對，那個大師也不對。看來大家都不對，只有你正覺講的才對，豈有此理？」可是因爲大部分的稜角都磨掉了，他願意低下心來讀一讀：「那我來瞧瞧看：你爲何敢這麼說？」這才表示說，他實證佛法的因緣成熟了。一般學佛人渾身上下都是稜稜角角，與所未聞法可就格格不入了，所以才一看到正覺的書就罵起來：「喔！這個人一天到晚都在罵人。」他根本不懂罵人與法義辨正的分際，所以把書一丟，不讀了。他這一丟，可能十年就過去了；也有人這麼一丟，二十年過去了，才有機會再拿出來讀一讀，才終於進入正覺來學法。所以，現在有的人來報名時是心裡覺得「歹勢」（台語），就是有一點抱歉的味道；因爲他們其實是十九年、十八年前就拿到我的書了，可是竟然遲到現在才進入正覺禪淨班開始學習。爲什麼這樣呢？都因爲以前學法的因緣還沒成熟。可是後來稜角磨掉了，願意讀讀看了，法緣才開始轉熟，終於能進得正覺來；這就表示他已經磨得差不多了，如今沒什麼稜角了，這時候終於能把正覺的書讀下去了。

可是雖然讀得下去了，也只是聞此「無量無邊際究竟盡實相般若波羅蜜法門」，接著還有許多事，叫作受持、讀誦、正念、思惟。所以諸位想想看，佛菩提的實證眞的不容易啊！好不容易進了正覺，二年半的課上完以後，還不一定能錄取去打禪三；縱使錄取了去，也還不一定能破參；假使有因緣破參了，也還不一定能通過鍛鍊；因爲我們考題非常多，若沒有把你烤得脆脆的、香香的，絕對不放你出爐。想想看，難不難？是難啊！確實很難。到這個地步當然是很好，可是到這個地步之前，在多聞熏習的時候一定要記得受持、讀誦，還不許把它忘掉，所以叫作正念。然後呢，有時還要思惟它；一面作義工，就一面思惟它；在家裡一面作事時，也是要一面思惟它。經過這樣的過程了，才能夠把「障累」「消滅、究竟無餘」。「障累」已經「消滅、究竟無餘」時，面對那一些很深很難的考題時，其實就不再是難題了，就容易考了，否則眞是很難考得過的。能夠把障累都消滅究竟無餘了，這時要證悟佛菩提就不是難事，所以才說「疾至菩提」，是可以很快到達佛菩提的智慧中住下來。如果前面的部分都沒有作，那就不可能進正覺修學；若不能進正覺修學，當然更不可能有後面的受持、讀誦、正念、思惟，當然還是障累一大堆，簡直就像須彌山那麼大，想要進正覺或實證般若可就很難啦！

有時候出去外面買個什麼東西，人家說：「你們是正覺的人嗎？」大概因爲我們穿唐裝，人家都會懷疑說你是不是正覺的人。有的店家講話更有趣：「我知道啦！就是承德路那棟常常在排隊的那一家。」原來正覺大樓門前每逢週二傍晚的排隊也很有名。這樣看來，好像大樓管委會要求我們排隊的目的，還是在幫我們宣傳呢！他們規定我們每次電梯只能搭六個人，要留下空間給其他住戶們使用，那我們大家就配合排隊了。好啦！如今排隊也排出名號來，顯示有一棟大樓搭電梯是要排隊的，這也成爲奇觀了。好啊！就這樣子，也有很多人知道正覺所在的大樓，就是承德路上每逢週二晚上有在排隊的那棟大樓，有些學佛人乾脆就叫它正覺大樓。可是知道歸知道，他們有沒有興趣要來排排看、進來聽聽看？也沒有，這表示他們的「障累」都還在。

「障累」全都還在時，心是高舉的，不是謙下的，就沒有辦法前來聞此「無量無邊際究竟盡實相般若波羅蜜法門」。既沒有辦法多聞熏習，當然就談不到受持、讀誦、正念、思惟了，當然也顯示他們的「障累」全部具足，一分不減，就只好說他們難至菩提，因爲已經跟菩提的證悟無緣了。可是如果眞的有照這一段經文所說的去作，一定是「疾至菩提」。假使進來正覺同修會，在這邊一直待下去；待了三十年才終於破參，算不算是「疾至菩提」？（眾答：算。）對嘛！你想想，人家是少小出家當小沙彌，到如今七老八十了，依舊不免參到老死、抱恨而終，臨終時恨自己白來人間一趟，耗費了多少米糧。所以，如果進了正覺修學，三十年後可以開悟，也算是很便宜、很快速的事。

人家是出家而專業修行，依舊沒辦法實證；你們是事業家庭兩忙，業餘修行，這樣在正覺待三十年而可以悟入，太便宜了。所以「疾至菩提」也有不同層次的定義，可別見了我就埋怨說：「老師！我來正覺二十年了，都還悟不了。」二十年都還無法「疾至菩提」，那麼繼續待下去，直到三十年時，一旦到了佛菩提中，就獲得「如來金剛之身」，也算不賴，因爲也是「疾至菩提」。

如來金剛之身，就是第八識。諸佛如來，不管你去到哪個佛世界，所有佛世界的如來也全都是這個第八識：這個第八識在佛地名爲無垢識，妙覺位以下名爲異熟識，在七地以下同時又名爲阿賴耶識。這個阿賴耶識心體是不可壞的，沒有人能壞滅祂，所以祂就是金剛之身。諸佛的莊嚴報身也是依這個金剛之身而生，證得這個金剛之身就得自在了。然而自在也有層次差別，譬如說佛地自在，妙覺、等覺位的自在，諸地的自在，三賢位的自在，同是自在而層次不同。

也許有人說：「老師！我才剛開悟，我覺得沒有什麼自在。」我說：「你可別這麼講喔！」雖然才剛悟，每天把我的書好好去讀一讀，不用一個月，有一天你心血來潮說：「我家隔壁是名山道場，我有沒有能力與人家論法呢？」正想著，剛好有人問你說：「你住在哪裡？」你說：「我住在某某山的山下。」「唉呀！你住在名山腳下，那可眞是名山。」你突然心血來潮說：「我既然住在名山底下，爲什麼不上山走一遭？」好啦！到了山上，知客處供養三寶，不必多，一千塊錢就夠了，不値得你供養太多，因爲你如今可是證悟的菩薩，他們受不受得了，還不知道呢。供養完了，然後開口說：「師父啊！請問您這邊修什麼法門？」你就跟他聊將起來。聊著聊著，你就開始與他們講一講解脫、涅槃的本際，就把〈正覺總持咒〉前面那二句拿出來講就夠了，就夠你講上老半天。本來他們心想：「你這個居士懂什麼？」可是聽你講到後來，有許多法他竟然都沒聽過，所以聽不懂，接著口氣就不一樣了。因爲剛開始是想：「這居士來到這裡才供養一千塊錢。」可是聽到後來就想：「這個人不簡單，怎麼講這一些佛法我都不懂，我又沒有辦法推翻他的說法。」那你有沒有感覺越來越自在了？因爲他們漸漸不敢開口了，而你於法得自在，不是嗎？是不是呢？是啊！所以你到各大道場去論法的時候，都可以得自在，怎麼還會不自在呢？這時你就只有一樣是不自在的，也是不會改變的，就是回到家裡時，老爸叫你，你還是得要應答。老爸說：「兒子啊！幫我泡一杯茶來。」你就得要去泡，在自家裡還是不自在呵！因爲老爸又不學佛，你是他兒子，哪裡能夠讓你自在？所以自在，其實還是有許多層面與層次的。但不論到哪個地方去，只要誰在講佛法，你可就都自在了，這就是你自在的地方。你可別見了老爸說：「老爸！我開悟了，是賢聖了，現在換你要聽我的話了。」那你就不是眞正的菩薩。因爲菩薩是不壞煩惱而證菩提，是不壞世間法而證菩提，這一點可得要記住。所以「自在」，要看是什麼場合得自在，什麼層次可以得自在，這也有差別不同。大家要有智慧去觀察它，就會知道自己該怎麼樣自處。

世尊演說完了，接著又說短短的咒語。在這部經中，釋迦老子眞的很喜歡說咒，我就模仿著再唸一遍吧：驃——！這到底是什麼意思？這咒裡面的意義很深遠，不但深遠，它還廣大。也許有人不信：「你別嚇唬我、籠罩我，以爲我不懂。那不過就是聲音嘛！聲音就是無常，無常就不自在，是苦，苦就不是我，就是緣起性空，就是這個意思。」我說：「錯了。」如果他再問我說：「那不然你的意思是怎麼樣？」我就告訴他：「緣起性空。」他一定質問說：「那你講的不是跟我一樣嗎？」我說：「不一樣，你講的是緣起性空，我講的是『緣起性空』。」當然不一樣啊！可是明明雙方說的一字不差，一字不易，究竟是什麼地方不一樣？那可就要讓他自己去端詳了。三十年後端詳出來了，讓他告訴明眼人去。

接著我們再來看，這「無量無邊際究竟盡」的實相智慧到彼岸的法門，是因爲證得什麼而有這樣的名字來加以說明？其實也就是證眞如。證眞如，在台灣或者大陸的各大山頭全都一樣，他們都不談證眞如的事。所以我們《公案拈提》第一輯、第二輯寫出去，書裡面說眞如如何、如何，各大山頭全都沒有反應。爲什麼呢？因爲他們都不知道什麼叫作眞如，連專門教禪的大山頭也從來沒聽過眞如，就別談起爲徒眾演說的事了。這眞的好奇怪！各大山頭都在說禪，可是說禪的道場竟然都不講眞如，也不懂眞如，到底他們講禪、修禪都是在幹什麼呢？還眞的讓人納悶。

可是進了正覺同修會就必須要懂什麼叫作證眞如。我們平常講經也不多談眞如——除了增上班以外也不多談眞如，所以談到眞如的機會其實也不是很多；可是禪淨班中學到後來，親教師就會稍微講一下眞如，讓大家知道參禪就是要證眞如。那麼證眞如到底是什麼意思？當然眞正想要學佛的人可都要弄清楚才行，否則所謂學佛修禪全都是白學、白修了。證眞如有二個道理：第一是證得眞如心，也就是證得第八識如來藏；第二就是證得如來藏所顯示出來的眞如法性。

六年前那一批退轉的人（編案：這是二○○九年四月所說），在我教導他們實證了眞如以後，竟然還發明了一些新佛法說：「**你們證阿賴耶識，那個太差了，不足道哉！我們是證眞如，這才是更高級的佛法，眞如是出生阿賴耶識的。**」我們就覺得有一些好笑，我們沒有爲他們生氣過。當我們知道他們夥同（夥同不太好聽，應該說串聯，比較好聽一點，夥同有強迫的味道），他們串聯一些親教師集體辭職，目的就是希望正覺同修會的鍋子吊到牆壁上去。聽懂嗎？閩南語叫作「吊鼎」（大陸的同義詞爲砸鍋），也就是要讓你斷炊。那時候同修會也眞的幾乎斷炊，正巧又遇上 SARS（大陸稱爲非典型肺炎）流行，那時政府規定不許聚會，我們就停課三個月，就是斷炊三個月，那且不談它。

當然我公開回應說：「你們說有一個眞如可以出生阿賴耶識，那麼這個眞如一定就是第九識。」所以我就寫了〈略說第九識與第八識並存…等之過失〉的文章。他們就提出抗議：「我們又沒有講第九識，你爲什麼寫〈略說第九識與第八識並存…等之過失〉來罵我們？」我說：「能夠出生阿賴耶識的法，一定是心。因爲只有心才能生心，總不可能是由物來生心；也不可能是無有一法的虛空可以生心，那他們這個眞如既然能出生阿賴耶識，阿賴耶識是心，眞如當然更是心，就是第九識。」他們就沒話講了。然後我就說：「眞如是阿賴耶識的眞實性，所以眞如是在顯示阿賴耶識這個心的法性，所以眞如是依附於阿賴耶識而有的；眞如，說穿了就是阿賴耶識的相分，因爲是依阿賴耶識的行相來顯示祂的眞實性與如如性。」於是有人傳話過去了，結果話傳回來，竟然怪我說：「這蕭老師也是有問題啦！爲什麼以前都不講眞如是阿賴耶識的識性，直到現在才講？」我回應說：「我沒有講過嗎？我都還有錄音帶存證呢。我們在《成唯識論》那一段眞如的法義時，我還是講了二、三堂課才講完的；那是講了好幾個鐘頭才講完的，怎麼會說我沒有講過眞如是第八識的識性呢？」原來他們在上那一段課的時候都在打瞌睡，也許他們那時根本就聽不懂我在說什麼，沒辦法。

所以說，修學佛菩提道時想求見道，一定要知道大乘見道就是證眞如，而眞如的定義要先弄清楚。在禪宗裡，祖師所說的眞如，大部分是講第八識眞如心，也就是講第八識阿賴耶識心，是指如來藏金剛藏心，證眞如是指證得這個第八識心。有時候，《般若經》裡面也有這種說法：眞如是非心心。可是在經中有時候又有不同的說法，就解說眞如是這個非心心所顯示出來的眞實性與如如性；由於這個心有眞實性與如如性，就把眞與如合併起來叫作眞如。當你證得這個第八識金剛藏心的時候，你就可以現前觀察這個心確實是眞實而如如，是永遠眞如而不改其性。當你能夠這樣現觀的時候，你就是證眞如的人了，這就是證眞如的眞實義。

所以《成唯識論》中說：「眞如亦是識之實性。」這是在講解第八識自性的時候說的。然後有幾句話說：眞如其實就是阿賴耶識的相分，因爲是由阿賴耶識在一切法中運行時，依於第八識的行相而顯示出來，當然是第八識的相分。行相，也就是運行過程的法相，這個阿賴耶識運作的過程中顯示出祂是眞實與如如的，所以眞如其實也是阿賴耶識運行時的相分之一。當你能夠這樣現觀阿賴耶識的眞實與如如性了，你就是證眞如者。這樣諸位就懂了：證眞如有二義，一個是證得如來藏心，另一個是現觀如來藏心具有眞實與如如的法性。這就是證眞如。那麼就先來談談第一種證眞如心。《佛說法集經》卷三：

【「善男子！菩薩如實知一切法無有眾生，不生不老不病不死，唯見於法，離我我所；是菩薩依如是知諸法智力，令無量阿僧祇眾生入彼智中。是菩薩，一切世間諸魔外道尚不能轉彼眞如心，何況迴置世間法中？是名菩薩摩訶薩智修行力。」】

這一段經文說，菩薩如實了知一切法之中其實沒有眾生，一切法之中其實是不生不老不病不死，因爲菩薩只見法——法就是如來藏；菩薩只見這個法，以眞如心如來藏爲眞實自我，而眞如心無三界我性，在祂的境界中當然就沒有我所，菩薩就因爲轉依眞如心而遠離了我與我所。

諸位應該還記得，我常常說：「菩薩見了一切有情，不是見有情，是見如來藏，不管見到誰都是見如來藏。」在禪宗裡，這叫作家裡人相見；證悟者之間互相見面時，是要把眞人請出來相見的，眞人就是眞如心；禪師們不是從五陰上來互相寒喧的，是在各種言行中直接以眞如心互見，這才是家裡人相見。家裡人是怎麼相見的呢？譬如說，某甲禪師來見某乙禪師，才一見面，連一句話也不講，某甲禪師就直接到客堂喫茶去了，某乙禪師反而追上來找他：「你怎麼不跟我相見啊？」沒想到某甲禪師說：「早就見了，還見什麼？」諸位對這類事情有沒有覺得好笑？有呵！可是覺得好笑有二種，第一種是知道說：「對啊！他本來就這樣，你某乙禪師還追上來幹什麼？多此一舉嘛！」另外一種笑是說：二位禪師的行爲好像精神病患一樣。

但家裡人相見時就是這樣見的，都沒有客套。例如周金剛在龍潭崇信那邊依止，在那個黑月的晚上開示很久了，龍潭崇信說：「天晚了，下去休息吧！」周金剛開門出去又隨即折返，龍潭說：「你爲什麼不下去休息？」他說：「外面黑。」天黑，就是看不見路。龍潭就點了紙燭給他，那周金剛才伸手要接，龍潭崇信就一口氣吹熄了。這一吹熄，周金剛倒是悟了。他這一悟可不得了，第二天把他以前寫的《青龍疏鈔》在法堂前給燒了，不想留存下來遺誤後人。

燒完了就去向龍潭告假，他要回去本山，路過潙山的時候，順道進入潙山禪師的法堂，潙山禪師坐著默置他。這周金剛進了門，看見潙山靈祐沒理他；當時他悟得還淺，就開大口輕視說：「無也！無也！」就出門去了。他的意思是說潙山沒有法啦！就走了。周金剛走了出門以後，想一想：「那潙山禪師是何等人？怎可能無法？」心想「不得草草」，所以整肅威儀以後又轉回來，這回一進法堂就提起坐具，大聲呼喚：「和尚！」潙山禪師這回不便默置他，正要拿起拂子時，周金剛大喝一聲，把袖子一揚就走了。

家裡人就這樣相見。潙山靈祐第一次看他進來，沒有理會他，其實這樣就是家裡人見面了，那周金剛才悟不久，不懂潙山住在很細微處，小看了潙山禪師。周金剛第二次進門，潙山想他不懂微細處，想要在粗獷處與周金剛家裡人相見，周金剛倒是先走了。那天晚上，潙山禪師因爲沒看見周金剛，問了僧眾才知道周金剛見了之後就走人了，於是潙山就授記周金剛將來住山以後，一生都會訶佛罵祖，而周金剛一生也都逃不過潙山禪師的預記。話說回頭，周金剛來見潙山時，他們兩個人都是只見法，不見眾生，不見我也不見我所。《法集經》也正是這麼講的，可是大家都只看經文中的文字表相，不知道禪師與經文的葫蘆裡面賣什麼藥。正因爲我們正覺家中這種藥很多，所以我們當然知道他們在賣什麼藥。

接著請大家以禪宗公案來證明這一段經文，當你證得金剛身—金剛藏眞如心—的時候，必然是如實知一切法無有眾生，因爲一切法皆如來藏，所有眾生就都是同一種如來藏。每一個眾生五陰身中，不管總共有多少法，本質上就是一個如來藏，所以一切法都是眞如心金剛藏，一切法都無有眾生。既然都是如來藏，而如來藏不生不老不病不死，菩薩如是見，所以只見如來藏，證明如來藏眞我確實是不生不老不病不死的。既然只見如來藏，就不在我與我所上面互相往來了；正因爲這樣，所以這一位菩薩就依這種了知諸法的智慧所產生的力量，運用這種智慧力來度化無量無邊的眾生進入這種眞如智慧中。而這位菩薩，一切世間的諸有情、諸魔乃至外道都不可能轉變他的眞如心；因爲菩薩唯見眞如法性，當然更不可能使這位菩薩迴心落入世間法中，這樣就稱爲菩薩摩訶薩智慧修行的功德力，這就是證得眞如心。那麼關於證眞如法性，《佛說法集經》卷三有一段問答：

**【問曰：「以何義故，一切法名爲菩提、一切法非菩提？」答曰：「於一**

切法著我、我所，此非菩提。覺一切法平等，知一切法眞如，名爲菩提。復次善男子！言菩提者，名爲寂靜，寂靜者名爲一切法眞如。」問曰：「善男子！所言眞如，眞如者於何法說？」答曰：「善男子！言眞如，眞如者名爲空，彼空不生不滅。」問曰：「若如是一切法空，是故一切法不生不滅。」**無所發菩薩言：「如是如是！善男子！如汝所知，一切法不生不滅。」】**

這一段經文看起來，跟四阿含諸經說的蘊處界無常、苦、空、無我，截然不同。那一些修學南傳佛法又誤會四阿含諸經的人，讀到了《般若經》中這麼講，心裡面第一個念頭是：「離經叛道！這一定是僞經，因爲這跟四阿含諸經講的不一樣。阿含諸經說的是一切法空、一切法生滅無常，《般若經》竟然說一切法不生不滅，應該不是佛說的，是後人編造出來的。」但他們不知道的是：《阿含經》講的是蘊處界的本質，《般若經》講的是蘊處界所依的眞如心；把蘊處界攝歸於常住而無生滅的眞如心時，當然一切法也就不生不滅。他們自己誤會了，無法思惟、理解《般若經》所講的意思，所以就開罵說：「這些大乘經典都是後人所編造的，大乘非佛說。」此話一出，就成爲一闡提人了。

這一段經文說：「由於什麼樣的道理，而說一切法名為菩提，又說一切法不是菩提？」菩提，就稱之為覺悟。為什麼說一切法名為覺悟、一切法又不是覺悟？覺悟，有時候又簡稱為覺。答覆說：「如果於一切法中執著於我，」也就是執著於蘊我、處我、界我，「或者執著於蘊處界自我所有的附屬諸法，」譬如財色名食睡等我所，「就不是菩提，這時候就說一切法非菩提。如果覺悟到一切法平等，了知一切法都是眞如，就是菩提，就是覺悟。」這一段經文說的就有一些蹊蹺了！為什麼說，於一切法執著於我與我所就不是菩提？道理很簡單！大家別想得太複雜；都因為落入蘊處界中，蘊處界中一切法都是生滅無常的，不是眞如，所以就不是菩提。如果不落入蘊處界中，那時候所看的一切法其實就是如來藏，當然所見的一切法就是平等的。這時候在一切法中看見眞如心顯現出祂的眞實性、如如性，而一切法都攝歸於眞如心如來藏中，如來藏是於一切法中顯示出自己的眞如性，這時候就了知一切法是眞如。當你能夠這樣現觀的時候，就說你所見的一切法名為菩提，像這樣覺悟菩提的人就不必執著要入無餘涅槃了。

接著又開示說：「覺悟這句話，講的就是寂靜，而寂靜就稱為一切法眞如。」覺就是寂靜，可是這個「覺」字如今已被誤會到很嚴重了，可以說自從清朝立國以來直到現在爲止，這個覺是被誤會到很嚴重的。只有在以前西藏的覺曩巴裡面才沒有誤會這個覺，所以提出了他空見，這才是眞正的藏傳佛教。因爲覺的眞正定義是指本覺，而本覺就是如來藏本有的知覺，這個知覺卻不是在六塵中的知覺。一切六塵中的知覺，全都是妄覺，因爲這是有了色陰以後才出生的六塵中的知覺，而且是每天有生有滅的知覺，不是無始劫來本有的六塵外的知覺，所以不是本覺；若有人是以六塵中的知覺作爲覺，《起信論》中說那個人就叫作不覺者。

假使有人以定爲禪，一天到晚求離念，每天靜坐修行；前面一個念頭起來了，再起一個正念而說前面這個念頭不對，要把它砍掉；砍掉前念的心中語言妄想以後變成無念，而說這樣的靈明覺了叫作覺，馬鳴菩薩卻說這個其實叫作「不覺」。請問，依據這個標準來看，現在已經二〇〇九年了，加上清朝二百九十幾年，算一算也近四百年了，這四百年來的中原（那時候台灣還沒有佛教，也先不提藏傳佛教覺囊巴，只說中原好了），有誰是眞覺？包括現在的台灣佛教界，有沒有誰是眞覺者？諸位可以去找找看。別搖頭，還是有的，就是土城和尚，除此而外就沒有了。

這就是說，凡是六塵中的知覺都不是寂靜法，因爲會跟六塵相應。既然與六塵相應，怎麼可能會是寂靜法呢？只有不與六塵相應的才是寂靜的。請問：是哪個法不與六塵相應呢？（眾答：如來藏。）當然是如來藏。因此，這裡所說的「言菩提者，名爲寂靜」，如果把它直譯過來就是說：「所說的覺，就是寂靜。」既然是寂靜，當然不在六塵中，這才是眞覺。眞如心不在六塵中的覺，是不了知六塵而仍然有六塵外的知覺，那才是眞覺，才是眞正的寂靜法。這個寂靜的心就稱爲「一切法眞如」，因爲這個心遍布於一切法中，任何有情的任何法中都有這個寂靜心同時存在。這個心一直都在於五陰、十八界等一切法中，可是這個心在一切法中示現的時候——祂在一切法中運作時，祂自己卻顯現出眞如性，所以說這個寂靜者名爲「一切法眞如」。

接著又請問說：「所說的眞如，這個眞如究竟是在什麼法上面來說的呢？」你看，這段經文裡面都不跟你用如來藏或阿賴耶識的名稱來講，都是用祂的體性替代來說，那麼你想，《般若經》能很容易被一般大師體會出來嗎？當然難會啊！只有家裡人才容易會。接著，就直接問到重要的地方了：

「你所說的眞如，這個眞如究竟是在什麼法上來說的？」答覆說：「善男子啊！我說眞如，這個眞如就稱之爲空性，而這一個空性不生也不滅。」這時諸位就要探究一下「不生不滅」了，請問：空無可不可以說是不生也不滅？可不可以？當然不可以，因爲空無根本是無法，還能談什麼不生不滅呢？不管怎麼談，都是戲論。

既然說不生也不滅，顯然是有一個法存在，這一個法是不生也不滅的。既說是不滅的，祂一定是眞實存在著。說不生，是說祂無始以來本來就存在，不是本來空無而在後來出生了，那當然是有一個東西存在；然而，這個東西眞不是東西，因此害死多少人學佛、參禪都找不到祂，祂眞不是個東西。可是經文中說，這個眞如，又可以把祂叫作空，而這個空是不生也不滅的。這個「空」就代表一切法，因爲一切法依附於這個「空」而存在，所以說祂不生也不滅，說祂名爲眞如。這個「空」是有功德的，因爲祂能出生一切有情世間與山河大地等三界世間；如果這個「空」是空無，怎麼能夠說祂是眞實又如如呢？空無既不眞實，當然也不能如如，怎麼能夠說不生也不滅呢？所以這「空」是有自性而能生萬法的心，不是名言施設的空，因此我們常常說祂是空性，雖然無形無色卻有性用。

接著又問：「若是像這樣的一切法空，所以一切法不生不滅，」這個一切法空不是講一切法都無常滅壞而成爲空無，是說在一切法上面顯示出來的眞如心這個空，可不要像印順解釋說一切法都無常空了。這裡的一切法空是講一切法中同時存在的這個眞如心的空，是說，如果一切法是這樣的空，所以一切法就不生也不滅。這跟印順解釋的一切法空完全不同，當一切法都攝歸於不生不滅的如來藏時，一切法就跟著不生不滅了。所以菩薩看待五陰是不生不滅的，雖然所生的一切法在現象上有生滅、有老病死，可是當一切法攝歸於如來藏的時候，老病死只是在不生滅的如來藏表面生老病死，而如來藏眞如心永遠都是常住而沒有生老病死。

譬如張三出生時，他是顯示在他的眞如心寶珠表面——張三的蘊處界只是他的寶珠表面上的影像；然後他長大了，後來又在他眞如心寶珠的表面生病了；找了醫生來看了，然後病好了；最後他老了，接著他死了又去投胎了，所以張三的眞如心寶珠的表面暫時沒有張三影像顯現出來；然後他的眞如心在母胎中又出生了新的五陰，出生以後又在他的眞如心寶珠表面顯現了五陰影像，被這一世的新父母命名爲李四，這個李四小娃娃出生了；可是前世的張三影像與此世的李四影像，都歸他的眞如心寶珠所有，只是在同一個眞如心的表面上生滅；而眞如心寶珠永遠都無生滅，依這個眞如心寶珠爲主體來看珠體表面所顯現的張三、李四蘊處界的影像生滅，結果當然要說珠體表面的張三、李四影像是連續不斷而永遠常住的，於是就說「一切法不生不滅」。

因此無所發菩薩就回覆說：「**就像是這樣子啊！善男子啊！如同你所知道的，一切法都是不生不滅的。**」既然不斷生死的蘊處界等一切法全都歸屬於眞如心而成爲不生不滅，那你還需要入無餘涅槃嗎？都不需要了。因爲阿羅漢入了無餘涅槃以後，他的蘊處界全都不在了，他的如來藏眞如心還是繼續常住而不生不滅；可是你不入涅槃，你的如來藏還是和阿羅漢入涅槃以後一樣不生不滅，這是生活在人間時祂依舊是不生不死的涅槃，阿羅漢入無餘涅槃以後還是眞如心不生不死，那你何苦來哉要去入無餘涅槃？對不對呢？這樣，就是實證般若的一切菩薩的所知與所見，這樣才能稱爲菩薩知見。所以菩薩的所知所見是：一切法不生不滅。今天講到這裡。

上一週我們《實相般若波羅蜜經》經文的第二十一段，講了一些補充資料，這一週要以《佛說法集經》卷四那段經文來作補充說明。在《佛說法集經》的經文中說明，是證得眞如的人才能夠眞正的實行於平等心；所以眞正的平等心，不是用覺知心來改變自己去安住平等心中，因爲覺知心是永遠都不可能如實平等，也不可能永遠平等，只有眞如心才是永遠平等、究竟平等，才是應該轉依的平等境界。然而眞如要怎麼證得呢？當然不是只有靠意識思惟就能實證，而是要去參禪。證得如來藏以後，從如來藏心體的現觀之中就可以當場證得眞如了。那麼這是理證以後可以從教證上面來證明的，所以我要引用《佛說法集經》卷四的經文。如果是從理證上來說明的話，那當然也可以講上一大篇。但是既然你們很多人破參了，可以自己現前觀察，我就不再從這上面來說，接著說：【

見法唯是心，遠離於分別；不捨眞如行，以得無障境。

諸法不自生，亦復非他生；離諸數盡相，平等如虛空。

如實知此法，智者無去相；知法亦不住，以住於平等。】

這段經文，如果要以意識爲中心來解釋的話，一定會違背這一段經文的眞義，就會成爲依文解義的相似像法，就不是眞正的佛法了。因爲這不是在說明意識的境界，而是在說明意識轉依於眞如以後的境界，而眞如就是如來藏的眞實性、如如性。這一段經文這麼說：「**菩薩摩訶薩現見諸法不從別的地方來，看見諸法也不是有自體的，菩薩摩訶薩所現見的諸法其實就是如來藏心——眞如心，**」這是菩薩摩訶薩的所見，因爲一切法不外於十八界所衍生出來的，而十八界卻是從如來藏中出生的；一切法由十八界衍生出來以後也同樣依附於眞如心才能存在；乃至所有的科技產品也不外於一切法的範疇，而這一切法都是由八識心王和合運作才能夠出生、存在、運作。並且，包括製造一切法、一切科技產品的基本物質，乃至能夠動手腳來製造科技產品的色陰以及所見的五塵，和五塵上顯現出來的法塵，也都仍然不外於眞如心如來藏，所以經文中說「**見法唯是心**」，沒有一法不是我們的自心如來藏；這個自心如來藏，在《楞伽經》中世尊說爲「**如來**」。

這個自心如來藏—《楞伽經》中簡稱爲如來—就是每一個有情各自本有的眞實心如來藏，在因地名爲阿賴耶識。當你證得如來藏的時候，你會發覺一切法都唯是此心，不能外於此心；也不能由他法而生，是由此心如來藏生；並且出生以後就在如來藏中運作，都在如來藏心中生住異滅，所以說「**見法**

唯是心」。當你能夠這樣現觀的時候，你看見所有的有情時就同時看見如來藏心，不論見到誰都是見到如來藏心，所以「見法唯是心」。當你見到諸天天主的時候，你也不會尊崇他們，因爲你所見的諸天天主仍然是這個心，與自己沒有高下差別。當你看見一隻螞蟻那麼渺小，你也不會歧視牠，因爲牠仍然是這個如來藏心。

然後再來看十方諸佛，又再來看地獄有情，回頭再來看自己，發覺全部都是這個眞如心，全都不外於這個心。既然都是如此，而一切有情不論是四聖或六凡，貴爲天主乃至賤爲地獄有情，莫非如此；而這一些有情各自的如來藏心，同樣都是金剛性、眞實性、如如性、本來性、自性性，都同樣含藏著一切金剛不壞法，同樣都是清淨性、涅槃性，都沒有差別。當你悟後這樣現觀的時候，就沒有任何的高下可說，沒有任何的尊卑可言，這時就遠離於分別而平等了，於是最下品的平等性智就發起了。

「遠離於分別」是從實際理地來看。本來看見一隻螞蟻在桌上爬來爬去，依照以前的習氣種子流注出來的習慣，才剛把一隻手指伸出去想要動作的時候，突然就停止了；因爲發覺：「牠也是如來藏，牠跟我一樣。」於是就收回手指來。悟後就是會這麼奇怪。以前根本就不管牠，用手指一揉就解決了；可是悟後才一看，就說：「牠跟我一樣是如來藏心。」如果心地更好一點就道歉說：「對不起！螞蟻菩薩！險些殺了你。」爲什麼會這樣呢？因爲「見法唯是心」，螞蟻的五陰是法，我們人類五陰也是法，可是這些法唯是如來藏心而沒有差別，你看牠的如來藏跟我們人類的如來藏完全一樣。但是，雖然完全一樣而不再作任何分別的時候，卻無妨有許多的智慧在分別心意識心中生起，能夠於實相法界作出種種的分別，而且比以前更能分別，可是卻住於無分別的智慧之中，這樣就是「遠離於分別」。這個「遠離於分別」卻是從「見法唯是心」而產生的；能夠這樣實證的人就稱爲菩薩摩訶薩，就是大菩薩而不再是假名菩薩，也不再只是持戒菩薩了；因爲這時候已經親證了眞實義，所以又稱爲實義菩薩。

這樣的菩薩在經中被稱爲摩訶薩，當然有其理由，也一定有很正當的原因。這原因就是「不捨眞如行，以得無障境」。菩薩證悟以後不捨眞如而作依止，然後產生的種種身口意行，全都以眞如境界作爲依止來產生身口意行，這就是「不捨眞如行」。那麼眞如，我們也講過很多次了，證眞如有兩個說法，並不會互相衝突。證眞如，在禪宗裡面，祖師說的就是證得第八識如來藏，又名阿賴耶識；因爲這個如來藏心是眞實而如如不動的，所以就把如來藏心稱爲眞如。換句話說，明心的時候，如果沒有悟錯，就是證眞如了。但是從增上慧學來說，證眞如是因爲親證如來藏的時候，現觀如來藏心具有眞實性與如如性，所以把眞實與如如合起來就稱爲眞如；能夠現觀如來藏心的眞如性，就是證眞如。證得如來藏之後，可以現觀祂有眞實性，知道如來藏、眞如都不是假名施設，因爲如來藏可以出生一切法，而眞如法性確實是在如來藏心運行過程中分明顯現出來的。講得最切身一點，是如來藏可以出生我們的五陰十八界，所以祂是眞實法；並不是像法鼓山的網頁上講的說，如來藏只是名詞，沒有如來藏心可證；更不是印順法師所說的，眞如只是形容諸法消滅後的空無之相的名詞，說如來藏只是緣起性空的代名詞。

所以眞如心確實有眞實性，由於有眞實性才能出生萬法。也因爲有眞實性，才可能成爲無餘涅槃中的本際，使得二乘聖人所證的無餘涅槃不會成爲斷滅空，然後才可以說祂是如如。也就是說，於一切境界當中，祂沒有任何的貪厭憎愛，祂完全如如不動，永遠不動其心，不是修行以後才不動其心，是眞正的無住心。所以，祂是無始劫以來就已經是如，並且現在也是如，乃至修到未來成佛以後無窮無盡的度眾過程當中，祂仍然是如；所以祂自始即如、現在亦如、未來亦如，沒有任何改變的時候。那麼，既然眞實而且如如，那就合稱爲眞如。當你證得如來藏以後，能如實現觀如來藏的眞實如如法性，就說你是證眞如。證眞如以後，假使不是迂腐無智之人，不論怎麼樣想辦法要推翻祂，始終無法推翻。最後發覺祂是究竟法，不可能再有更高的法了。

既然是究竟法，從過去無量世、現在世、未來無量世加以推究以後，證明祂仍然是究竟法，那就轉依祂了，因爲祂是最究竟心。轉依了祂以後，「不捨眞如行」；只是單純爲了眾生，爲了佛教正法必須去作；作一切事的時候，固然有許多的分別，所作的事情也是人生大夢中的弘法志業，但卻是依於眞如行而行於人生大夢中的弘法志業；像這樣行於「救護眾生」的志業，這還是眞如行，因爲是以如來藏的眞如性爲所歸依，同時現前親見正在人生大夢裡面不斷去利益眾生的所有事情，全都攝歸於如來藏以後，仍然是眞如行。就這樣子，菩薩摩訶薩「不捨眞如行」。

菩薩們為什麼盡未來際都能「不捨眞如行」？是因為「以得無障境」。由於得到了無障礙的境界，才能夠「不捨眞如行」；假使不是證眞如的人，他沒有辦法得到無障礙的境界，所以不論他作什麼都要瞻前顧後。如何瞻前顧後呢？譬如說，準備要寫一本什麼書出去時，先要考慮：「這本書寫出去，對我這個道場有利還是有弊？」先要考慮啊！然後又想：「我如果要破斥某一種邪法的時候，對我的生命會不會有妨礙？」這當然也先要考慮。這樣，顯然他是沒有得到無障礙境界的人。

你可不要說：「你蕭老師講著玩的，誰信得過你？你自己都作不到了，還講別人。」我說：「我們怎沒作到呢？我們正是這樣作啊！」想想看，月溪法師的邪法當年在台灣，那可是台北、台中、台南、台東、台西都有人弘揚的，當時他們的勢力也蠻大的，但是我決定要把《批月集》出版。《批月集》就是把我批判月溪法師邪法的言論集合起來印成書本，後來改名《正法眼藏——護法集》。那時才出版一週，劉邦友縣長官邸剛好全被幹掉了。哇！好多同修擔心：「老師！您要小心呵！您很危險呵！」我說：「是福不是禍，是禍躲不過。」如果躲不過倒也好，把邪法弄清楚了，教育了佛門大眾，大家都可以提升佛法水平；如果我因此喪身捨命，也是功德一件，正好增益未來世的道業，有什麼關係呢！有人去跟我同修說：「您要幫著注意，老師現在很危險啊！」我同修說：「沒有關係，如果因此死了，也是功德。」她願意捨了，那倒也不錯。

接著，爲了提升佛門四眾的佛法知見水平，爲了驅逐相似像法於佛門之外，我得要辨正印順法師的邪見；這是多麼難作的事情，可是我們仍然要作，不能退怯。釋印順是台灣佛教界的第一把交椅，當時台灣佛教界都稱呼他爲導師。「釋印順已被稱爲導師，你一個籍籍無名的蕭平實，只是一個小道場，你敢挑戰人家，膽子未免太大吧！」我說：「不！他們的名氣大，但我們法大，所以我們比他大，就可以挑戰了。」所以開始正式評破釋印順，因爲他把整體佛法支解到破碎不堪了，而且又使正統佛法轉變成外道斷見與常見法了，又把三乘菩提根本所依的第八識全面否定，使佛法成爲無根的浮萍，我明明知道這個事實，能夠因爲恐懼被害而不管嗎？

最後我看見了密宗這樣亂搞，把佛法全面搞成外道法，古時天竺「密教興而佛教亡」的故事又要在中國地區重演了，這可不得了！我得要破密宗才行，就管不到他們的勢力遠大於印順法師十百倍的事了。他們又謊稱是藏傳佛教，但眞正的藏傳佛教只有覺囊巴一派，同樣是弘傳釋迦如來的第八識實相心如來藏，他們提出的他空見才是眞正的佛法，其餘的紅、黃、白、花四大派全都是外道法，不但在般若正見上面落入意識心常見法中，在究竟成佛的行門與見解上面則是落入外道邪淫法中；他們這樣的見解與行門，全都與佛法的實證無關，一點點關係都沒有，竟然騙人是藏傳佛教，還公然謊稱比正統佛教的層級更高。密宗已經把台灣佛教快要全面轉變成外道了，這是關乎佛教正法存亡的事，我當然不能視而不見，得要依據聖教量、現量、比量加以評破才行，不能放任他們把佛法從佛教裡面消滅掉。可是，密宗是個超級大的馬蜂窩，馬蜂又是非常兇狠的蜂類，體型很大；並且牠們不是只有一隻蜂，而是一大群建立了特大號的馬蜂窩，對付牠們確實是有危險的。

台灣一群學五術的人（五術是山、醫、命、卜、相），特別是在「山」看風水以及命、卜、相等算命占卜的專家，他們都知道密宗那個法是假東西，他們也都知道那些法都是害人的東西，可是沒有人敢去捅那個超大號的馬蜂窩。我們本來也不想去動它，可是後來發覺眞的不能不理；密宗就像是一隻超級大怪獸，躲在佛教背後，伸出血盆大嘴，從佛教脖子動脈上咬住，直接把血吸過去；後來佛教的身子大約只有五、六尺高，密宗怪獸倒是長大變成一丈高了。我發覺台灣佛教界已經如此，這樣繼續下去可不行，佛教哪還有未來？所以不管它什麼大馬蜂窩，我還是得評破他們。以前網路上就有人說：「密宗是大有問題的，但這是一個大馬蜂窩，小弟我不敢去捅它，以後看誰有膽子敢去捅它。」既然這樣，我就來當這個膽大的人，我們就把密宗大馬蜂窩捅了。我把它捅了以後，有什麼問題呢？看來還是沒問題。因爲我們法大，怕什麼！只要不怕死，又確定密宗是仿冒佛教的假佛教，就可以去捅破它。這就是說，應該要提防密宗對佛教作了什麼惡事，但是不要害怕，該作的還是得去作。萬一你沒有提防到，出了問題，那就是爲法捨身，那有什麼不好？無妨成爲佛門四眾弟子的好榜樣啊！

但我爲什麼敢這麼作？因爲在理上「以得無障境」。所以，我把法義辨正無遮大會的聲明寫出去，附在《邪見與佛法》書中到現在有幾年了？差不多有十年了吧！我們如今還在流通這本書——《邪見與佛法》。曾經有過密宗裡聞名的仁波切來電約要見面論法，但不是要公開論法。這是想要私下論法，可是他們後來有來嗎？也沒有來。連打個電話來說明爲什麼不來的原因都沒有，就這樣子不了了之的爽約了。連那麼聞名的大仁波切都無故爽約了，那你說，像他們這樣子能成得了氣候嗎？他們如果不來，至少要打電話跟人家說明一下：「我們取消這個約會，我們有別的事情，不能來。」不管編什麼故事都好，至少要告訴人家說這個時候不會來，免得人家在這邊等。他們連這個都作不到，就可見他們心虛到什麼地步了。那時還用不著我出馬，我是派一位親教師要跟他們談，並且只是私下談法而已，他們都不敢來了。但爲什麼我們可以這樣作？因爲我們在理上「以得無障境」，我們面對佛門四眾與外道時，在智慧上面已經無障礙。

所以，誰要來跟我談談說：是崑崙仙宗、太乙仙宗比較究竟，還是佛法比較究竟？我也可以跟他們談。如果想要談論氣功，我也可以跟他們談一談：到底佛法究竟還是氣功究竟？或者有人想要談禪定、神通來跟佛法作比較的事，咱們也都可以聊，都沒有問題。或者哪一天有眞正的阿羅漢、辟支佛來了，想要談因緣法或者談四聖諦，咱們也可以談；我們就用他們所證的二乘菩提來跟他們談，讓他們心服口服，也許他們願意迴心而入大乘法中，那有什麼不可呢？我們不一定要拿菩薩的深妙法去壓人家。

這就是說，你通達了眞如的證境以後，是可以同時通達二乘菩提的。既然如此，你在佛教界就得到「無障境」了。但眞正得無障礙是要從轉依眞如來發起的，如果沒有轉依眞如的時候，每說一句話、每作一件事情，都要考慮再三，瞻前顧後，必然要不斷地打折扣了；本來要作一百分的，這邊打個折，那邊再扣一下，結果只作到三十分，剩下的七十分都不敢作，因爲顧慮太多了。這表示說，單在意識層面所見時，有許多事情是作不到的；必須是證得眞如實相法界以後，從實相法界來看現象界的時候，才有那個膽子敢作。這並不是說，誰長得魁梧、孔武有力、有丈夫氣概就能作，不是這樣的。我從小就不是孔武有力，就不是長得魁梧，個子還小小的，但是這種事情咱們敢作。那些很魁梧、很年輕雄壯的人卻不敢作，因爲他們沒有得到這個「無障境」，原因是他們沒有證眞如，無法「不捨眞如行」。

如果要說正覺同修會出現之前，佛教界膽子最大的人應該算是印順法師。他連三乘菩提都敢從根本推翻掉，換上另外一種他自己的思想來取代，這膽子多麼大！他的膽子縱然這麼大，可是遇到我們開始評論他的時候，爲什麼完全不敢回應？不是因爲器量好，也不是因爲氣度大，而是衡量利弊得失、衡量利害。這件事情，我還是要說明一下，免得有人誤信流言而對正覺有所懷疑。有一位籍籍無名的鍾慶吉居士寫了篇文章批判釋印順，在《自立早報》的週日專欄登了出來；第二週的同一個專欄中，就看見釋印順跟釋昭慧兩個人，師徒每個人各寫一篇覆信，就登出來回覆、反擊了。

那還是默默無聞的鍾慶吉居士，他們這麼迅速而強烈地反應；而我們在釋印順生前十年就開始評論他，並且不只是文章，而是以書籍全面評論他的錯誤，但他都沒有反應。爲什麼沒反應呢？不是因爲年老糊塗了，我們開始評論他六、七年以後，那報紙報導說他還幫潘煊居士修改自己的傳記，報導中還說他耳聰目明，可是他爲何不能夠對我們作隻字片語的回應呢？因爲他沒有證得眞如，無法行於「**眞如行**」，不曾得到「**無障境**」，這就是他的問題所在，但釋印順的門徒們對此是不懂的。所以如果你能夠眞實地依於眞如，就沒有什麼障礙可說，只剩下你該作的事情有沒有作完而已，因此是沒有障礙的。

接下來說：「**諸法不自生，亦復非他生。**」諸法，不論什麼法，都不可能自己出生自己，也不可能是由他法而生自己，而是都由如來藏實相心來出生的——都是從自心如來裡面出生的。假使諸法可以自生，比如張三可以自己出生，那麼張三應該是沒有父母才對。如果張三說：「我講的是藉父母的緣來生，但我張三是自己生的。」請問：「你張三本來還不存在，你怎麼能出生你自己？你總得講出一番理由讓人可以信服。」否則就是「無因生」了。那就要請問張三先生：「你是什麼時候入母胎的？你還記得嗎？」「不記得。」「你連入母胎都不記得了，你怎麼說你在母胎中自己生自己？」這就是個問題了！再來問：「請問張三先生，你入了母胎以後，你是先出生眼睛，還是先出生嘴巴、鼻子？還是先出生你的胃、你的心臟？你先生哪個？你是怎麼出生這個身體的？」又講不出來了，其實這些問題都是多餘的，本來都不必問，只是他沒有智慧才需要提醒他。因爲他本來不存在，怎麼可能由他自己來生自己？本來不存在就是無，無怎麼能生有呢？

張三先生也許說：「可以啊！我本來不存在，你看我現在不是有了嗎？無中生有才是妙啊！」我就說：「那可好啦！今天張三先生你還要朝九晚五，那麼辛苦，何必呢！既然你可以無中生有，那麼明天也來個無中生有，銀行帳戶突然就多出了一億元，那不是很好嗎？因為你可以無中生有啊！」說得妙！這麼一來，還有誰可以主張說諸法可以自生呢？然後想想看：五陰十八界哪個法是可以自己生自己？凡是有生的法都是被生的，被生的怎麼可能是自己生自己呢？所以「諸法不自生」。因為凡是從現象界中要說自生，這是講不通的；若是想要從實相法界來說諸法自生，也是講不通，怎麼可以說自己生自己？

再來談「亦復非他生」。如果諸法都是從他生，就是說，我本來不存在，因為父母生了我，所以有我。那就請問：「您張三先生是不是唯物論者？」我當然要問他這一點，因為單憑父母作緣就可以生，不必有因。如果張三先生是唯物論者，問題又來了：每一個人應該都是像工業產品一樣。對不對？既是同一對父母所生的，孩子們應該千篇一律，因為父母之緣是一樣的，就應該千篇一律，為什麼老大跟老二心性不同？老二跟老三又不同，為什麼呢？不但心性不同，面貌也不同。明明同一家工廠的同一部機器出產的，怎麼會不一樣呢？好奇怪！所以有情顯然不是他生。如果說諸法是由他生，那又有問題了，就應該說任何一個他法都可以生另一個法，也就可以不必再談什麼父母為因緣了；那麼父親也來生一個，媽媽也來生一個，各人生各人的子女好了，因為諸法可以由他生；可是為什麼會有事實上的矛盾，而使這個道理不能成立呢？因為不是單純由他生。

譬如「名」中的識陰六個識，這也是諸法之一。請問：這六個識，眼、耳、鼻、舌、身、意，是自生的呢？或是他生的呢？如果這六識可以自生，顯然不必有這個色陰作為俱有依，六識就可以自己出生了，為什麼非得要五色根作為俱有依才能出生？顯然這六識不自生。如果六識可以自生，問題來了，今天張三身中一覺醒來變成李四的覺知心，因為這覺知心六識可以自生，前一天晚上滅了已經不在了，然後第二天重新生起的那個覺知心跟前一天的覺知心不應該是每天醒來都相同的，因為不必有所依而可以自生。那麼如果諸法可以自生的話，應該一覺醒來，覺知心變了，另外一個什麼樣的覺知心自己在這個身體中出生了，跟昨天不一樣；因為不必有一個所依的緣，所以自生的法不可能每天都一樣，同一個身體就不一定是每天同一個覺知心了。

好了，那麼今天晚上跟媽媽說晚安，睡了，明天早上你是誰？母親又是誰？大家互相都不認得了。媽媽起來也要問：「你是誰啊？」你醒來時也同樣要問媽媽：「妳是誰啊？」互相都要請問芳名而重新定位身分了，問題可大了！所以六識心識陰也不可能自生的。既然識陰六識心不可能自生，同理，受想行三陰也是一樣不可能自生的。也許有人說：「我六識心是他生的。」請問是誰生的？天主幫他生的？耶穌基督幫他生的？還是阿拉幫他生的？如果是耶和華幫他生的，他要跟耶和華抗議：「上帝！你眞的不夠意思，王永慶那麼有錢，爲什麼我這一世怎麼拚都拚不到一億元，甚至還拚不到一千萬元，你眞的不夠朋友。」就向上帝抱怨：「你爲什麼要生我這樣子？」得要抱怨一番。

有些哲學家就會跟上帝抱怨說：「上帝！你眞無聊！你創造了我，我是從你而來的，然後你又弄了個蘋果來引誘我，讓我去吃了不該吃的蘋果，說那個美味是我不應該享受的，然後再來罰我下地獄；將來下了地獄的我還是從你來的，那你不是在處罰你自己嗎？你是閒著無聊，把我生了再來引誘我、陷害我，然後再判我下地獄。這不是閒著無聊，又是幹什麼？你這樣怎能叫作上帝？」上帝這麼一聽，也只好閉嘴。對啊！上帝就是無聊，把自己分了靈出去，再來引誘自己分出去的靈，來陷害他們，再來判他們下地獄，結果自己分出去的靈被自己判下地獄；而且是下了地獄以後永不超生，永遠在地獄裡受苦而不能離開，跟佛教不一樣。上帝的心腸也太狠毒了吧？對自己的分靈竟然也如此狠心！但佛教裡說，眾生造惡而下了地獄，果報受完了還可以回來人間。上帝可不行，他的分靈被自己判了地獄罪以後就永遠住在地獄中受苦。這樣的上帝也眞奇怪，心態眞的不可理解；如果精神病科的醫師讀了基督教的聖經，一定會說：「**正常人一定不會作這種事情，上帝的精神狀態不正常啊！**」他應該叫作不正常神，但其實是寫聖經的人智慧太差，不是上帝的精神狀態有問題。

這意思是說：諸法不他生，所以上帝其實沒有能力出生有情的五陰身心，他連自己的五陰身心也無法創造，還得由他的如來藏創造出來，何況能創造別人的五陰身心。如果你的名——受、想、行、識，是上帝所生的，這講法不能成立。從理論上、邏輯上來說，上帝造了這一些人分靈以後，應該這一些人都不會背叛上帝才對，可是亞當、夏娃竟然背叛了上帝。請問上帝：「**你要創造亞當、夏娃以前，知不知道他們會受不了誘惑，將來會背叛你？**」

上帝該怎麼回答？他要說不知道嗎？如果他說不知道，爲什麼可以叫作全知與全能的神？如果他知道呢？喔！就是這四個字：居心叵測。原來上帝的心腸不好。你看，他們所謂的《聖經》是紕漏百出的，其中的道理有好多的紕漏在，都是不符合現象界的邏輯，更不能被實相法界的眞理所檢驗，矛盾可就舉之不盡、數之不完。因此，人類由上帝生，這個說法是不成立的；若說是由大梵天所生，這個說法一樣不成立，所以諸法不是他生，眞正的造物主就是各人都有的各自唯我獨尊的第八識。

諸法也不能無中生有，所生的諸法還不存在之前，不可能自己突然間生了。如果可以突然間生了，今天出生了覺知心，應該是能夠見色聞聲，但不會思惟，因爲是無因而自生嘛！無因自生就成爲或然率的現象了，那麼明天出生的，可能只能聽、能思惟，可是看不見，不可能每天、每個人的覺知心都具足六識功能，因爲是或然率，所以有時有一識的功能，有時有三識的功能，有時是具足六識的功能，由或然率來主導，有情的覺知心若是無因自生，就是會有這個問題存在。若是回頭掉入「**他生**」的想法中，那就應該成爲永遠都是同一個模子，同一對父母所生的孩子將會是心性與色身都完全一樣，才能夠叫作「他生」；可是顯然眾生法界中千奇百怪，各個不同。有一句俗話說：「人之不同，各如其面。」你要找出兩個人面貌完全相同的，還眞難！電視上常常報導說某某人相似度有百分之九十五，我一看，只有百分之七十五，他們都誇大其辭了。所以說「諸法不自生，亦復非他生」，那麼到底是由誰生？（有人答：如來藏。）是如來藏，正覺門下三句不離本行，所以你們答如來藏就對了，這個選擇題一定要這樣選。當你現前觀察到，我們蘊處界等法都不是自生、也不是他生，都是自己的如來藏藉種種緣而生的，這時表示你一定是證得如來藏了。

當你證得如來藏時，一定現前觀察到如來藏的眞實性與如如性了，絕對是個證眞如的人。證得阿賴耶識如來藏而不懂眞如，那是講不過去的。對佛教界宣稱開悟了，竟然不知道什麼是眞如，末法時代也有這樣的大師啦！那叫作二十世紀的笑話，是佛門中的笑話。都已經宣稱開悟很多年了，竟然不知道什麼是眞如，後來徒弟讀了正覺同修會的書，拿去問：「師父！什麼叫作眞如？」師父大聲問：「你是從哪裡讀來的？」反而質問起來了。所以如果證得如來藏了，一定懂眞如。那麼現觀眞如的人，從如來藏的眞如法性來觀察一切法，必然「離諸數盡相，平等如虛空」；因為不論是在這裡，或者往東方、西方、南方、北方、東南、西南、東北、西北、上方、下方，不論是從哪一方超過無數恆河沙世界以後的極遠方世界，你再去看一切有情，仍然是這個眞如心，所有的世界都同樣是這個眞如心。

要是有人不信的話，哪一天把四禪八定修好了，進入非想非非想定的等持位去看，那意識之所以存在——那個非非想定的定境之所以存在，還是要由這個眞如心而來。再不信邪的話，修個五神通，下了地獄去看；從十八個地獄中的寒冰地獄到火熱地獄，乃至到無間地獄都去瞧一瞧，結果地獄有情還是這個眞如心。這時不管到哪裡去看，十方世界也都去看過了，發覺同樣都是這一個眞如心：他們也是眞如心，自己也是，諸佛也是，地獄有情也是。當你正在弘法的時候，哪一天突然耶和華現身了，來問你問題，你一看：「耶和華老兄！你也是這個眞如心，跟我一樣。」耶和華說：「怎麼我跟你一樣？我是上帝，你不過是個人類。」你卻告訴上帝說：「耶和華老兄！我稱你老兄還是抬舉你呢。」「為什麼？」「因為你根本就不知道你也是如來藏，我是現見你的如來藏才說你跟我一樣；眞要老實說，你跟我完全不一樣，你是個凡夫，我是個菩薩摩訶薩。」這時耶和華也只能閉嘴，因爲他完全聽不懂你在講什麼，眞的聽不懂。

不論到哪裡，不論是十方法界或者三世法界，看來看去，同樣都是這個如來藏相，這時自然就「離諸數盡相」。凡是有法數的，你都看盡了，同樣是一相無相的實相，就是如來藏相。有法數的，譬如說五陰，有沒有數？有。色受想行識，五個數。十二處、十八界、六入都有數，都是不外於諸數。當你把諸數都看盡了以後，你會發覺全都是如來藏，同樣是眞如法性。然後你從如來藏的眞如法性來觀察諸數的時候，如來藏本身不會說這是「諸數盡」，祂心中沒有「諸數盡」的法相，你跟著也就「離諸數盡相」。這時候發覺十方三世一切法界莫非同一眞如心，沒有高下可言。這時候心中所住的就是眞正平等的境界。雖然平等、平等，但是卻又沒有平等可說；因爲從絕對平等的如來藏心境界來看時，根本就沒有平等可說；說個平等時，已經是意識的智慧境界了，所以這時的平等猶如虛空——「平等如虛空」。虛空從來不分別高下，可是虛空也沒有平等可說；但這個平等要如虛空才行，也就是已經沒有平等可說了；如果還有平等在，就已是意識心的境界，就不是眞平等了。

「如實知此法，智者無去相；」能夠如實了知這樣的法，就是一個有實相智慧的人；這種有智慧的人，他心中沒有來相與去相。有智慧的人跟家屬告長假，說要轉到下一世去了，那時他不會說：「我走了。」因爲他知道自己沒有走，如來藏怎麼會走呢？所以沒有「去相」。但在沒有去相之中，無妨又依於現象界而跟眷屬說：「再見了！來世再聚了。」又無妨這樣，因爲家屬是世俗人而不是證悟的菩薩。可是他心中其實沒有去，因爲如來藏沒有去相；既然沒有去的法相，說句再見也是多餘的。所以很多禪師該說再見的時候，往往都不說再見；有時候默默無語就走了，有時候叫徒弟過來打一巴掌、打一棒，他就走了，他們說再見時往往是這麼說的。有時候叫徒弟過來，沒頭沒腦就問一句：「會不會？」徒弟不曉得和尚在搞什麼鬼，因爲和尚也沒有提出什麼問題，竟然就問：「會不會？」看見徒弟不會，禪師就把頭下的枕頭抽出來丟掉。他連枕頭也不要了，躺在床板上就走了，連再見都不說，因爲他沒有去相，世尊說：像這樣證得沒有去相的人，才是智者。

實際理地沒有去，可是在現象界中看來卻是有去，所以叫作如去，是猶如去了。猶如去了，到底是有沒有去？沒有嘛！因爲去就是去了，既然猶如去了、如同去了，就表示他並沒有去。沒有去究竟是什麼呢？「如去」是什麼呢？叫作薄伽梵，就是佛陀。如去就是佛陀，可是中國人腦筋還沒有轉過來，因爲中國人喜歡「來」，聽到「去」都不喜歡，所以就翻譯作如來；結果如來是來了沒有呢？是沒有來，原來釋迦老子沒有來。那麼從世俗法的層面來看，到底沒有來是比沒有去好嗎？還是比較不好？應該還是如去比較好，所以應該這麼說：「釋迦老爸！原來您是如去。」如去表示沒有去，一直都在，對不對？

這就是說如實知此法的人，都是很清楚現前觀察到諸法之所從來。已經現前觀察到諸法之所從來的時候，知道原來諸法都是從如來藏中生，不是自生，也不是他生，而是自己的如來藏藉眾緣所生的。可是自己的如來藏不是五陰自己，人們所謂的自己是誰呢？是五陰、十八界，才是自己。而如來藏沒有我性，怎能叫作自己呢？但是你無妨稱呼祂爲「自己的如來藏」，這叫作爲人悉檀。本來，你不能夠說如來藏是自己，可是爲了教化眾生，爲了讓眾生能聽得懂，你必須要這樣施設，就說各人諸法都由自己的如來藏所生，可是如來藏自身的境界中從來沒有自己可說，這樣才叫作如實知此法，這樣的人就是有智慧的人。

他所轉依的如來藏實相心中沒有去來相，因爲有去來的是這個識陰。識陰爲什麼有去來呢？因爲這個有根身是有去來相的色陰，如果不是這個有根身來來去去，識陰就不會有去來。所以有「去來相」的是五陰，如來藏沒有去來相。如果你離開了胎昧，下一輩子剛出生的時候，你都清清楚楚明明白白自己是怎麼出生的、怎麼住胎的，那時才一出生，你就對自己的如來藏說：「如來藏老兄啊！我來了。」但你的實相心如來藏不會回應你任何一句話，因爲祂心中根本沒有所謂來與去可說；該生你就生你，該讓你死就讓你死。該讓你去就讓你去，該讓你來就讓你來，可是祂不會有來去的想法與觀念，也不會有生來死去的了知。所以祂根本沒有去來相，你這樣親證現觀才叫作智者。

接著說：「知法亦不住，以住於平等。」當你成爲這樣的智者，你從實相看來就知道諸法其實沒有可住之處；而諸法也不會永遠的住，因爲諸法都是變異生滅，剎那剎那流注變異不曾終止過。諸法沒有一時一刻是可以常住不變，諸法是不斷地在演變的。當你現觀到諸法是如此時，就知道諸法不住。

當你現觀諸法不住時，要依止什麼為究竟的歸依呢？只有實相心如來藏。因為如來藏才是常住法，歸結到最後仍然要以如來藏作為你的究竟歸依。這時的所見，連三歸依都不究竟了，因為諸佛還是得歸依自心如來藏——無垢識，所以你歸依自心如來才是究竟歸依，因此才有歸依自性三寶的殊勝歸依。當你還沒有辦法究竟佛地修證的時候，該怎麼辦？要同時保有自心如來作為究竟歸依，但同時要歸依諸佛如來；因為諸佛可以指導你到達究竟歸依佛地的境界，這就是菩薩摩訶薩之所歸依處。所以真正的自歸依是歸依自心如來；但成佛過程中卻必須歸依諸佛如來，究竟成佛以後還是歸屬於十方法界一切如來。等覺以下都還要有諸佛如來為所歸依，那叫作他歸依；但他歸依仍不是究竟歸依，究竟歸依是你自己已經究竟成佛了，那時以自心如來無垢識作為究竟歸依，才是究竟的自歸依。

以前有人說過：「我成佛以後想要歸依誰呢？我只要歸依釋迦牟尼佛。」我說：「你這個傻孩子，」真的說他是傻孩子，「你都成佛了，還要歸依釋迦牟尼佛嗎？」我說：「你成佛以後不會有這個想法，就算你真的有這種想法，那也是個戲論，只會拿來作為教導弟子大眾的方便善巧之說。」因為假設未來眞的有那一天，釋迦牟尼佛一定會說：「你這傻孩子佛，你都成佛了，爲什麼還歸依我呢？應該自歸依，也同時歸依於十方一切已成諸佛。」所以說究竟佛地是究竟歸依，但究竟佛地之所歸依仍然是自己的自心如來，而自己的自心如來不會說：「我是自心如來，我是究竟歸依。」懂得這個究竟歸依眞實義的人，自然會知道實相心如來藏所生的諸法—也就是蘊處界等一切萬法—全都是生滅不住的，這樣的人一定是現觀一切法都由如來藏心中出生的，如來藏心才是自己眞實而常住的根本法。他也一定能夠現觀一切有情都與自己一樣，在生滅不住的蘊處界諸法背後都是實相心如來藏，所以一切有情與自己也是平等平等的，這樣就是住於眞實平等境界的人，這樣才是眞正能夠行於平等心的人。行於平等心都是因爲證眞如，然後「不捨眞如行」，才能夠作到這種非意識境界的心行。

那麼，接下來說：「證眞如就是第一義諦，不是世俗諦。」同樣是《佛說法集經》的開示，但這一段是卷三的經文：

【「善男子！世諦者，所謂有限齊名數爲他人說，狹劣不廣，是名世諦。第一義諦者，所謂甚深空相應法，無有限齊不斷絕處，非他因緣，平等一切

**無有高下，不亂不靜相，一切法眞如相，是名第一義諦。」】**

第一義諦與世俗諦，到了末法時的現代佛教中，連大法師都普遍誤會了，所以我才說佛法可殤！第一義諦跟世俗諦，本來就是很清楚可以弄明白的，我不曉得他們到底是不讀經、不讀論？或者晚上作夢打妄想亂想出來才會亂說法，眞弄不明白他們整整一世到底是怎麼學佛的。有個住在後山的大法師，她大約是這麼說的：「**出家人那樣修學佛法，他把所證的佛法來告訴眾生，這叫作第一義諦。眾生跟出家人學習佛法以後，就以世間的財物回報供養給出家人，這叫作世俗諦。**」這眞的叫作聞所未聞，因爲找遍了三轉法輪諸經，都找不到如此解釋第一義諦、世俗諦的。這還是末法時代很有名的大法師，號稱徒眾幾百萬、上千萬人。可是如果眞要依她這樣講的話，出家後讀了一些經論就是有第一義諦了；那眞是好極了！我明天也要趕快來出家了，因爲只要出家後把經論讀一讀，再來跟人家講，這就是有第一義諦了；凡是已得第一義諦的人就是菩薩摩訶薩，就是開悟賢聖了。那我明天出家，隨即讀上整整一夜經論，就是已得第一義諦了；後天你們全都可以來供養我，你們就是有世俗諦了。不必供養很多，你們一個人供養我一千塊錢就好了，你們就可以成爲阿羅漢了，因爲證得世俗諦是阿羅漢。

這可眞便宜啦！如果這樣可以證阿羅漢，我也眞的願意每天鼓掌，並且以茶代酒浮三大白，因爲這是眾生的大福利。但問題是，她那個說法究竟是眞的、還是假的？等到弄清楚了三乘菩提以後，才知道原來都是賈雨村言。《紅樓夢》作者曹雪芹說，《紅樓夢》裡面的夢境都是賈雨村說出來的，是暗示說那一切全都是假語村言，大家就別當眞，千萬別認作是眞實發生過的故事。不幸的是，台灣後山那位大比丘尼講的正好是賈雨村言，根本與佛法不相干。設想她說的若是正確，她講出來的佛法就是第一義諦，而信徒們來聞法、學佛以後，永遠只能得到世俗諦，不是得到第一義諦。這是很奇怪的邏輯，師父所說的法義是第一義諦，信徒聞法以後對她作了供養，得到的卻不是第一義諦的內容，而是世俗諦的聲聞道，這種邏輯講得通嗎？但這卻是已經發生在台灣後山的事情，她就是這樣子演說佛法的。無怪乎現在是末法時代，學佛的眾生眞是可憐，我也只好說她講的佛法正是賈雨村言。

言歸正傳，我們來看看這一段經文，對第一義諦與世俗諦是怎麼解說的。世諦，就是我們平常說的世俗諦；因爲世俗諦所演繹的緣起性空、苦、空、無常、無我，所說的對象是蘊處界等世間法；而蘊處界等法緣起性空，就是世俗法中的眞實義；眞實義就叫作諦，於是合稱爲世俗諦。世俗法的眞實義是指什麼呢？就是所說之法都是以有限齊的名數來爲人解說。這一些名數的內涵很狹窄、很下劣，並不是很廣大的法，就稱爲世俗諦。「有限齊」，是說它有一個範圍，不是很廣大；是很容易就可以指出一個範圍來，所以叫作「有限齊」。所說的對象與內涵都是有限的，不超出於這個範圍之外，這時所說的對象與內涵就是「有限齊」。也就是說，有一個範圍限制，不許也無法超出這個範圍限制之外，那麼其中的內涵也就是有限的了。

「名數」，可以從三個部分來說：第一、從五陰的名來說，第二個部分、從壽算來講，第三是從生死來說。「有限齊名數」，是說它有一個狹窄的範圍。所謂的名，也是有數目可以算得出來的——是「名數」而「有限齊」。名就是名色的名，名色的名之中有四個數目：受、想、行、識。「名數」的意涵就在這四個範圍裡面，是有數目可以計數的，就稱爲「名數」。當你把受、想、行、識的內涵說完了，不必也無法新創第五、第六或更多的名數，只能受限於這四個數目來解說「名」的內涵，不能超越這四個數目以外，是與這個數目限齊而平等；所以你只要把名裡面的四個有數之法說完了，就已經把這限齊裡面的所有內涵都講完了；所以名是有數目的，就叫作「有限齊名數」。

換句話說，名─受、想、行、識─是有個狹窄的範圍，不是像如來藏心的勝妙法無量無邊。我一出來說法時就直接演說如來藏妙法，我凡是說法時都是三句不離本行，前後已有二十年了，可是我說的如來藏妙法，重複的地方不多，這是因爲第一義諦實相心的法義範圍太廣泛了，不是有限齊的，菩薩們才需要以三大阿僧祇劫修行來完成。可是受、想、行、識是有限齊的，總共就只有四個法。許多阿羅漢們都是一世就修學完成的，這是因爲聲聞解脫道所觀察的對象是五蘊、十八界法，而五蘊、十八界法中的心與心所法，都是有數目可以數得出來的，不外於名數法，範圍狹窄，因此往往一世就修成了。受、想、行、識這四個法，把它一一分析解說以後，還是不超出這四個法之外，所以叫作「有限齊名數」。

我們再從第二個層面的壽算來講，這也是有限齊的。以細菌來講，可能牠只活幾個小時，壽算便盡了。如果以螞蟻來講，可能活個一年或幾個月，這要問生物學家。若是以眼前的人類來講，大約百歲，少出多減，也是有一個限齊。在人間生命如此，如果是餓鬼呢？當他們的惡業越重時就越長壽。這時候可糟了，長壽竟然變成不可愛了；因爲想死卻總是死不掉，每天餓火中燒很難過，好不容易看見有人吐一口痰在地上，縱使眞的能夠搶到一口濃痰，他們張嘴要吃，口一張開，肚子裡的饑火噴出來又把唯一的一口濃痰給燒焦了，依舊吃不進肚子裡。如果打架輸了，夾著尾巴就自己溜了。就算打贏了，準備要入口，張開嘴，餓火吐出來，又把那一口痰燒焦了；除非是生前積了一點福德，否則還得依靠佛弟子爲他們誦咒加持甘露水才有得吃。每天被饑火燃燒的日子，眞的好難過，又不得不當個長壽的餓鬼。可是不管他多長壽，他的壽命終究有窮盡的時候，所以他們的壽命也是可數的。如果要談壽命最長的有情，非想非非想天與阿鼻地獄的有情壽命最長，但終究也有壽命終了的時候。以這樣的一期壽命來說，他們同樣是有情而有受想行識，這也是「名」；像這樣的有情也是有限齊數，所以他們的名數不是無限齊。

如果以生命來說，人間的生命，當色陰壞了，識陰就跟著壞，就這麼簡單。所以這個色陰能維持多久，人們的壽命就是多久。如果是一隻小螞蟻，牠的色陰能夠維持一年，那牠的壽命就是一年。在這一年之中，說牠的色與名是怎麼樣生存著；你把這一些內涵講完了，牠的一生就講完了，是有限齊的。如果這一隻螞蟻有五神通，聽懂你講的解脫道，假設牠沒有報障的障礙，那麼牠也有可能成爲螞蟻阿羅漢，牠這一世就是最後身了，就表示這隻螞蟻阿羅漢的名與色也是有限齊的。有限齊，意思是說什麼呢？說牠是以一個期間作爲單位來說，從這個色陰的出生到這個色陰的毀壞，而使得牠的「名」也跟著斷滅，這樣就是人間螞蟻的一世，這一世的壽命是有限齊的。而牠們這一世的五陰不能轉到下一世去，下一世已是另一個五陰，不是由這一世的五陰轉生過去的——不是由這一世的名轉生過去的，所以五陰是有限齊數的。如果這一隻螞蟻能夠看穿這個螞蟻身、螞蟻名是多麼虛妄，把我所的執著斷了，也把我見斷了，然後我執也斷盡了，就成爲螞蟻阿羅漢了；牠到了冬天死了以後就入無餘涅槃去了，這也是有限齊數的。當然，這只是一個說法上的比喻，讓大家易於瞭解名數的意思，不是說螞蟻眞的可以成爲阿羅漢。

所以，有限齊數的法，你能夠容易地爲眾生解說清楚，而那個眾生就同樣可以成爲阿羅漢；因爲他只要把有限齊數的色與名斷盡了，捨壽時就可以入無餘涅槃。入無餘涅槃以後，他的五陰就到此終止，未來是「不受後有」的，所以五陰是有限齊數的。五陰這個色與名既是有限齊的，當你把這個有限齊的各種名相為眾生講清楚，眾生也可以證阿羅漢果，就不再有後一世了。不受後有而沒有後世，就表示他證得阿羅漢了；請問：這樣的法，這樣的眞實理，有沒有超出世間法的範圍？有沒有？（有人答：沒有。）對啊！因為眾生成為阿羅漢的過程中，所觀察的對象全都是世俗法：色陰是世俗法，名數的受、想、行、識等四陰也都是世俗法，全都是有限齊數。

人類的色陰是世俗法，而人類的受想行識也是世俗法，非關法界——跟實相法界的內涵無關，所以完全是世俗法；而這世俗法全部都是緣起緣滅、其性本空，因此可以把它滅盡；只要把對這世俗法的執著滅盡了就出離三界生死了，這是三界中不可推翻的眞理；而這個不可推翻的眞理所觀察的內涵全都是三界世俗之法，這樣的眞理就是世俗諦。這是三界世俗法中的眞理，這個法雖然是眞理，卻是屬於世俗法所函蓋的範圍之內，當然要名為世俗諦。世俗法中的眞實理所觀行的對象都是三界中的世俗法，而這個世俗法都是緣生性空，都是可以滅盡而遠離分段生死的，以後不再有三界生死了；講解這個世俗法緣起性空的眞理，就是世俗諦。

所以，世俗諦的立名，是因爲所觀察的對象是欲界、色界的五陰，或是無色界的四陰等世俗法；是依於蘊處界等世俗法的眞實義而立名，不是因爲用世俗財物去供養出家人而叫作世俗諦。證嚴那個說法，眞像是人家說的「不懂裝懂」。這裡好有一比，假使有一天她看見小孩子騎著腳踏車，她就說：「我知道了，這孩子騎的就是哈雷機車，因爲它正是兩個輪子。」但，哈雷機車同樣是兩個輪子，那孩子騎的也剛好是兩個輪子，但不能單單憑著所見同樣是兩個輪子，就說那是哈雷機車。且不談別的，光是那兩個輪子的大小就差好多了；如果再加上骨架、引擎、傳動系統等等，那可就不能叫作差一點點了。所以，要眞實瞭解世俗諦與第一義諦的意涵以後，才可以開口說法；縱使沒有親證，至少要先閱讀經中的說法，依文解義來說，不可以自己想像以後就講出來給眾生聽。否則，接引眾生及誤導眾生的功過結算下來以後，還不知道是功大於過，或是過大於功呢！

以上說的就叫作世俗諦，世俗諦的內容是有限齊的，而且屬於「名」所函蓋的範圍之內，因爲色陰等十一法的無常是世俗人都能知道的，所以側重於「名」來說。「名」，是有數目可以數得出來的，「名」的無常、苦、空、無我的觀行，是智慧很好的眾生在一生中就可以成就的；而這樣的觀行內容都不出於五陰，五陰中的「名」只有四陰。這個內涵能夠具足爲人解說，然而爲人解說完了，他自己當然也很清楚：所說的名數內涵是狹窄的，而且它的層次是下劣的，不是很廣大、很究竟的法，全都是三界世俗法，所以便叫作世俗諦。第一義諦，顧名思義是說它是第一無上的眞實理，這就不屬於世俗法了，因此叫作第一義。也就是說三界內外（就算三界外也有法好了，我說「就算」，所以不是眞的），就算三界內外一切法全都合起來算，依舊沒有任何一個法可以超過祂，所以祂排第一；因此，只要是解說三界第一法的眞實理，那個道理便叫作第一義。

所以，如果有人問到：「宇宙萬法的第一因是什麼？」就會使所有的哲學家們都探究不出來，你就說：「是如來藏心。」這就對了，因爲宇宙萬法都從如來藏來。山河大地並不是無緣無故就會成住壞空，都是因爲有情的如來藏所造的共業種子成熟了，所以虛空中才會有山河大地成住壞空不斷地輪替；因此說宇宙萬有的第一因就是如來藏，如來藏就是宇宙萬有的根本因。

這個法既然是宇宙萬有的根本，宇宙萬有當然也包括有情的五陰世間。既然祂是宇宙萬有的根本，那祂當然是第一法，沒有任何一個法可以超出於祂之前，祂是無始以來就已經存在，所以祂是第一。第一的法究竟是什麼樣的道理？當你有了實證而知道這個道理了，就叫作第一法的眞實道理，是已經親證而成爲第一義諦的實證者。這個第一義諦的道理，講的就是甚深的「空相應法，無有限齊不斷絕處，非他因緣」，這就是祂的根本狀態。當你證得祂以後，顯示出來的就是平等性，這時你的所見就是「平等一切無有高下，不亂不靜相，一切法眞如相」。

咱們就先來說祂本來存在的狀況，這就是「甚深空相應法」。以前，佛教界常常有人說般若甚深極甚深。確實如此，般若確實甚深極甚深。想想看，印順老法師遊心法海約有八十幾年了（編案：這是二〇〇九年所說），結果他有沒有稍微懂一點甚深般若呢？諸位都知道他沒有，因爲我們書中已經對他作了根本法義上的許多辨正，大家讀了都已經知道他對佛法眞是誤會一場。釋印順從年輕時就糊塗了，一直糊塗到老，最後也這樣含恨而終。但他的傳記出版了，書名叫作《看見佛陀在人間》，這是他自己審閱而同意的書名。其實他捨報的時候，心裡面想的一定是：「我根本就不是佛陀，我只是白來人間一趟。」好端端的人不想繼續當，出家說法而挑起謗法大惡業的重擔，卻只是被密宗應成派中觀的六識論邪說給誤導了，眞的好冤枉啊！連釋印順都不懂，所以實相般若這個「甚深空相應法」，眞是甚深極甚深。

爲什麼說是「空相應」呢？因爲你實證如來藏心而發起實相般若以後，站在祂的立場來看一切法時，會發覺如來藏自身的境界中沒有一法可得。這有兩個意思，第一、任何的法都是生住異滅而沒有眞實性，所以無一法可得。再從另一個意思來說，如來藏雖然生了一切法，可是如來藏自身卻從來不了知一切法，祂從來都是隨緣任運、應物隨緣。所以從祂自己的立場來看，也是無一法可得。

當你悟後轉依實相心如來藏時，以祂的境界來看一切法時就無一法可得了。所以你們早上誦《心經》的時候說：「無眼耳鼻舌身意，無色聲香味觸法；」一直無下去，無到最後「無無明，亦無無明盡」。唉呀！統統是無。後來悟了實相般若，終於懂了！以後如果有誰請你去他們家裡超度誦《心經》，你就先唸一句「般若波羅蜜多心經」，然後就唸一個「無」字：「無——

——。」唸完好長的一個「無」字，《心經》的主文便算是誦完了。然後把《心經》最後的咒語唸一下：「揭諦揭諦，波羅揭諦，波羅僧揭諦，菩提薩婆訶。」整部《心經》也就誦完了，你誦《心經》就是這麼快，還有誰能比你誦得更快？眞正會誦《心經》的人，當他爲世俗人誦時是這樣誦的。這意思是什麼呢？是說如來藏是空性法，從祂的立場來看三界一切法時都無有一法可得。你如果夠聰明，就改站在如來藏的立場——以無我性的如來藏爲自我，來看被如來藏所生的五蘊我；這一看：「五蘊全部都是我如來藏生的，除了我如來藏以外，哪裡還有一法可得？」本來就是如來藏所有的，以外還能得到什麼法？眞的沒錯啊！

可是你又看見如來藏自己從來都是「空相應」，不與有相應。祂雖不與有相應，卻出生了諸有，然後在背地裡控制了諸有：諸有該生就生，該住就住，該異就異，該滅就滅。祂可都不跟你講人情，很冷酷呵！所以若是要講天下酷哥，祂是第一酷。祂從來不講人情的，因爲祂不了知苦樂憂喜等覺受，沒有任何貪愛或厭惡心；祂是該怎麼樣就怎麼樣，你的業種使你應該重新受生了，就幫你捨報而重新受生；這個業種該變異就幫你變異，該滅就滅，該住多久就讓你住多久，可是祂從來不去了知這個，也不去擔心或者歡喜，所以祂眞的是「空相應」。而這種「空相應法」甚深極甚深，第一義諦中的第一個現觀所見的狀況正是這樣。

第二個是「無有限齊不斷絕處」，換句話說，你想要找到如來藏是什麼時候可以終止，永遠都找不到；不管你把祂觀察到未來多麼久遠劫以後，終究是找不到那個時候。你若想要找出一個方法可以消滅祂，也還是找不到滅掉祂的方法，因爲你找不到任何一法可以滅祂；而這個如來藏心就名爲阿賴耶識，《入楞伽經》裡面說：「阿梨耶識者，名如來藏，而與無明七識共俱。」我們正覺在二〇〇三年初不是有一批退轉的人，自以爲聰明又發明了新佛法嗎？他們說：「阿賴耶識不是如來藏，你這個阿賴耶識是生滅法，是可以壞滅的，所以你們正覺同修會的證量不高。我們是證佛地眞如了，你們正覺所證的阿賴耶識只是由佛地眞如出生的。」當然，那都是瞎扯淡！我們當時先不談他們是不是瞎扯淡，就簡單提問：「請問，你在蕭老師幫忙下證得阿賴耶識了，現在你說祂是生滅法，請問阿賴耶識是何時生？何時滅的？」糟了！正中要害，沒有辦法回答了！該怎麼辦呢？也只能閉口不談，迴避這個問題。這一迴避，已經幾年了？六年了。

更荒唐的是，還沒有找到阿賴耶識的人，竟然敢公開在他的書中說：「這個阿賴耶識是妄識，要把祂一槌搗碎。」這是已故的月溪法師講的，說要把祂找出來一槌打碎。我不曉得他有什麼寶槌可以把祂搗碎，我眞的不知道，更何況他終其一生都還沒有找到阿賴耶識心。台灣的聖嚴法師也這麼說：「阿賴耶識是妄識，要把祂消滅掉。」那就要先請問他們：「你們有沒有找到阿賴耶識？」全都沒有找到祂，那要怎麼消滅祂呢？難道要往虛空亂砍去把祂消滅嗎？一定得要先找到祂以後，才有可能再談到消滅祂，但他們都還沒有找到阿賴耶識。

那我們先不理會他們的說法有無道理，拉回剛才說的退轉者；在六年前退轉的那一批人，他們是在我的幫忙下找到阿賴耶識了，六年前他們宣稱阿賴耶識心是生滅法。結果他們能不能滅掉祂？他們也都同樣沒有辦法滅掉祂；且不說滅掉祂的事，單說他們有沒有辦法證明祂是何時出生的？一樣是找不到祂以前出生的時候。這表示什麼呢？是說，連親證阿賴耶識心的人都沒有辦法滅祂，也都沒有辦法解釋祂是何時出生的，月溪與聖嚴他們都是還沒有找到的人，怎能生祂、滅祂？莫說他們，我都沒辦法。其實我也不夠瞧啦！即使是 釋迦老爸，祂也沒有辦法消滅阿賴耶識心體。

且不說 釋迦老爸，即使把十方虛空所有諸佛都集合起來，把諸佛的威神力合成十方法界中最有威力的超級威神力，也一樣滅不了阿賴耶識這個心體。當你請出一隻螞蟻菩薩來，你說：「**這螞蟻菩薩的如來藏，請你們諸佛合力把祂消滅看看。**」這時把十方諸佛的威神力合為一個特大號的超級威神力，也是一樣滅不了牠的實相心阿賴耶識。所以，阿賴耶識如來藏是「**無有限齊不斷絕處**」，祂本來就存在而沒有開始，將來也必然無終；祂既無始也無終，就這麼存在著，那你說世間還有什麼法能比祂更勝妙？

有始有終是世間人的美德，可是這個美德已經表示是有生也有滅；「始」就是生，「終」就是滅了。所以，有始有終其實還不好，無始無終才是好。可是，你若要跟世間人講我們無始無終，人家會罵說：「**你這個人無血無淚。**」一定會這樣罵你，所以世尊在阿含《羅云忍辱經》中才說「**佛法背俗**」。俗人所喜歡的，在佛法裡面並不珍貴，大家都不珍惜它；可是佛法中所珍貴的，世俗人卻是不喜歡的。你如果問：「**證得解脫好不好？**」世俗人都會說「好」；

等你為他們解說：「解脫就是把自己殺了而永遠滅掉自己，盡未來際，永遠都不會再有自己了。」他們就會這樣說：「那我不要解脫。」就是這樣子。

同樣的，第一義諦的眞實道理就是「無有限齊」，你不論追溯到前面多少劫以前，祂沒有一個開始，本來就存在著；也不論你往後窮究到多少劫以後，祂都沒有終止的時候，祂是永遠不會有斷絕的唯一可以依住的處所——「不斷絕處」。前無生時，後無滅時，便叫作不生不滅；所以祂是永遠都不斷絕的，是無限齊而且不斷絕，這就是祂的第二個狀況。這跟世俗諦完全不一樣，世俗諦觀行的五蘊十八界都有限齊，因為它有一個很明確的範圍：在十八界之內，不超出這個範圍。由於世俗諦的觀行內容，都在五陰、六入、十二處、十八界之內，永遠都不超出這個範圍，所以有限齊；並且也會斷絕，證得阿羅漢果以後，這一世就斷盡了。即使沒有證阿羅漢果，只是一個初果人，他的五陰一世過完了，生到下一輩子去時已是另一個五陰，不是這一世的這個五陰，所以初果人的五陰也是有限齊，會斷絕，因為每一世的五陰都只能存在一世。然而這個實相法界如來藏心「無有限齊」，是一切諸法的「不斷絕處」，這樣親證而能現觀時，所證的這個眞實理才能稱為第一義諦。

接著說，第一義諦的實證，還必須有第三個現觀：「非他因緣。」最後這個現觀所說的第一義諦，所觀行的對象跟有限齊的「名數」不一樣；有限齊的「名數」是受、想、行、識，都是依他而起的，不可能自生，也不可能是他生，要由自己的如來藏藉父母與四大所成的五色根等因緣才能出生，所以是藉「他因緣」才能出生的；當「名數」出生了以後，「名數」內涵的範圍很小，狹劣而不廣；而且要藉各種因緣而出生，不是自己本來存在，不是不生不滅的法。因此，對有限齊的「名數」加以觀行而證得的世俗諦，也是要藉因緣法來出生的。可是第一義諦「非他因緣」，意思是說，第一義諦所觀行的對象是實相心如來藏，祂是本然的存在，「非他因緣」，所以叫作自在。所以《心經》絕對不會翻譯作「觀世音菩薩行深般若波羅蜜多時」，永遠都應該翻譯作「觀自在菩薩行深般若波羅蜜多時」，因為不是要觀聽眾生心裡的音聲；當你用意識覺知心來觀察自己的自心如來時，必然會發覺祂是自己本來就在，「非他因緣」，能夠這樣現觀的人才是「觀自在菩薩」。

而且實相心如來藏從來沒有出生過，所以不是自生的法；但祂也不屬於他生的法，因為無一法可以生祂，所以不是因緣所生法；祂是本來自在之法

——「非他因緣」，因此解說祂的眞實理，才能叫作第一義諦。這個「非他因緣」，不單是說這個心體本來自在，而且說祂的自性是本來就在的，是自己本來就有，不是他法所生，也不是他法來增益才有。而祂能生萬法的自性，以及能了知眾生心行，都是祂本來就有的自性，不是他法所生，所以也是「非他因緣」。然後，祂心體的清淨性也不是修行以後才清淨，而是本來就已經清淨，所以祂的清淨也是「非他因緣」。祂還具有不生不滅性，不生者涅不滅者槃，祂本來就具有這種不生滅性，就是涅槃性，而這個涅槃性一樣「非他因緣」。是本來就已經不生不滅，本來就涅槃，所以說「非他因緣」。這樣實證而現觀得到的實相法界智慧，才是眞正的第一義諦。

回頭來觀察世俗諦，世俗諦所觀行的對象是五陰、十八界的三界我，並不是本來清淨，是修行以後才能夠清淨的；可是依世俗諦修行所得的清淨，還是依靠各種因緣來修成的；而且這個二乘菩提所證得的清淨也還是有範圍、有侷限的，因爲阿羅漢們對三界愛等種種不淨法，只是修除了現行，習氣種子等不淨法還沒有修除，而且是依靠「他因緣」才能修成的，不是本來就清淨的。

二乘世俗諦所證的涅槃也是修行以後才得來的，有餘、無餘涅槃都不是本來就在，是在斷除我見、我執以後才出生的，不是本來就涅槃。只有菩薩們依自己現觀的本來自性清淨涅槃的般若智慧，才可以說無餘涅槃、有餘涅槃本來就在。可是從二乘人來說，二乘菩提所證的有餘與無餘涅槃全都是修來的，不是本有的。二乘涅槃雖是修來的，不是本有的，但菩薩卻可以說這是本有的；因為聲聞人的那個二乘涅槃，仍然是依如來藏不生諸法、不生後有而施設建立的，所以二乘涅槃依舊是菩薩所證的本來性淨涅槃。可是二乘人無法現觀菩薩所證的這個涅槃，佛陀只好告訴他們說：「**不要恐懼，你們阿羅漢證得的涅槃是常住不變，是眞實、清涼，是寂滅。**」所以阿羅漢心安理得就準備入涅槃了。可是從菩薩所證第一義諦的智慧，來看二乘聖者的涅槃本質，其實還是修來的。而菩薩證得實相心如來藏，現前看見祂是本來就不生不死，本來就是涅槃，這個也叫作「**非他因緣**」，不是修來的。

修行佛菩提道的結果只是去證實祂，但是如來藏的不生不死，仍然是本來就不生不死：你悟前祂就不生不死，你悟後祂還是不生不死；你悟後久劫進修而在將來成佛了，祂繼續不生不死。祂是本來就如此，「**非他因緣**」；正因爲「非他因緣」，才能叫作第一義諦。這三個條件或內涵，就是這段經文中說的第一義諦的本質；當你實證眞如心如來藏，而且現觀這三個內涵無誤以後，就可以現前觀察「平等一切無有高下」的實相境界。這裡「平等」兩個字作動詞用——平等於一切法，祂對一切法都是平等看待；其實若要說眞的，祂根本就沒有「看待」這件事情，沒有看待的心才會眞平等。所以祂平等於一切而沒有高下分別，因爲祂從來都不了別，不了別就不會有高下的差別，所以說「平等一切無有高下」。

然後你也可以現前觀察到祂的「不亂不靜相」。只有實相法界中才沒有亂相、靜相，凡是世俗法所觀行的範圍，都是在蘊處界自我的範圍中，全部都有亂相、靜相。譬如說成爲阿羅漢了，下山托缽時，爲什麼阿羅漢眼睛都只能看著眼前地上？不管外面多麼吵，人家在那邊打架，或者殺來殺去，哀哭不已，他也是一樣。除非爲了說法，或者想要去救助某人，否則他是不動心的。他爲什麼要這樣子作？因爲怕動心，就表示他有時會動心，所以阿羅漢若聽見熟悉的聲音，也還是會轉頭看一下，顯然仍有亂相。若是到人家門口托缽，發覺送飯菜出來的是漂亮女主人，這時候眼睛趕快低下來，不敢看，因為有亂相出現了。這就是阿羅漢，你們不要把阿羅漢想得多麼高，阿羅漢只是斷除三界愛的現行而已，但三界愛的習氣種子是全部存在的，所以他還有亂相。

譬如說，有的阿羅漢怕落入我所，將來會退轉，所以托鉢托到好食物的時候，他壓抑著自己，盡量不要去理會它；出了村外，遇到別的比丘時他就說：「某比丘！這個好吃的給你吃。」他刻意去拒絕它。為什麼要拒絕呢？因為已經有亂相。當他把好吃的食物送出去了，心安理得吃起那些剩下的不好吃的部分，相對就叫作靜相了。為什麼會有亂相、靜相？因為生活在覺知心裡面而起涅槃作意。凡是落在五蘊我裡面就一定有靜相、有亂相，靜與亂是互相交替的，不斷地換來換去。亂相一出現，馬上排除掉，回到靜相；等一下又有亂相出現，再排除掉，再回到靜相。這是在二乘菩提的世俗諦中永遠存在的狀態，可是在第一義諦中從來沒有亂相、靜相，當你證悟了，你觀察如來藏的境界時，何曾有亂有靜？祂是始終一如，從來不曾有過亂與靜。

所以，當你證得如來藏時，假使哪一天有誰或者外道來向你誇口說：「你們正覺到現在都還沒有教禪定，你們禪定一定都很差。我們禪定好厲害，我們可以入定三天。」其實現在正覺以外的所有人全都沒有禪定可言，所以我說的當然是假設的；那時你就說：「你那個禪定其實還不夠瞧。」他一定反問你，你就說：「我住在定中已不曉得多少劫了，現在還在定中。」他一定再反問說：「天下哪有這種定？」你就說：「有啊！而且我入定的時候，照樣可以跟你講話。」他說：「那叫作什麼定？」你就告訴他：「這叫大龍之定。」大龍之定便叫作那伽大定，他連聽都沒聽過。只好說：「你們正覺這麼厲害，在講話的時候還是在定中。」你說：「這還不簡單？人家在初禪中就已經可以跟別人講話了，爲什麼我在大龍之定中還不能跟你講話？那初禪定境跟大龍之定根本沒得比。」這時候對方終於體會到：「這個正覺不得了，竟然有這種法，我趕快來報名學一學。」你就度了人。所以眞正的法是永遠「不亂不靜相」，這才能叫作第一義諦。有亂相、有靜相，那是落在世俗法的範圍之內，是有限齊法，也是有始終的法，最多只能叫作世俗諦，只是二乘聖者所修證的法；因爲不外於世俗法，與第一義不相同。第一義是自始至終，都沒有亂相與靜相的。

然後，經文中又說「一切法眞如相」。你證悟後就可以這樣現觀，當你證得眞如而可以觀察前面這三個內涵時，你也就可以觀察後面這三個內涵。一切法確實是眞如相，如果你現觀到「一切法眞如相」以後，當耶和華來告訴你說：「你竟然一天到晚批評我的一神教不究竟，我就把你給殺了。」你雖然沒有神通，也不必怕他，你就告訴他說：「沒關係，你要殺我之前，先聽我一句話。」好，他就讓你講，你說：「你殺了我以後，二十年後我照樣還會來破你，可是你已經不認得我了，你懂這個道理嗎？」他說：「我不懂這個道理，爲什麼你被我殺了以後不是下了地獄，怎麼二十年後還要再來人間破我？」因爲他以爲只要殺了你，詛咒了你，你就得下地獄。他是這樣想的，可是他不知道把你詛咒了、殺了以後，到地獄中竟然找不到你。他不知道，因爲他不懂因果律；而你縱使被他殺死以後，你往生到哪裡去，他根本看不見。所以，你只要把這個道理爲他解說清楚，他只好說：「那我不殺你，我拜你爲師。」想要使你不再評論他，這種作法還比較快一些，對不對？因爲他作不到的，你作得到。

這意思就是說，你爲什麼敢面對他而無所恐懼？因爲一切法眞如相是你的現觀，你現前觀察到一切法都是眞實與如如。所以當人家去求什麼仙丹，或是去煉那一些外丹，也有人很努力打坐鍊內丹，你看見了就說：「我根本不用，我這個身體如果老了不好用，再不久就不能用了，那我去換一個新的身體再來，不必那麼辛苦練功、煉丹。」不必一天到晚在那邊修理那個很老舊的壞車，不論再怎麼修，那個車子終究是舊的，再過不久也還是要壞掉的，那我換一台新車來開不就好了？我有好多的福德，我可以換新的、好的車，下一輩子換的五蘊車會比這一輩子更好，所以說，每一個人的這輛十一號公車還眞是好用。

就這樣子，一輩子又一輩子的全新五蘊，不都是自己的法嗎？這都屬於一切法所攝。當你把一切法都收歸於如來藏，由意根帶著如來藏來貫通三世，把這一切法收歸如來藏時一切法就是眞如，因爲如來藏眞我在一切法中永遠都是眞實與如如。二乘人可不能開口說「一切法眞如」，菩薩卻可以說「一切法眞如」。當你看清楚了「一切法眞如相」，證實了「一切法眞如」時，三界生死對你來說，還有什麼恐懼的呢？再也不需要恐懼了。所以你一世該作的事情作完了，佛說：「某某人，你該走了。」那時候走得很輕鬆，要 say goodbye 也行，不說再見也行，反正你就走了，轉入下一世繼續去作該作的事，就這麼簡單，這樣才叫作第一義諦。今天講到這裡。

《實相般若波羅蜜經》上週第二十一段經文的補充資料，我們舉出了二段《佛說法集經》的經文來講解，已經講完了。接下來是要根據前面所說的眞如之理，回到本經的這一段經文來說。在這裡要提出一個問題來：是什麼緣故在《實相經》這段經文中說「此人所有一切障累，皆得消滅、究竟無餘；疾至菩提，獲於如來金剛之身而得自在」？之所以能夠如此，其實都是因為能夠安忍，也就是能接受智慧到彼岸與一切諸法，二法互相之間是沒有差別的。然而想要成爲這一種人是非常困難的，必須要經歷過很多劫聽聞熏習正確的法義而沒有疲倦、厭倦的人，才能成就這個忍。

大家對這一個「忍」字應該要有瞭解，並不是知道佛法或知道般若密意的眞如心所在時，就算是開悟了；因爲知與忍之間是有距離的，並且那個距離還眞的很大。譬如說，世尊詳細開示五陰的每一陰虛妄，也把爲什麼虛妄的道理都講清楚了，某甲、某乙聽完了成爲阿羅漢，某丙、某丁卻只能成爲初果人；可是某戊、某己都明白這些道理，你請問他的時候他也能爲你講解，也能爲人轉說，但問題是，他依舊無法證得初果。何以至此？因爲心中不忍，他對五陰的虛妄性沒有眞的安忍。佛所說的道理，他都懂，也知道五陰的全部內容和虛妄性，但他沒有心得決定；深心之中尙未接受，不接受就無忍，因此連初果都無法證得。所以佛法中說這個無生忍，「忍」字講得眞好；具足知道世俗諦以後能不能證果的關鍵，並不是知或不知道的問題，而是知道以後能不能安忍，安忍就是接受。

所以假使哪一天（可能五年後、十年後），台灣佛教界有許多人都知道五陰十八界虛妄，你要請他來談一談五陰裡面的哪一陰、十八界的哪一界是如何的虛妄，他都能清楚地告訴你，因爲已經詳細讀過《阿含正義》而且詳細觀行確定了，可是他仍然不可能是初果人，爲什麼呢？因爲他只是知道而已，但他心中還沒有眞的接受自己所知道的蘊處界全部虛妄的事實。這表示說，對他而言，那些蘊處界虛妄的道理，在他心中只是知識、學識，而他在深心中仍不準備接受。對於十八界滅後的無生之理——無餘涅槃的不受後有絕對寂靜的道理，他更沒有眞的接受，所以他就沒有初果人的無生忍。至於四果的無生忍，那就更甭說了。

所以「忍」與「接受」在佛法中就是一個同義詞，而忍跟知道之間不能畫上等號；因爲知道的人不一定有忍，有忍的人也不一定完全知道。譬如有的人只要知道一部分就夠他證初果了，他不需要很詳細的具足了知，但是他的我執已經全部斷盡了，也有這樣的阿羅漢，正是周利槃特伽。可是我執心很重的人，即使他知道的二乘菩提無生法，比這種阿羅漢知道的更多，他卻無法生忍，那他就永遠是一個初果向，或者乃至連初果向都不是，只能成爲學術界裡懂得二乘菩提知識的凡夫，所以忍是很重要的。

在菩薩道中也是一樣，能不能忍，是一個大關鍵。所以有很多人研究佛經以後頭頭是道，他的所知幾乎不下於斷我見的初果人，可是他仍然是個凡夫，因爲他對自己的所知無忍。同樣的道理，證得如來藏心之後，現觀智慧到彼岸與一切諸法無二無別，這就是有忍。否則，他終究只是知道，只是知識或學識而已，依舊無法在心中眞實接受；那麼他對於大乘法中的本來無生也就不得忍，不得忍就表示他沒有證果，與菩提果的證果無關。末法時代能在聲聞法中斷我見的人，就已經很不容易了；對於 世尊所說大乘法智慧到彼岸這個極甚深的第一義法中，竟然說第一義諦是與世間法、出世間一切法無二無別，那他們可就更不能忍了。

也許有人在心中生起了一個很大的問號，心裡面想：「那五蘊十八界虛妄，誰會不肯接受呢？你蕭老師講這個話，未免誇大其詞吧？」一定會有人這麼想，但是我要舉例來說，證明我眞的沒有誇大其詞呵！諸位試著觀察台灣佛教界（大陸佛教界的佛法水平比台灣落後十幾年，且不談它，光說台灣就好），你們可以見到的那一些正統佛教中，以及至今仍不願意放棄密宗雙身法的大法師，或是附佛法外道密宗所謂的大法王們，你們都可以去觀察看看：有哪一號人物已經出來公開宣示說「我今天認定意識是虛妄的」？有沒有呢？你們可以找找看啊！到現在依舊找不到這麼一個人。台灣最有名的四大山頭，她們這幾天轟轟烈烈地舉辦比以前更大規模的浴佛法會，聚集了好多信徒們；這件事情，我永遠都會鼓掌叫好說：「這樣子可以多接引一些人進入佛門，也很不錯啊！」我是很隨喜的，可是我今天上座來，講到這個道理，當然就會想起她們；她們今天其實也可以順便公開宣示一下：意識是生滅的。只要這麼一句就好。然而截至今晚，有誰敢出來講呢？一個也沒有。

可見她們讀了我的書，也都知道五蘊我、十八界我全都虛妄，但她們心中不能忍——心中還是不接受，於是無法證得初果。至於方便或不方便講，這是另一個問題。若是不方便在電視上公開講，至少書中可以靜悄悄地寫出來，安靜地流通出去，也可以利益很多信徒啊！但是到今晚爲止，有沒有誰講了或寫了呢？答案是「沒有」。所以你們看，單是十八界裡面的意識界，想要自我否定都這麼困難了；已經知道意識心的虛妄了，心中都還不肯接受而無法生忍，那你說，她們何時能證得初果呢？四阿含諸經中處處宣說意識是二法因緣生，是哪二法呢？是藉根與塵二法爲助緣才能從眞如心中出生意識，這已經證明意識是生滅法，是依他起性而不是自在心；這也是四大部《阿含經》中白紙黑字明載著的，而且幾乎是進入佛門不久的人就知道的法，但她們竟然還要在書中主張說「意識卻是不滅的」。

我寫了這麼多本書，從現量、比量、至教量來證明意識虛妄，各大山頭的大和尚們也都讀過了，至今仍然沒有誰承認意識是虛妄的；那麼你想，他們對意識的虛妄，心中有沒有忍呢？連意識是生滅法這個忍都沒有，想要他們去求證如來藏就更困難了。因爲意識是他們目前唯一可以抓得住的一根稻草，雖然在水面的浮力很小，他們也不得不緊緊抓著；因爲目前就只有那一根稻草可以抓著，再也沒有別的樹枝或樹幹可以抓住了，所以他們全都捨不得放棄那根意識稻草。你想，意識是生滅法，他們連這個粗淺易解的道理都不能忍，而想要忍於「**自己沒有證如來藏就不是開悟的人**」，想當然爾，一定是很困難的，所以忍是很不容易的。

般若波羅蜜譯爲中文就是智慧到彼岸，般若波羅蜜與一切法無二無別，也就是說，智慧到彼岸竟然是與生滅性的一切法無二無別，這眞的使人無法思議而令人很難忍，所以說是甚深極甚深；這個甚深極甚深的道理，其實是因爲智慧到彼岸的解脫功德法就是如來藏，而生滅性的一切法歸屬於如來藏時也等於是如來藏，猶如把手歸屬於身體時就成爲身體了，所以般若波羅蜜與生滅性的一切法就無二無別了。但是這個無二無別的平等法，是唯證乃知的，單是聽聞而思惟理解是很難信受而難以生忍的。甚至於有人證得如來藏之後都還不能忍，才會有退轉的事，譬如《菩薩瓔珞本業經》中說的無量劫前的舍利弗悟後退轉，以及本會中三次退轉的人都是實例。實證以後都還可能無法安忍而退轉，何況那些大山頭的大和尙們全都沒有證得如來藏，連我見都還具足存在，與一般還沒有證得如來藏的學佛人一樣，想要生起大乘本來無生之忍，想要生起**智慧到彼岸與一切法無二無別之忍**，就更難了。

為什麼如此之難呢？因爲眞的很難相信。爲什麼難相信呢？因爲祂叫作平實；祂確實太平凡、太實在了，因此難以使人相信。所以這樣的忍一定要經歷很多世、很多劫，這多世多劫中所聽聞熏習的又都是正確的法義，不是錯誤的法義；並且依著六度波羅蜜多的內涵一一修學，修集了布施、持戒、忍辱等無量福德以後，才終於能夠具足對理體三寶的大信，才能夠精進修學般若波羅蜜多。這樣努力而到未來有一世終於證得如來藏了，現觀自己是由智慧而到達無生死的彼岸，才終於能夠忍。如果沒有經過從布施到忍辱的修學過程，縱使證得如來藏心以後，他還是無法安忍於如來藏的本來無生、本來解脫。終於能夠忍住而不退轉了，那時才能叫作得忍的菩薩。

也許諸位想說：「你別這樣講啦！我假使能找到如來藏，我打死也不退轉啦！我一直想要找到祂，始終都找不到，怎麼可能找到了以後還退轉？」確實有許多人會這麼想，當還沒找到以前都是這麼想的：「誰可能會退轉？好不容易才能找到眞如心如來藏，怎麼可能還退轉？在你蕭老師出來弘法之前，有誰講過如來藏可以證得？當然是非常尊貴難得的法，所以我如果找到了，一定不退轉的。」偏偏是可能讓他悟了，不久他就退轉了，咱們正覺度眾前後二十年的經驗就是這樣子。不但我們的經驗如此，佛陀也早就講過了，無量劫前的淨目天子法才、王子舍利弗等，般若的現觀已經現前了，也就是證得如來藏、證得眞如了，可是由於沒有善知識的攝受，他們就退轉了；退轉後十劫之中無惡不造，流轉三惡道中很久才回來人間繼續流浪生死；一直到遇到 世尊才又得度，這也是聖教裡面所記載的。

所以說，忍是很不容易的，單是初果所斷我見的忍就不容易了；所以找到這個很平凡、很實在的如來藏以後，能夠安忍於祂的眞如性、本來無生性而不退轉，這更難。因爲太難了，所以我們這幾年精進禪三時縱使證得如來藏心了，還得不斷地考，也就是不斷地鍛鍊大家，只要有一關沒考過，就回去繼續深入觀行，等下回禪三時再來考。這樣鍛鍊的目的是想要作什麼呢？是想要達到使大家都不退轉之目的。如果考不過去，回家了以後自己好好再去觀察、思惟、整理；最後終於通透了，那是自己去弄清楚的；既是自己弄清楚了，以後誰要是來恐嚇你、否定你，都沒辦法成功，因爲你是自己觀行究竟了，不是我爲你明講的；當大家都這樣證悟以後觀行而使智慧通透了，未來就不會再有第四批退轉的人。這個不退轉，不是我爲你們保證，是由你們自己寫了保證書來向我保證以後不會退轉，那我弘法時就省事多了，不用再爲退轉的人收拾爛攤子。

因爲當你通過那一些考題時，表示你的鍛鍊過程已經完成了，當你自己都可以講清楚眞如與波羅蜜多的時候，表示你的理路通了。理路通透了以後，誰想要再扭轉你，根本就沒辦法，這就是由你們自己來保證自己不退轉。我想，應該每一個人都會同意由自己來保證自己不退轉，因爲：「別人保證的不一定算數，我怎麼知道你保證的是眞的或假的？如果我自己弄清楚了，我保證自己不退轉，這是鐵定不退轉的。」這樣的品質才是眞正好，所以我們會繼續考驗下去。諸位也應該會繼續接受這樣的鍛鍊，因爲那是由諸位保證自己不退轉，我想總不至於有人希望自己悟了以後會退轉吧？所以我們考得有理，也符合古時眞悟禪師們所說禪門鍛鍊的道理。

這意思是說，要能忍於般若波羅蜜與諸法無二無別，這個忍確實不容易，但是我們要設法讓大家在善法欲很堅強的狀態下，自己去把它思惟觀察通透了；那時不論誰想要你退轉，也眞的很難。咱們這樣作的結果，等於用整個同修會的力量來幫助大家安忍不退。假使有的人本來是應該五劫後、十劫後才可能悟了不退轉的，但我們要想方設法幫大家在這一世悟了就不退轉，這樣才是最好的。

假使有一個狀況出現了：好多的同修今晚來聽經時，看到上週坐在自己前面那個人沒來，聽說他退轉了；下一週呢，左邊這個人也退轉了；再下下週，右邊這個人也退轉了，那你會不會心慌？一定心慌。如果是眼看著一個個離開了禪淨班到增上班去了，或者看到許多人離開進階班而到增上班去了，增上班的同修們越來越多，幾乎要擠不下了。那你看著就說：「這個法一定很勝妙，你看大家都不離開，而且悟後還繼續在進修。」這對自己的感受也是很強烈的。假使今天張三走了，明天李四走了，後天王五走了，大後天趙六也走了，你看著看著說：「怎麼這裡的法運氣勢越來越衰微呢？」心裡也就漸漸沒信心了。可是大家應該探究的是：爲什麼增上班的人越來越多，大家都不肯走呢？一定是法義正確，所親證的法與經教是完全契合、無二無別，所以心中生忍，能忍就不退轉；不退轉的緣故，智慧陸續出生，繼續往上進步，就能修學更深妙的增上慧學。所以說，忍是很重要的，不能忍的人就無法使智慧漸漸增長，因此今天才要特地強調這個忍。

如果這種大乘法的忍具足成就了以後，就可以超越三賢位，就能確確實實入住初地心中。爲什麼說能夠忍於般若波羅蜜與諸法無二無別，就能快速進入初地心？這是有根據的。正因爲忍很困難，所以第二轉法輪時期　世尊要不斷地演說同一個法，可以說是每天耳提面命。《大品般若經》中單單是解說般若波羅蜜與一切法無二、無二分、無別的道理，用了多少篇幅呢？總共用了一百〇二卷的篇幅，從二百八十三卷到三百八十四卷，那篇幅相當大。諸位想一想，如果哪一天我突然覺得度眾生很煩，心想：如果人越來越少最後走光了，我就可以休息了。那我該怎麼樣才能使人快速減少而提早從弘法陣容中退休下來呢？我就拿《大品般若經》來講，把這六百卷經文講上十二年、十九年，期滿時保證只剩下一半的人。爲什麼呢？因爲還沒有悟入的人會覺得我好嘮叨，明明是同一個眞如法，我從東邊講過來，西邊講過來，南邊講過來，北邊講過來，這樣還不夠，還從東南、東北、西南、西北、上下再來講一遍，煩不煩啊？可是　世尊爲什麼要這樣講般若？爲何要從佛道的一切層次來講無量無邊的般若波羅蜜多？就是要把正確的道理具足熏入大家的心裡面去，幫大家快速通達大乘見道位的智慧而在這一世進入初地，完成第一大阿僧祇劫，才需要這樣老婆心切嘮嘮叨叨地講了那麼久。

世俗話不是有這樣的講法嗎：千夫所指無疾而終。有一千個人每天都來指責他，指到最後，他竟然沒病而死掉了。還有一句話說「三人成虎」，有沒有？某甲說：「我今天在某某山看見一隻大蟲。」大蟲就是老虎，某乙也這麼說，某丙也這麼說，大家就都相信了，其實他們三人全都沒見到有老虎。如果有人聽了某甲的話就回說：「笑話！哪有可能現在有老虎？」可是某乙也這麼說，他就有一點信了；後來某丙也這樣子說，喔！他就眞的相信確實有虎了，這是世間一定可以成功的道理。所以只要一直講，講久了，大家就信了。

不信的話，你們看看那個達賴喇嘛，他是多麼殘暴的人，對內對外都是殘暴，可是他滿嘴慈悲、博愛，藉著政治運作而使新聞媒體不斷地報導他的假象，使大家都說他是多麼慈悲、博愛，而他所有的徒眾也都不明就裡而這樣子宣傳；宣傳到後來，他就得到諾貝爾和平獎了。（大眾笑…）所以只要講多了，大家就信了。世尊很瞭解眾生這種心理，所以不斷把眞如的道理從不同的層面一而再、再而三，而且已經不是五而六了，已經講了一百〇二卷之多，都是講同一個道理。所以你們想想看，這樣長期講下來，大家本來不接受的後來也會接受了。但是我不能像 世尊這樣講，因爲我的福德、威德距離 世尊太遠了；世尊再怎麼講，大家都不會走人，因爲見了 世尊就歡喜，可是又很恭敬而不敢放肆，每天就是想要親近祂。我如果也這樣講，講上三天大家都厭了：「他得要講三次，我去聽一次就好了，因爲講的差不多。」就會變成這樣子。這就是說，對於一個可能退轉的人，世尊有祂的福德與威德來攝受，然後從各種不同的層面不斷地宣說這個道理，使人信而不退。

這個道理是說，由於菩薩從最早所修學的聲聞法中迴心過來行菩薩道；修學般若之後親證如來藏了，然後聽聞 世尊從不同的層面加以解說，大家一面聽聞一面現前觀察：是不是眞的如此呢？一面聽聞一面觀察的結果，確定 世尊所說的完全正確，原來實相法界中所函蓋的現象界都是如此，隨著世尊的詳細演述而深入觀察到所有的眞如境界都具足了，就入地了。所以這樣迴心的阿羅漢們，他們明心之後聽聞《般若經》，聽聞 世尊宣講十九年以後就能通達了。這十九年的修學而通達，使他們可以入地，原因是什麼呢？是因爲 世尊從如來藏心的每一個方向、每一個層面，也從佛法不同的層次把大乘見道所應該斷除的極寬廣異生性，藉著說法的過程讓阿羅漢們斷除了。這些阿羅漢們迴心成爲菩薩，然後見道了，本來應該只在第七住位；可是經由世尊這十九年的說法，他們把大乘見道所應斷的非常廣泛的異生性全部斷除了，所以就有資格入地了。

因此說，大乘見道的無生忍是很難忍的；所以如果有人會退轉，我都覺得是正常的。如果眞正深妙的正法悟了以後一個也不退轉，特別是像以往我們手頭那麼寬鬆的狀態下才能開悟的人，說大家都不會退轉，我是不相信的。這是因爲以前我被人誤導以後，我放棄了從聖嚴法師那裡學來的錯誤知見，還能自己在半小時內就參出來，我覺得很容易：「那沒什麼啊！」因爲我這一世的師父教給我的都是錯誤的知見：實證的方法全都錯誤，所教導的學禪知見也都錯誤，所有理論和實證的方向全都錯誤。

老實說，聖嚴法師根本就沒有一個內涵來解說什麼叫作開悟，惟覺法師至少還說有個眞如、佛性，說要開悟明心啊！我這一世的師父聖嚴法師，從來沒有講什麼正確的明心與見性，他只說：「你要放下，要放下一切老實打坐啊！坐到虛空粉碎時，大地落沈就是開悟啦！」不然就學鈴木大拙講的：

「坐到一念不生時，心花朵朵開，就是見性了。」後來他離開了這種想法以後，又改了說法：「放下一切煩惱就是開悟。」又落入我所煩惱的斷除上，連我見都斷不了。老實講，他所謂的禪宗開悟並沒有一個中心的主旨，一直換來換去。

後來我想，這樣子根本就沒有辦法弄清楚禪宗的實證是什麼，因爲後來我已經知道：我會看話頭的功夫，他還不會；那我不如自己來，因爲他的參禪功夫還沒有建立起來。所以到了第十九天的下午，大約三點鐘，那時想到這個情況，就把他教導的所謂禪法全部丟了，自己來。我就從「明心見性」四個字下手，然後整理一會兒就通透了，佛性也就被我看見了，就這麼簡單，也沒什麼困難。所以我出來弘法時，覺得這個明心與見性也都沒什麼難，爲什麼要刁難人家，讓人家那麼難悟？眞的沒道理嘛！我當時的想法就是這麼簡單。可是後來看到有好多人會退轉、不信受，不能理解他們爲什麼還要退回去離念靈知意識境界呢？我覺得好生奇怪！眞的覺得好奇怪：意識境界是常見外道的境界，而第八識如來藏心是不墮斷常二見的眞如境界，實證以後就能知道這是很明顯的道理，誰都沒有辦法把祂壞掉，祂也永遠都是眞如性，為什麼他們竟然不相信？

例如二〇〇三年退轉的楊先生那一批人，他們離開時所謂的證眞如，不管是什麼初地眞如、佛地眞如或者因地眞如，不管他們說的是什麼眞如，那都只是意識心，只要後腦勺被人打一棒就中斷了，那不是生滅法嗎？為什麼他們會接受呢？又為什麼會誤認為是常住不滅的佛地眞如呢？又說阿賴耶識是被眞如所生的，我覺得很奇怪：眞如是阿賴耶識的識性，外於阿賴耶識怎麼還能有眞如？而且還反過來出生阿賴耶識？那時候我眞的很納悶。不過後來終於想通了，為什麼呢？因為凡夫眾生都喜歡五蘊自我，他們不幸地正是凡夫眾生那一類。

眾生最愛的就是五蘊自己，所有的凡夫眾生都這樣。我告訴諸位說，你們可不要被孩子騙了；孩子有時候說：「媽媽！我最愛妳啦！」其實他愛妳，是因為愛他自己，不是眞的愛妳。愛媽媽是因為媽媽可以保護他，供給他所有需要，是這樣才愛媽媽的。如果妳們所有的媽媽每天給他所需要的，但是不給好臉色，我告訴妳，他也不會愛妳。雖然妳供應他的所需，他照樣不會愛妳，因為他想：「媽媽討厭我，不給我好臉色看。」所以他愛不愛妳，都是因爲妳對他如何。凡夫眾生既然都愛自己，你叫他把自己滅掉，否定自己，何其難哉！所以我就想通了：因爲眾生都愛「我」，都不喜歡「無我性」的如來藏阿賴耶識。但我們教的是無我法，無我性的如來藏也不會顯得很喜歡他們，所以他們就不喜歡如來藏，因爲他們覺得如來藏阿賴耶識太平淡了，從來沒有表示過「好愛、好愛」他們的意思。他們想：「**這阿賴耶識，即使我不要祂，祂也會跟著我；那我何必珍惜祂？**」所以他們喜歡的是什麼呢？是有境界、有相的有爲法。

那你想，這如來藏阿賴耶識這個眞如法，想要他們能夠接受，並且在他們接受以後還要把大乘見道所應斷的廣大異生性全部斷盡，那眞是很困難的事；因爲大乘見道所應斷的異生性很深很廣，不像二乘見道。二乘見道所應斷的異生性很簡單，就是對於三界我常住不壞的邪見要斷除，他可以安忍而不否定三界我緣起性空的正法就行了，緊跟著疑見與戒禁取見也就斷了，而那個正法的範圍很狹窄，不深不廣。可是大乘見道的內涵卻有眞見道與相見道二個見道，相見道位要從三賢位中的第七住位滿心進修，經過十行位、十迴向位，到達第十迴向位的最後圓滿，這是第一大阿僧祇劫的三十分之二十三，那是多久的時間？大家算算看啊！但二乘見道的異生性，遲鈍的人也是幾天就可以斷除而解決了；可是大乘見道應斷的異生性，得要一大阿僧祇劫的三十分之二十三那麼久。不要說一大阿僧祇劫，只說一大劫就好了，這就夠久了吧？但也還是不夠長遠，離一大阿僧祇劫的三十分之二十三的距離，還遠著呢！所以，世尊想要讓那一些往世修學大乘佛法，今世初學聲聞菩提而證果，然後迴心大乘的阿羅漢們進入初地，當然要不斷地耳提面命，從各種不同的面向與層次去說明、去解釋，讓阿羅漢們跟著世尊的所說，一步一步把那些很寬廣的異生性全部砍斷，才終於能夠入地。

但這是有佛陀親自攝受，也是因爲他們無量劫前就一直行菩薩道，到這一世才算緣熟。那你們想，密宗或者現在某些網站上，有一些人自稱說他們得到蕭平實印證了，又說他們已經是八地、九地的證量了。我心裡面好笑說：「我都還沒有八地、九地的證量，倒也能印證徒弟證得第八地、第九地了，好厲害呵！」可是你們仔細觀察那一些自稱什麼初地、三地、五地、八地的菩薩們，可都是我見具在，而他們的慧眼也都還沒有發起，法眼就別提了；連那些外道們有沒有斷我見、有沒有明心，他們都還無法判斷，都還繼續歸依在那一些沒有斷我見、沒有明心的外道座下，竟然敢說自己是幾地的菩薩了。像那一種地的施設，應該是往下施設而不是往上，是往下埋一公尺叫作初地，再往下埋到土裡二公尺就叫作二地，他們證得的地數越多就埋得越深、爛得越快、墮得越深。哪有那樣住在常見境界裡，而且都還沒有發起慧眼的地上菩薩呢？連人家有沒有斷我見，他們都看不清楚。比如說他們繼續歸依耶和華或是一貫「盜」的老母娘，自稱說：「我開悟了，我是三地菩薩了。」卻還繼續歸依在上帝耶和華、老母娘麾下，那麼耶和華等神祇應該就全部是法王而成佛了？問題是，耶和華等天神都還沒有斷我見呢！但他們爲什麼弄不清楚，還在宣稱老母娘也有悟得般若，就繼續歸依老母娘。那你由此就知道，他們所謂的三地、八地，根本就是埋到地裡面的那個「地」，不是諸地菩薩心的那個「地」。

所以說，很難安忍，就是大乘無生忍的特性；因爲大乘無生忍是函蓋很多的法，而說一切諸法不生不滅。在二乘菩提中說一切法緣生緣滅，來到大乘裡面悟了以後卻說一切諸法不生不滅，爲什麼呢？因爲一切諸法全都歸屬於如來藏，而如來藏不生不滅，依附於如來藏的一切諸法當然也就不生不滅了。可是這樣的法多麼難忍呢？這當然就要函蓋一切諸法來說了，所以世尊要把一切諸法的一一法都加以解釋，讓迴小向大的阿羅漢們可以隨著所聞的般若而作現觀；現觀一個部分完成，那個部分相應的大乘見道應斷的異生性就消失了。就這樣一個部分又一個部分，來幫助阿羅漢弟子們逐漸斷除大乘見道應斷的寬廣異生性。

我說釋迦老子眞的不厭煩，阿羅漢們也都能懂得釋迦佛的老婆心切。就這樣子，那一千二百五十位大阿羅漢們，除了不迴心的幾十位聲聞阿羅漢們以外，你若是想要找到一兩個人沒有入地，還眞的是難；他們座下的更多阿羅漢弟子們，能夠入地的人可就很少、很少了。至於不迴心的定性聲聞阿羅漢們，那就不必提了；別說入地，他們連大乘別教七住位都進不了的。所以如果你願意儘快把大乘見道所應斷的異生性斷除，好好去讀《大品般若經》，也是不錯的選擇。總共有多少卷呢？六百卷。不多也不少，剛剛好夠你入地；那麼剩下應該補足的是什麼呢？剩下的就是入地之前應斷的永伏性障如阿羅漢，也就是解脫道的具足親證，以及入地時所應具備的大福德；當這二個部分都足夠了，把《大品般若經》用三年的時間，在悟後好好思惟、好好整理，接著只要發個十無盡願就可以入地了。所以入地的難處就是這個忍最難，而有了忍以後最難的地方，則是那個忍不夠深入、不夠廣闊。如果這些都具備了，不得地上的無生法忍也難。

接著再來說，證得如來藏而能忍，所以發起般若實相智慧以後，也去修斷大乘見道所應斷的極寬廣異生性，把這些部分都作完了，入地了，接著該作的就是如何在修伏或者修斷三界愛的習氣種子上去用心。為什麼要這樣作呢？因為，由於能夠這樣作的緣故，就能使心中煩惱妄想自然而然減少，就能專心在無生法忍上面進一步作現觀，才能夠完成猶如鏡像與猶如光影的現觀。若是不斷煩惱，心中的煩惱一大堆，一天到晚在攀緣，心中想的一大堆事情全都是世俗法，卻想要地地增上，那叫作打妄想。如果能夠確實作到的話，滿足二地心了，什麼時候要斷除三界愛的習氣種子，什麼時候要斷除哪一些種子，都可以由自己來決定。

那你這時就得衡量一下，你將來成佛時需要哪一些人來幫忙攝受眾生，眼下有哪一些人可以跟著你將來成佛？這時你就得先衡量一下，不要讓他們跟你的距離越來越遠；你得要繼續往上進修而保持距離，這當然是要的，但是也不要跟弟子眾等拉得太遠。保持差距爲什麼需要呢？因爲這裡是五濁惡世，如果距離太近，弟子們就覺得說：「你還不是跟我一樣每天要吃三餐，冷了也要穿衣服。」他們就覺得你不稀奇，所以在證量上拉開距離是必要的。譬如說你已經在弘法了，你要讓追隨者覺得說：「我跟老師之間還是差那麼遠。」可是也別太遠，太遠了他們就灰心：「唉呀！我們永遠跟不上，那我再跟他學習是想幹嘛呢？」當大家都離開了，他們的道業不能繼續進步了，那你將來成佛時就是一個人成佛。

因爲佛道本來就是這樣，所以你要有能力可以控制自己：我什麼時候可以斷哪一些習氣種子，我自己有把握。也很明白知道：我的哪一些習氣種子現在先別斷除，暫時先留著，因爲要跟眾生保持著某一些緣分。所以在法上繼續上進而與眾生保持一定差距，是一定要的，否則你就沒有更深妙的法可以持續利益弟子四眾；但也不該永遠停留而使道業沒有進展，所以到了二地滿心時，你可以自己來決定了，就得自己決定斷除習氣種子的速度，不要與常隨大眾距離太遙遠，但也不可以都沒有差距。

如果度眾生的事情可以告一段落了，那也無妨，就把弘法大業全都移交給常隨大眾，專心修自己的四禪八定、四無量心、五神通，來完成猶如谷響的現觀而滿足三地心。若是像這樣退休下來也可以啊！如果這些門生跟你的距離還很遙遠，那你可別當自了漢，別只顧著自己的道業，得要趕快把他們多拉幾把，將來可以承接整個法務，免得他們瞧著說：「喔！現在距離師父都這麼遠了，再怎麼努力也是追不上的，我不要再辛苦追上去了。」那你將來只能自己成佛，八相成道的事情可就麻煩了。

這就是說，到了某一個階段，你應該要去修四禪八定了；然後你有了猶如谷響的現觀，又可以度更多的人。那時白天在這裡說法，晚上大家睡覺了，你往禪床上一坐就入定了，跑到別的世界再去度一些人；因為你將來成佛的時候，總不可能只在這個地球上成佛，三千大千世界中有很多地球，那些眾生你也得安排。要成佛是很辛苦的，千萬不要覺得成佛好輕鬆。每一個行星上有多少人得度的因緣成熟了，你都要照顧到；然後就排定順序，這個星球的有緣人度完了，把你身邊的妙覺、等覺菩薩及諸地菩薩拉著又到別的星球去示現八相成道。都是去演戲，不斷地上演很多場八相成道的戲，所以文殊等大菩薩不會永遠受生在地球這裡，他們跟著 世尊到處去，要不斷地追隨世尊趕場，哪裡的眾生得度的緣熟了就得要去。

可是大家在成佛之前要不要安排這些因緣呢？要喔！所以在這個時節，你要先了知這一點；了知了這一點以後，你就知道說：我接著進修道業時，應該要如何發起我的更深妙智慧，還要如何利益眾生，要如何藉著利益眾生來增廣自己更廣大的福德，再藉這個更大的福德來加深一切種智的修證。在這樣的過程裡面，菩薩的般若波羅蜜多越來越深妙、越來越廣大，使得有情眾生不能想像而無法思議；這樣深妙廣大的智慧到彼岸，終於可以「究竟無所得空」，圓滿了一切種智，這時四智圓明便成就了佛果。在這個成就佛果的過程裡面，是必須要同時廣修無量福德，廣利無量眾生，當然更要奉事無量諸佛，這樣才能夠圓滿無量的福德，否則是無法成就福慧二足尊的。

但是，這樣的大乘無生法忍是這麼難修，又這麼廣大而深奧，要從哪裡開始修起呢？要從「受持、讀誦、正念、思惟」開始，就是要「受持、讀誦、正念、思惟」實相般若，到底說的是哪一部經？（有人答：…）大聲一點！沒聽見。（大眾答：《實相般若波羅蜜經》。）對嘛！就是這一部經。你看，禪宗祖師們每天都不講經說法，可是徒弟上來質問師父為何不說法的時候，他卻大聲責罵徒弟說：「你每天上來問我要作什麼事？我也每天都爲你說明，每天不都是在爲你講經說法嗎？爲什麼說我沒爲你講法？」原來禪師所謂的講經說法，就是指示說：竹園該培土了，明天菜園該鋤草了。原來禪師講經說法是這樣講的，然而爲什麼他們都是這樣講經說法的呢？因爲他們不間斷地在運轉《實相經》；所以成佛的開始就從這裡把《實相般若波羅蜜經》好好地「受持、讀誦、正念」而且還要「思惟」祂。這一些作到了，接著就有能力書寫，廣令流布。書寫就是把祂作了註解——前提是正確的註解，然後爲人演說，廣令流布。這樣，福德的聚集可就無量無邊了。爲何這麼說呢？當然也有根據，請看《大般若波羅蜜多經》卷一百三十：

【「憍尸迦！由此當知：若善男子、善女人等，書寫如是甚深般若波羅蜜多施他讀誦，若轉書寫廣令流布，所獲福聚勝前福聚無量無邊。何以故？如是般若波羅蜜多祕密藏中，廣說一切世、出世間勝善法故。由此般若波羅蜜多祕密藏中所說法故，世間便有剎帝利大族、婆羅門大族、長者大族、居士大族施設可得；由此般若波羅蜜多祕密藏中所說法故，世間便有四大王眾天、三十三天、夜摩天、睹史多天、樂變化天、他化自在天施設可得；由此般若波羅蜜多祕密藏中所說法故，世間便有梵眾天、梵輔天、梵會天、大梵天施設可得；由此般若波羅蜜多祕密藏中所說法故，世間便有光天、少光天、無量光天、極光淨天施設可得；由此般若波羅蜜多祕密藏中所說法故，世間便有淨天、少淨天、無量淨天、遍淨天施設可得；由此般若波羅蜜多祕密藏中所說法故，世間便有廣天、少廣天、無量廣天、廣果天施設可得；由此般若波羅蜜多祕密藏中所說法故，世間便有無繁天、無熱天、善現天、善見天、色究竟天施設可得；由此般若波羅蜜多祕密藏中所說法故，世間便有空無邊處天、識無邊處天、無所有處天、非想非非想處天施設可得；由此般若波羅蜜多祕密藏中所說法故，世間便有布施波羅蜜多、淨戒波羅蜜多、安忍波羅蜜多、精進波羅蜜多、靜慮波羅蜜多、般若波羅蜜多施設可得；由此般若波羅蜜多祕密藏中所說法故，世間便有內空、外空、內外空、空空、大空、勝義空、有爲空、無爲空、畢竟空、無際空、散空、無變異空、本性空、自相空、共相空、一切法空、不可得空、無性空、自性空、無性自性空施設可得；由此般若波羅蜜多祕密藏中所說法故，世間便有眞如法界法性不虛妄性、不變異性、平等性、離生性法定法住實際虛空界不思議界施設可得；由此般若波羅蜜多祕密藏中所說法故，世間便有苦聖諦、集聖諦、滅聖諦、道聖諦施設可得；由此般若波羅蜜多祕密藏中所說法故，世間便有四靜慮、四無量、四無色定施設可得；由此般若波羅蜜多祕密藏中所說法故，世間便有八解脫、八勝處、九次第定、十遍處施設可得；由此般若波羅蜜多祕密藏中所說法故，世間便有四念住、四正斷、四神足、五根、五力、七等覺支、八聖道支施設可得；由此般若波羅蜜多祕密藏中所說法故，世間便有空解脫門、無相解脫門、無願解脫門施設可得；由此般若波羅蜜多祕密藏中所說法故，世間便有五眼、六神通施設可得；由此般若波羅蜜多祕密藏中所說法故，世間便有佛十力、四無所畏、四無礙解、大慈大悲大喜大捨、十八佛不共法施設可得；由此般若波羅蜜多祕密藏中所說法故，世間便有無忘失法恒住捨性施設可得；由此般若波羅蜜多祕密藏中所說法故，世間便有一切智、道相智、一切相智施設可得；由此般若波羅蜜多祕密藏中所說法故，世間便有一切陀羅尼門、一切三摩地門施設可得；由此般若波羅蜜多祕密藏中所說法故，世間便有預流、一來、不還、阿羅漢，及預流、向預流果，一來、向一來果，不還、向不還果，阿羅漢、向阿羅漢果施設可得；由此般若波羅蜜多祕密藏中所說法故，世間便有獨覺及獨覺菩提施設可得；由此般若波羅蜜多祕密藏中所說法故，世間便有一切菩薩摩訶薩及諸菩薩摩訶薩行施設可得；由此般若波羅蜜多祕密藏中所說法故，世間便有一切如來應正等覺及諸佛無上正等菩提施設可得。」】

請問諸位：耳朵有沒有長繭了？不可以說長繭了呵！因爲我唸完這麼長的經文，都沒有說喉嚨長繭了，諸位只是聽聞而已。我這還只是用唸的，如果是用講解的，時間可能要加上幾倍。如果要一句一句再來講解呢，又想要讓所有人都聽懂，這可得講到明年去了。在這段經文裡面主要意思，都是在說般若波羅蜜多的祕密藏，爲什麼要講祕密藏呢？表示不是字面上所講的意思。那麼智慧到彼岸的祕密藏所說的法是什麼？（有人答：如來藏。）大聲一點！（大眾答：如來藏。）勇敢一點嘛！你們已經知道了，這個祕密藏才是最重要的。由於智慧到彼岸的祕密藏中演述一切諸法的法性，世間法、出世間法、世出世間法，世尊又說，這一切諸法全都在這個智慧到彼岸的祕密藏所說的法中，也就是在如來藏中；所以《大般若波羅蜜多經》這一段經文中說般若波羅蜜多祕密藏所說的法，就是如來藏心的眞如法性。

如來藏有眞如法性，這個眞如法性就是般若波羅蜜多祕密藏中所說的法；但如來藏究竟是哪一個心呢？就是阿賴耶識，又名異熟識，在佛地稱爲無垢識。既然由這個般若波羅蜜多的祕密藏中，能夠有一切世出世間法，那麼要進入佛道之中正式修行，首要之務當然就是先證得這個祕密藏所說法——眞如心。假使能夠證得這個祕密藏，你可以依照《大品般若經》所說的每一段經文去觀察：這祕密藏裡面是否眞的有四聖諦、八正道、十二因緣、般若波羅蜜多，乃至聲聞果、緣覺果、佛果？你將會發覺完全正確，一切世間染汙之法，也還是在這個般若波羅蜜多祕密藏裡面。正因爲這樣，所以能讓我們藉般若波羅蜜多來修集廣大福德，而且這個廣大福德可以迅速成就。

正因爲有情眾生的這個祕密藏裡面有許多的不淨與染汙，所以我們在娑婆世界八關齋戒清淨修行一天，勝過在極樂世界行善一百年。所以不要小看自己，不要一天到晚抱怨說：「我要往生去極樂世界，這裡這麼髒，我才不要留下來。」我告訴你，正因爲眾生心地髒，所以你才容易修行，你所修的功德才大。當眾生很貪的時候，你只要布施一塊錢，這個功德比你去極樂世界布施一百萬美元，功德還要大；爲什麼呢？這道理很簡單，你到了極樂世界去，你說：「我這一百萬美元布施給某某菩薩。」他們都不接受，沒有一個人會跟你收，那裡根本不必用錢，所需之物自然具足。可是你今天布施給一個小孩子一塊錢，他明天見了你：「一塊錢！一塊錢！」會再跟你要，你又有機會布施了。你去到極樂世界只有一個布施的機會：早上向 阿彌陀佛要了很多的大寶蓮華，用衣襟盛著到十方世界去供養諸佛。供養了以後，大部分的福德還是阿彌陀佛的，因爲你的華全都是祂的。

就是這樣啊！我這是說眞話，有好多淨土宗的人聽了可能會不高興：「這蕭平實壞我淨土法門！」然而我說的是眞話，我沒有說謊，因爲十方諸佛法界中的因果本來如此，淨土經中也是這麼說的，只是沒有明講而已。所以在這裡你救人的功德，也遠比去極樂世界救人大，因爲極樂世界沒有人可以讓你救；可是你在這裡，每天都有人等著你救。那你留在污穢的娑婆世界，到底是應該高興，還是應該悲哀？這個眞的不太好說。因爲你如果說：「我很高興，在這裡有機會可以救人，因爲被害的人太多了。」那你是幸災樂禍嗎？不然你高興什麼？高興自己可以得利：「別人被害得越多，我修福的機會越多。」喔！居心叵測嘛！所以這個話不太好說，可不能說高興。

雖然不能說自己心裡高興，卻要把握，要好好把握它，所以那些口袋書若有機會就到處去發送。所以我在建議明年浴佛節，如果他們慈濟、佛光山在辦那種大型的浴佛法會，我們就去發有關密宗的書摘；若是有評論到他們的，譬如《入不二門》一類的書，就不要發；又如《眞假外道》也不要發，只發評論密宗的書摘就好；因爲人家浴佛辦法會，我們應該要隨喜贊同。他們的浴佛法會中，有很多人其實暗地裡在學密宗；他們也會廣告招徠很多世俗人參加浴佛而結個法緣，他們去廣告拉人，我們就順便結緣，何樂不爲？這就是在娑婆世界的好處。但你悟後，從這裡可以看得見，正因爲眾生這個祕密藏裡面有太多太多法，所以我們在五濁惡世反而容易成就道業，機會太多了。既然如此，我們就應該趕快去求證這個祕密藏，把這個祕密藏眞如心趕快找出來。參禪找出來了，從此以後菩薩道上的步伐可就輕快了。可是你走得輕鬆，其他人卻會覺得你與他們之間的距離越來越遠了，於是抱怨說：「你腳步不要走那麼快，否則我們什麼時候才能跟得上你？」你卻反而怪他們說：「我已經走得夠慢了，你們爲什麼還追不上來？」其實他們不是不想追上來，而是因爲你悟後前進每一步的距離，自己覺得沒什麼，對他們而言卻是不可思議的長距離。

所以，想要成就佛道的第一步就是求證眞如心如來藏，如來藏的眞如法性就是般若波羅蜜多祕藏所說的究竟法，證得這個金剛心如來藏才是學佛時最重要的事。不論是學聲聞菩提、緣覺菩提或者佛菩提，見道永遠都是第一要務。可是在大乘菩提中的見道只有一個標的；你可以有許多的方法去證悟祂，法門眞的太多了，但是實證佛菩提的標的只有一種，就是般若祕密藏眞如心。

八萬四千法門的修學而後實證，速度有快也有慢。老實說，我若是見了誰，覺得他證悟的因緣還早著，而且往世他也跟我結過惡緣，我對他沒有歡喜心；但他來要求我幫他開悟，我既是菩薩，不能不幫；那我會怎麼幫他呢？我說：「你好好誦《心經》，誦完一百萬遍，你就開悟了。」如果以前是學密的人回來了，我問他說：「你以前都誦什麼陀羅尼？」他說：「我就誦某某陀羅尼啊！」我說：「你就好好繼續誦這個陀羅尼，繼續再誦二百萬遍，一定會悟。」眞的可以悟入，只是難悟而已，那也是開悟實相般若的法門之一。

外道法中沒有開悟的法門，但所有外道法來到我這裡時全都可以用來幫人開悟。所以如果哪一天，他反悔說：「我以前學習密宗的所有咒輪，現都不要了，我再也不要持咒了。」我就隨喜說：「不然，我另外給你一個咒。」這個咒，諸佛可沒有講過。什麼咒呢？很簡單，這沒有幾個字：「我想要開悟。」這樣幾個字？才五個字，「你一直唸下去，唸上五千萬遍，你也可以開悟了。」問題是什麼？難悟。每一個法門都可以悟，但就是有難易之別。如果這個人根基很好，是上上之根而且菩薩性具足，讓我太欽佩了，我照樣可以教他唸這個咒；當他實證般若的因緣成熟時，我教他只要唸一句就夠了，這一句只要唸一遍就夠了，他也可以開悟。

這意思是在說什麼呢？就是說，要看他的菩薩性夠不夠？菩薩性非常的尊貴，我最看重的就是菩薩性具足的人。爲什麼看重呢？因爲他是稀有動物，在末法時代的人間已經所剩無幾。我們要作的就是把世間所剩無幾的這一些稀有動物，都募集到正覺同修會裡來。這一些人到了正法中來，將來能爲正法所用，正法的未來就一片坦途，正法就可以廣利人天了。但是當這些種性很尊貴的菩薩們都來了，我們要作的是什麼呢？就是幫他們證悟般若波羅蜜多祕密藏所說的眞如心。把這個祕密藏證悟了以後，不再退回意識層次去了，他就成爲實義菩薩——眞實義的菩薩。可是想要成爲眞實義的菩薩，入道之門有多端，所證標的唯一心，就是這個眞如心如來藏；這就是般若波羅蜜多祕密藏中所說的勝妙法，除此以外別無他心。既然談到要證悟眞如心如來藏，也說證得這個祕密藏所說法，才是學佛時最重要的事，當然就要從宗門來講講看，看宗門裡面是怎麼開示的，大家也許就有機會悟入了。這回要請 圓悟佛果禪師來開示。這是他的語錄卷四裡的記載，《圓悟佛果禪師語錄》卷四：

【結夏請上堂，云：「豁開户牖當軒者，誰無面目可見？遍界不藏，無形相可睹，全機獨用；以無面目而諸相歷然，以無形相而十身具足。解脫門廣啓，選佛場宏開，作不可思議功勳，成無量殊勝奇特。直得『一爲無量、無量爲一，小中現大、大中現小，坐微塵裏轉大法輪』，獨未是衲僧本分事。於中若得桶底子脫、五色線斷，目前無法、心外無機，則圓融一切無有所爲，成就諸法全體顯現。且正當恁麼時，不落功勳一句作麼生道？三尺龍泉光照膽，萬人叢裏奪高標。」】

有一天結夏，也就是開始夏天安居時，大眾請 佛果圓悟上堂開示，這克勤圓悟禪師上來就開示說：「把門户整個打開來，這時候裡面有一個在自己高軒中獨坐的眞我，誰沒有這個本來面目可見呢？而祂遍諸法界不曾隱藏，可是卻沒有絲毫形相可以使人看見，祂卻是全機獨用。」在全部的機緣之中全都是祂在運爲；「祂以沒有面目的姿態出現，然而卻是各種法相歷然可見；祂又以沒有形色的法相而可以十身具足。」也就是十號具足，十號懂嗎？諸佛世尊都有十號。喔！懂了！「解脱門廣大地開啓了，選佛場也是非常弘大地開展著，就這樣子造作了不可思議的功勳，成就了無量殊勝與奇特的法事。即使是到達了『一爲無量、無量爲一』的境界，即使能夠『小中現大、大中現小』，就算是能夠『坐微塵裏轉大法輪』，也都還不算是叢林中出家人的本分事。在這件事裡面，如果能夠把烏漆桶的桶底子打脱了，把繫縛著自己的五色線給掙斷了，到這個時節，眼前看不見有一法可得；在這個自心如來藏之外，也沒有任何機緣可說；這個時節就把一切法都圓融了，也就無有所爲了；正當這時便成就諸法了，在所成就的諸法之中，這個本來面目也就全體顯現了。可是說了這麼多，正當這個時節，不談論祂的功德力用而可以直接一句把祂說了出來，究竟這一句是該怎麼說的呢：那三尺長的龍泉寶劍寒光閃耀而嚇著眾人的膽子，卻在無數人之中不必爭先恐後就奪得最高標。」

請問：他把實相心如來藏講了沒有？他把如來藏指示出來了沒有？啊？有人點頭了，有人搖頭，有的人呢，是面面相覷。老實講，對一般學佛人而言，這 克勤老子也是個吝嗇鬼，說了還等於沒說；可是你若說他沒說出來，他卻又講了，只因爲他手頭很儉。他當禪師是一世快活，大大小小弘法雜務都交給首座去幹，他就只是陪來訪的高官貴人說話，都沒別的事，這就是他的大福德。哪一天你們出來弘法，到某一個星球去當法主的時候，座下如果有個好首座，大大小小弘法事務都幫你擔了，連說法的事也幫你作了，那最好，你每天就等著坐在那邊看他唱唱說說，你只要偶爾陪高官貴人說話，也就沒事了，結果度了徒眾還歸你。這時，你只要晚間上堂講幾分鐘的宗門禪，白天只要接待大官聊點兒玄妙禪就行了，這就是你的大福報。

然而想要有這樣的徒弟，也眞的不容易，那福報要很大，他就是有這個福報。我對禪三道場那一尊 克勤大師的像一直不滿意，不只是像不像的問題，還有就是那個手勢，奇怪怎麼雕得像我的手；我的手上看得見血脈，這叫作勞碌命；他可沒有，他的筋脈都不外露，是有福之人；所以你看他說法時都是這麼說的，他的手頭儉。但也因爲手頭儉，他就沒什麼家業，因爲不想度很多徒弟。如果度了哪個徒弟，那個徒弟又把他的家業弄大，那個業就讓徒弟自己去挑，他就是一生輕鬆無事；假使有哪個達官貴人來了，他奉陪喝茶、聊一聊佛法就沒事了。可是諸位別羨慕他，因爲如果想要學他，那不只是二把刷子就行，得要有很多把，因爲他的智慧太厲害、太勝妙了。所以他能夠這樣，絕對不是沒有因由。

但是回頭再來看，他說了這麼多，一一把如來藏的體性給說了：「豁開户牖當軒者，誰無面目可見？」眞的是當面捧出。可是他捧出在何處呢？那就要靠一句他老人家講的話來理解了，他常常說：「懂得聞法的人，照子要夠亮。」江湖話說照子要夠亮，就是眼睛要夠亮。他有一句話很有名，叫作「如擊石火、似閃電光」；意思是說，他給你的機鋒很快速也很平淡，往往一剎那間就過去了；你要是眼睛不夠亮，才不過眨眼的短短一會兒，機鋒已經過去了，你就看不見了。他說得很清楚，可是都在說如來藏的自性：「遍界不藏，無形相可睹，全機獨用。」他也眞的講得夠白了，怕的是大眾聽了以後誤會他的意思；因爲他講話偏中有正、正中有偏，所以想要會得他的玄旨，還眞的難。

可是他講了這麼多，看來都在講如來藏的心性，卻沒有點出來說：「我告訴你啦！如來藏就是這一個啦！」他也沒有敘述說：「你身中那一個心就是如來藏。」都沒有講。因爲他想要度的是上上根人，所以講得隱晦了。其實他在這一些囉囉嗦嗦的語句裡面，已經不斷地塞給你了；你可別信他說的什麼「擊石火、閃電光」，那只是個障眼法，其實他從另一方面已經分分秒秒都塞給你了，他的機鋒其實一直都沒有過去。擊石火、閃電光，譬如說那二顆石頭拿來這麼一撞，就有火花出現了，可那火花一出現就不見了；電光也是一樣，眞的很快就沒了。意思是說：「我給你的機鋒是很快就過去了，你可要小心看著呵！」其實你別上當，因爲他的機鋒一直都分明存在。

那麼到底他的機鋒在哪裡？如果像現代的大法師們那樣知見，一定會這麼說：「我知道了，他的機鋒就是最後這二句啦！什麼意思呢？三尺龍泉，表示那個寶劍眞的是太亮了，光明萬丈，要叫我們看不見都難啦！萬人叢裡奪高標，就是說你一定要智慧很高，譬喻跑步很快，所以很快就可以奪得高標了。」你聽了大師們這樣的開示，應該要給他們評語，不必多，兩個字就好：「廢話！」一整座的金山捧出來給他，大師們都不想要；當那一整座金山捧出來的時候，上面附著了幾顆黃銅掉到地上了，他們卻把地上那幾顆黃銅撿起來，說這才是寶。現代大法師們都是這樣子，可是他們撿了克勤佛果這兩句來時，我且不說它是不是黃銅，就算眞的是黃銅，哪一天有什麼機會遇到了，我一把將他們手裡底黃銅奪了過來，反手再送還給他們，可又變成黃金了。怪不怪？得要有這樣的手段，才能當得起禪師；否則都不要教禪、說禪、寫禪，也都不要爲人家講禪；因爲若沒有這個手腕，度不了弟子們開悟的。

不管什麼人，他手裡黃銅拿到你這裡來，你搶過來再反手給他就變成黃金了，當禪師的人一定要有這個手段。請問，當大師們解釋了一大堆，你給他們的評論是說：「廢話！」他們一定受不了，一定要反問你：「那不然，你怎麼說？」你說：「這個意思太簡單了，你再問一遍，我就告訴你。」等他開始問：「如何是『三尺龍泉光照膽』？」你就回答他們說：「三尺龍泉光照膽。」他們質問說：「那你還不是跟我們一樣。」你就說句台灣的俏皮話：「同款擱無同師傅。（台語）」對啊！表面上看來是一樣，好像是同一種貨色，其實不是同一個廠牌製造的，品質也就不一樣。

大師們也許就說：「那這一句我不再問了，我問下一句，如何是『萬人叢裏奪高標』？」這一回，你看他們這麼笨，看來是沒什麼開悟的因緣，但也不能沒有爲他們之處，所以你就輕描淡寫告訴他：「高標。」（大眾笑…）對啊！你看，有家裡人就是這麼好，因爲我聽著你們的笑聲，都覺得知音滿講堂。如果沒有家裡人，聽我這麼說時，一定不會有回應；就表示說現場沒有我的知音，所以我講得再好，座下還是一片冷淡。爲什麼覺得冷淡呢？因爲大家都沒有回應，是因爲大家不知道我在講什麼。話說回頭，像這樣子，到底我講出了如來藏沒有？喔！你看，好多人點頭了，還不是一個、兩個人點頭呢，這表示說，我是講如實語的人。

可是克勤大師這一段話講完了，大眾好像還是會不得，那該怎麼辦？就只好請世尊再來當面開示吧：「金剛手！若有人得聞此無量無邊際究竟盡實相般若波羅蜜法門，受持、讀誦、正念、思惟，此人所有一切障累，皆得消滅、究竟無餘；疾至菩提，獲於如來金剛之身而得自在。」這樣子，世尊有沒有指出如來藏的所在？你可別跟我說沒有喔！釋迦老爸這回可眞是既老婆又親切喔！你看這回可是講了一堆喔！這可不是擊石火、閃電光了。可是，不經過禪三鍛鍊就如同不經烈火再三鍛鍊一樣，終究是難會。不然，我就說簡單一點的，免得大家覺得難會，就揀最簡單、最容易會的，我還是請世尊來說給大家聽吧！「驃——！」

**經文：【爾時世尊復以一切如來離戲論祕密法性普光明相，爲諸菩薩說大安樂金剛不空無礙決定入法性、無初中後、最第一實相般若波羅蜜法門，**所謂：「諸菩薩能廣大承事供養故，得最上大安樂。得最上大安樂故，得諸佛無上大菩提。得諸佛無上大菩提故，能降伏一切魔軍。降伏一切魔軍故，得於三界皆自在。於三界皆自在故，能遍饒益一切眾生，悉與究竟最上安樂。何以故？頌曰：

有最勝智者　常在生死中　廣度諸群生　而不入涅槃
般若波羅蜜　究竟方便智　能成清淨業　普淨於諸有
又以於貪等　調伏諸世間　乃至有頂天　清淨無違暴
在於生死世　世法不能染　如蓮華妙色　塵垢所不污

大欲清淨人　大施安樂人　於三界自在　作堅固利益」】

**講記**：這時　世尊又以一切如來離戲論的祕密法性普照光明的法相，來為諸菩薩解說大安樂的金剛不空無障礙決定入法性、沒有初中後、最為第一實相的般若波羅蜜法門，這一種般若波羅蜜的法門也就是說：「由於諸菩薩能廣大承事供養的緣故，得到了最上的大安樂。得到了最上大安樂的緣故，就得到了諸佛無上的大菩提。得到了諸佛無上大菩提的緣故，就能降伏一切諸魔所派遣出來的軍隊。能降伏一切魔軍的緣故，就能於三界中都得自在。於三界都得自在的緣故，能夠普遍地饒益一切眾生，全部都給與究竟最上的安樂。是什麼緣故而這麼說呢？我以頌詞這麼講：

擁有最殊勝智慧的人，常常住於生死大海之中，廣泛地度化種種有情之類，而自己不進入無餘涅槃之中。

智慧到達無生死的彼岸，是究竟而且具有種種方便善巧的智慧，這一種智慧能夠成就清淨的善業，能夠普遍地淨化三界六道的有情。

並且還能以欲界中所貪的種種法，來調伏一切世間有情；乃至上到色究竟天等天界中，也一樣可以淨化一切眾生而不會對一切眾生有所妨害。

在無量生死的世間常住，但世間的種種法卻無法染汙這樣具有最勝智的人；這種菩薩如同蓮華具有勝妙的色澤，可是灰塵汙垢卻無法染汙它。這種具有大欲的人卻是清淨心的人，可以作最大的布施而安樂世間人；這樣的菩薩能夠於三界中得自在，來爲三界中的有情造作種種堅固不壞的利益。」

就像這樣子開示完了，世尊到底是講了什麼道理呢？「一切如來離戲論祕密法性」，當然講的是諸佛的本際，諸佛的本際當然是法身如來藏。這個法身如來藏不是戲論法，因爲祂恆常具有眞實性與如如性；也是萬法的根源，所以不是施設法，當然就不是戲論法；因此說，這是「一切如來離戲論祕密法性」。離戲論，是因爲所說是實相法界的眞實狀況，不是想像或假名施設的言說；之所以稱爲「祕密法性」是因爲不許外道知，也不許悟緣還沒有成熟的佛弟子們知道，所以是「祕密法性」。

可是這個「一切如來離戲論祕密法性」，卻擁有「普光明相」；也就是說，祂是普照一切有情的。假使有情造作善業生於欲界天中，祂可以普照欲界天的一切法出來給那個有情受用；假使有情修得禪定而生於四禪天中，祂就普照出四禪天中的一切境界來；假使有情造作謗法的惡業下墮地獄中，祂就普照出地獄中的一切境界，當然也是給那個有情自己受用。三界一切法都在祂的普照之中，所以說祂有「普光明相」。這個「普光明相」的意思，是示現一切法的意思；隨著各個有情的需要，祂就顯現那一些有情所需要的境界相，這就是祂的「普光明相」。

可是這一種「一切如來離戲論祕密法性普光明相」，卻是要爲悟緣成熟的人說，不爲悟緣未熟的人說，所以咱們才要這麼辛苦講經，還得要每年辦禪三。如果可以明講的話，可就輕鬆了，我把這部《實相般若波羅蜜經》，第一天二個小時明講了，就可以圓滿了；那麼我也輕鬆，你們也輕鬆，何樂不爲？可是世尊說祂是「祕密法性」，必須要隱覆密意而說，我才會講得這麼辛苦，諸位也要聽得這麼辛苦。爲什麼要讓你們辛苦呢？說一句俏皮話：就是要讓你們難證得，將來得時才會珍惜。如果來正覺修學二十年才能開悟，即使那是悟錯了，大家也都還不願意輕易放棄呢，對不對？「我二十年才到這個地步欸！哪能輕易自我否定？」如果眞正的開悟，都像我以前剛出世弘法時那樣，都讓大家一剎那就得了，於是就有人想：「唉！這個法太簡單了，沒什麼稀奇啦！一定是假的，不是眞的開悟了。」所以我們還是要繼續依循 如來的法教，要保持祂的「祕密法性」。那麼大家若是眞的想要證知這個「祕密法性」，就只能請諸位下週再來聽講了。

《實相般若波羅蜜經》已經快要講完了，然後要接著宣講《妙法蓮華經》。現在回到經文，上一週我們講第二十二段經文，講完了第一句，今天要接著講第二句。這第二句經文很長，超過一行的字：「爲諸菩薩說大安樂金剛不空無礙決定入法性、無初中後、最第一實相般若波羅蜜法門」。其實眞要說這個法門的話，這一句聖教其實還太短，不足以說明這個法門，因爲這個法門函蓋面實在太廣了，但是總得要依照眾生不同的根性來施設不同的方向與層面，所以最簡單的法門名稱就叫作《心經》法門，這是最簡單的解說，因爲唯是一心，以外無別法。

其實這個心絕對不單純，在不單純中才是眞的很單純，因此就使未證的人難以思議，連二乘無學聖者大阿羅漢們都無法思議祂。這個心的法性是很奇特的，所以諸佛爲大家講這個心的時候都是要講十幾年，就成爲第二轉法輪的般若系列經典。沒智慧的凡夫學人往往說：「唉呀！世尊好囉嗦，講來講去都在講這個心。」可是若要把這個心的種子再加上來講，大家依之修學而求圓滿實證的時候，可得要修上三大阿僧祇劫，眞的不容易具足修證，哪裡還嫌世尊講得太詳細、太囉嗦呢？

但沒智慧的人是永遠都會有的，我們弘法最早期，有人聽我講解如來藏妙義三年、五年，她們就嫌煩，竟然有人私底下說：「老師講來講去都是在講如來藏，沒有別的法。」問題是，佛陀教導眾生的成佛之道，整整三大阿僧祇劫應該要修學的也是這個心，那麼到底菩薩們聽了煩不煩呢？都沒有人煩。大家都很歡喜，期望世尊講更多一點，也期待世尊把這個心講得更詳細；因爲佛若講得更多、更詳細，菩薩們成佛的智慧就進展更快。眞正的菩薩從來沒有人嫌過，所以凡是會嫌我說：「講個如來藏就講三、五年，講太多了。」那表示他還是一位新學菩薩，學佛以來並沒有幾劫。

因此說，這個心其實有無量無邊法門，因爲祂的函蓋面太廣了；三界萬法都是這個心，怎麼可能一、二個法門就能把祂講完呢？所以眞要講起來，這個法門有八萬四千，你把八萬四千法門全都串起來講，終於把如來藏的八萬四千個面向講完了；最後再加上二個字「法門」，也就是要如何修證及如何現觀的事。那這樣講下來，這個如來藏的法門有多長？這可不是我們現在講解的經文中一行半的內容而已。也因爲眾生們各有不同的根機，菩薩們也有不同的實證層次，所以世尊得要施設不同的法門；然而所證的同樣都是這個第八識心，也同樣是這個心所含藏的各類種子，一切法都不外於這個祕密藏眞實心。

說明過這個道理了，回到這段經文來說這一個法門。這個「爲諸菩薩說」的「大安樂金剛不空無礙決定入法性、無初中後、最第一實相般若波羅蜜法門」有幾個面向呢？咱們來數一數：第一個面向是大安樂，第二是金剛，第三是不空，第四是無礙，第五是決定入法性，第六是無初中後，第七是最第一，第八是實相，第九是智慧，第十是到無生死的彼岸，卻都是「爲諸菩薩說」的。

這個名稱很長的法門共有十個單元，咱們就來簡單說一說吧！這個法門是「爲諸菩薩說」的，換句話說，這不是爲諸聲聞、緣覺說，因爲這是菩薩應該證的，聲聞、緣覺都不必證這個法，所以一開始說「爲諸菩薩說」。這就好像佛講《楞嚴經》的時候說：「陀那微細識，習氣成瀑流，眞非眞恐迷，我常不開演。」為什麼世尊大多數時候都不講解如來藏這個法呢？阿陀那識就是如來藏心，世尊說：阿陀那識這個識太深奧了、太微細了，而祂含藏的習氣種子就像瀑流一樣從來不曾中斷過，在正死位、悶絕位、眠熟位，假使你入了滅盡定中，或者生到無想天去，整整五百大劫意識都不現前的時候，這個如來藏識還是繼續不斷地流注各類的種子，而且都像是瀑流一般廣大地流注而不曾暫停。但是這個心還沒有成佛以前，雖然不能說祂是妄心，可也不能說祂是眞心；這是很難理解的道理，因此一般學人聽到人家說祂是眞心或是妄心的時候，恐怕都是會迷惑不解的。

因為如果要說祂是妄心的話，明明除了這個心以外，再也沒有別的心是眞實常住的了；這個心是最究竟的心，沒有其他的心比祂更究竟，所以不能說祂是妄心。可是如果因此就反過來說：「既然不是妄心，那就是眞心了。」這也不盡然，因為這個心自己雖然是清淨涅槃，可是祂心裡面卻含藏了很多跟七識心相應的不清淨種子；既然所含藏的習氣種子不清淨，就表示不究竟，怎麼能稱為眞心呢？所以佛說「眞非眞恐迷」。不論你講祂是眞心或者講祂是妄心，眾生聽了都會迷惑，這不是三言兩語可以講得清楚的。所以，如果不是遇到個適合的人或者適合的說法聚會，佛陀大部分時間是不講這個心的，才說「我常不開演」——常常都不開示演說這個阿陀那識如來藏。世尊也說大乘法實證的入門方法廣有八萬四千，然而八萬四千個法門都可以幫人來實證這一個心。你想想，這一句經文裡才不過一個法門就有十個單元，那麼這句經文還算是太長的嗎？這樣講起來可就不長了，而且也還不到一行半；所以眞要說一句話函蓋全部的法門，那是不可能的。除非弄了一台空壓機，通了肚子通了肺臟，才可能一口氣就一直講出去；否則總得要吸氣，你的開示就中斷了，所以全部法門是不可能讓你只用一句話就講完的。若是要用一句話講完八萬四千法門，那會是多麼長的一句話；每一個法門只用二個字來說好了，八萬四千法門總共要幾個字？十六萬八千字，可以成爲一本書了。例如我的《勝鬘經講記》，每一本大概都是在十四萬到十六萬字之間，平均數是十五萬字；這一句話講完八萬四千法門，那十六萬八千字還超過一本《勝鬘經講記》呢，所以佛菩提道的八萬四千法門，是沒辦法只說一句話就把它講完的。

這個法是「爲諸菩薩說」，就不是爲聲聞、緣覺說；除非聲聞、緣覺聖者迴小向大成爲菩薩了，佛陀才要爲這些菩薩們講；還沒有成爲菩薩之前，佛陀終究不爲他們說。世尊「爲諸菩薩說」了什麼？說這個法門中有十個單元，第一是大安樂。也許有人想說，爲什麼叫作大安樂？難道阿羅漢、辟支佛證得的解脫果還不夠安樂嗎？好有一問。但我們不會說他是「大哉問」，而說他是愚人之問，因爲他不懂三乘菩提的異同，才會有這樣的問題。若是諸位就不會這樣問啊！

那二乘人實證解脫道所得的安樂，咱們來談談看是不是大安樂？阿羅漢們跟在佛陀身邊進城托缽時，當阿闍世王放出了大醉象，那隻大醉象的象牙都綁了利刀，已經事先把牠灌了酒；當時大醉象發狂一般向佛陀與阿羅漢們衝過來，有幾個阿羅漢留下來？沒有一位大阿羅漢留下來，只有阿難留下來依舊跟在佛陀身邊；他那時還只是初果人，而阿羅漢們全都跑光了。到底我那個時候有沒有跟在佛陀身邊？如今我也不知道。如果有，現在應該耳根要很燙才對啦！因爲我沒有在定境中看見那一段故事的歷程，也許當年我在外弘法、沒跟在佛陀身邊，我知道的這個故事是從經上讀來的。當時阿羅漢們全跑光了，阿難爲什麼沒有跑走？因爲阿難對佛有絕對的信心。

佛就等那隻大醉象奔過來時，突然把手掌向醉象伸出去，就這麼一擋，那隻大醉象就屁滾尿流，牠心中很恐怖而倒在地上，於是 佛爲牠開示一些話以後，牠當場就捨報而生到欲界天去了。請問：大阿羅漢們不是已經了生脫死了嗎？爲什麼這個時候跑得比誰都快？這表示他們都還沒有到達大安樂地。那時候跟在佛陀身邊的，如果是大菩薩們，可就不會跑開了，因爲菩薩們有大安樂。假使今天我跟在佛身邊，我也絕對不會跑，因爲我也有大安樂，既有大安樂就無所恐懼。可是爲什麼菩薩們有大安樂？因爲知道 佛陀的十力、十八不共法，也知道這一些大安樂都從如來藏來，而菩薩已經現觀如來藏能使人有這種大安樂。

剛剛只是從現象上來說大安樂，我們再從法上來談一談爲什麼菩薩有大安樂，而阿羅漢們沒有？我在《阿含正義》裡面也舉證說：阿羅漢們「於內無恐怖、於外無恐怖」，所以能成就解脫果；可是入了無餘涅槃以後，那涅槃裡面的本際是什麼，絕非不迴心阿羅漢之所能知。阿羅漢們能夠在捨報後不再受生而能永斷後世的三界有，是因爲信佛語的緣故。佛說滅盡十八界以後入了無餘涅槃中，還有本際常住不滅，所以無餘涅槃是眞實，是清涼、寂靜，也是常住不變。可是阿羅漢終究沒有親證無餘涅槃中的本際，所以他們只能夠仰信。「信」有不同的層次，如果依學佛來講，對三寶的信有多少層次？那可多了：迷信、正信、仰信；聽聞佛法以後就有了聞信，實修過程也會產生信，最後實證而發起了證信，永遠不退失時才算是具足信。可是如果要講到究竟的信，那其實是佛地的事。信有這麼多的層次，那麼 佛陀說的入無餘涅槃以後，十八界滅盡了，沒有五蘊自我了，那時還有自己的本際常住不變，阿羅漢們相信了，所以捨報後不再受生——不受後有，就成為無餘涅槃了。然而這畢竟只是對 佛陀所說聖教的信受，他們並沒有實證本際，所以他的信還是不夠具足的，就不可能有大安樂。

菩薩們可不一樣，菩薩們是親證的；因為是親證的，所以知道 佛說的涅槃本際常住不滅是如實語。因為無餘涅槃中的本際，菩薩們明心以後就現前看見了，親見祂確實是不生不死的本來涅槃。因為這樣的緣故，菩薩漸次修行，斷除了大乘見道所應斷的異生性以後，入了初地心就得到具足的「大安樂」了。因為不管怎麼樣觀察，自己五蘊的出生是在如來藏中生，將來的死也是在如來藏中死，生與死都只是一場夢境。就像明鏡中的影像有一個人出生了、長大了，成家立業了，衰老了，然後死了，再換下一世的嬰兒影像又生出來，只是這樣在明鏡表面生滅不停，而明鏡自體是從來沒有生滅的，這個明鏡就是鏡中生老病死等有情影像的本際。

菩薩這樣親證以後得「大安樂」，所以沒有必要恐懼，這才是眞正的「大安樂」。阿羅漢是聽聞如來說明而信受這個道理，辟支佛的智慧好一點，他們從因緣觀往前推，推到最後想要知道自己的名色是從哪裡來的？最後推定：一定從一個本無生滅的識中生出來的。可是這個識究竟在哪裡呢？辟支佛並不知道。他們知道理上是一定如此，必然如此，無可避免的一定是有另一個識來出生名與色等身心；因爲不可能無因而生名色，單憑物質等眾緣也是不可能出生名色的。那麼能出生名色的究竟是物或者是心呢？辟支佛推究的結果就認定了：物是色法，不可能生心，心倒可能生色法。所以辟支佛推究出來的結論是：一定另外有一個自己所不知道的識，出生了自己的名色。然而那個識陰以外的識究竟何在？還是找不出來。這就是辟支佛的智慧，他們比阿羅漢聰明。阿羅漢是聽 佛說了才知道的，辟支佛是自己推論就知道的，可是雙方全都一樣沒有實證，既沒有實證就沒有「大安樂」。

譬如諸位之中有很多人明心了，自從明心以後是不是感覺自己在佛道的修行過程中很踏實、很實際？是不是這樣？（眾答：是。）是啊！你們都承認了，為什麼要承認呢？因為根據自己的體驗，事實確是如此，祂是可以實證的。實證了以後，三乘經典都可以印證；印證下來就會知道，原來自己現在的成佛之道是走到哪一個階段了，清楚知道自己如今是在整個佛菩提道過程的某一個階段中；接下來該繼續怎麼走，該作什麼，自己很清楚。而且，下一步也是有希望再繼續達成的，因此心裡面當然修得很實在。心中很踏實、很實在，對自己佛道的進程有把握時，當然就有了「大安樂」。

我相信你們明心後，一定有不少人，正當很嚴重的法難事件發生時，願意出來共同奮鬥，喪身捨命也在所不惜，絕對不是只有我一個人願意這樣。我相信一定是這樣，不敢說百分之五十、百分之四十的同修們能作到這樣子，但至少十分之一總是有的。為什麼能夠這樣呢？因為心中很踏實，也知道即使為正法喪身捨命了，這個護法的大功德，在未來世的道業上依舊是功不唐捐。為什麼能夠下決定願意為正法喪身捨命呢？是因為已得「大安樂」，這個「大安樂」的來源是什麼呢？就是親證祕密藏如來藏心，這就是這個法門的第一個部分。

第二個部分是講「金剛」，二乘法有沒有金剛性呢？答案是沒有。因爲二乘法是生滅法，當阿羅漢、辟支佛從凡夫位成爲二乘聖者——成爲無學聖人了，在他們所有的二乘菩提智慧中，所觀行的對象只是現象界裡的名與色的因緣生、無常性空。所觀行的對象都是現象界中的蘊處界，而觀行的內容是蘊處界的緣生所以性空；所以蘊處界苦、空、無常、無我，何處有金剛性存在呢？五蘊、十二處、十八界中，沒有一個法是金剛不壞性，全部都是緣生性空、無常故空、苦故無我，全都是這樣，完全沒有一絲一毫的金剛性。而他們這個智慧，一旦捨報入涅槃時，這二乘菩提的智慧也跟著他們的色身消滅而不復存在了；所以不迴心的二乘聖人，菩薩們都會責備他們而叫作「灰身泯智」。

當他們捨報後，色身燒成灰了，他們不可能再有下一輩子了——後有永盡，表示他們的覺知心是盡未來際都不可能再出現了。當覺知心不在的時候，他們所證的二乘菩提慧也就跟著消泯了。這樣看來，他們的證量中有沒有金剛性呢？顯然沒有金剛性，所以他們沒有金剛法。如果等而下之，西藏密宗四大派假佛教自稱爲金剛乘，就更沒有金剛性可說了；他們在雙身法與女信徒交合的金剛杵，就算眞能像宗喀巴講的每日八個時辰金槍不倒，當他們晚上睡覺休息時還是依舊金剛不倒嗎？即使都不睡覺也撐不了三天，依舊倒了，哪裡還有金剛不壞性？何況宗喀巴與歷代達賴喇嘛死後也都爛壞而不存在了，哪還有金剛性可說呢？竟然還敢自稱是金剛乘。所以我說他們自稱的金剛乘，其實是把下流當作風流，不能稱爲金剛。話說回來，在大乘法中，你們看這部《實相般若經》中爲什麼要把這個爲菩薩說的大安樂法門加上「金剛」兩個字來說？又如前面講完的《金剛般若波羅蜜經》，爲什麼要叫作「金剛」？因爲經中說的實相心如來藏，祂自始至終都有金剛性。從什麼地方說祂有金剛性呢？因爲菩薩們所證的法是第八識如來藏，這個心永遠都具足金剛性、不可壞性，所以專講這個心的經典就稱爲《金剛經》。

我們同修會中現在已有三百多人證得這個如來藏金剛心，請問你們，悟後有沒有辦法找出一個方法，把自己找到的如來藏心阿賴耶識打壞、毀壞？不但你們沒有辦法，幫你們實證的我也沒辦法；不但我沒辦法，諸大菩薩、諸佛也都沒有辦法。我想起一個笑話，以前香港已故的月溪法師，他不是說嗎：「這阿賴耶識是個虛妄識，所以要把祂找出來一槌搗碎，然後就開悟了。」他後來搗碎了沒有？他一定還沒有把祂搗碎。那他自稱開悟，就是自己掌嘴了；因爲他說開悟就是要把祂找出來一槌搗碎，才能把無始無明打破，才是開悟；問題是他至死都沒有找到第八識如來藏心，他從來沒有找到過如來藏金剛心，那麼請問：沒有找到祂的人，如何能夠把祂一槌搗碎？像他這樣說法的人到底有沒有智慧？這其實是搬一塊磚頭砸自己的腳，因爲他是在告訴大家說：「我說我有開悟，就是在告訴大家說我沒有開悟。」等於是這樣講嘛！還沒有找到阿賴耶識的人，竟然說要把這個阿賴耶識找出來一槌搗碎了才叫作開悟。那他顯然是沒有開悟的凡夫。

這一個識又名第八識，又名如來藏；祂的名稱可多了，就像一個人有好多名字一樣，這就不去談它。咱們有許多人找到祂了，且不說你們，我也沒辦法把祂搗碎。即使下賤如一隻小小的螞蟻，牠的如來藏，假使有誰能集合十方諸佛的威神力，聚集起來成爲一個宇宙超級大神力，仍然無法毀壞一隻小螞蟻的如來藏阿賴耶識。祂就是這樣的特性，所以才說祂有金剛性。三界無量萬法中就只有這一個如來藏心具有這種金剛不壞性，而祂正是菩薩證悟般若時所應實證之標的，祂是祕密之藏。換句話說，菩薩所擁有的實相般若智慧的根源，也就是這個祕密藏金剛心。只要證得這個如來藏心，就能現觀祂的眞如法性，就開始產生了實相般若智慧；菩薩就依止這個常住不壞心而漸次修道，直到將來成佛。成佛的時間是三大阿僧祇劫，這個心當然得要存在三大阿僧祇劫之久，這算不算長？（有人答：不長。）聰明！眞的不算長。爲什麼呢？因爲打從他開始學佛到成佛的三大阿僧祇劫之前，更早的無量無邊恆河沙數恆河中的沙數來計算的阿僧祇劫之前，一樣是找不到祂曾經有一個開始的時候；那麼將來成佛以後，祂也還是繼續存在啊！因爲諸佛也都無法把祂壞滅，所以才說祂有金剛性。

菩薩證得這樣的金剛心以後，都不會像阿羅漢、辟支佛那樣灰身泯智，就一世又一世不斷地在人間受生，繼續成佛之道的修行。阿羅漢說：「那太痛苦了，每一世都得住胎十個月，好辛苦。每一世出生下來以後還是八苦具足，一世又一世都得這樣受苦喔？」阿羅漢想到這裡，可是恐懼到不得了，所以他們必須要入涅槃，都不願意再來人間或三界中了。可是有些阿羅漢迴心大乘以後，佛陀幫他們悟得實相般若了，他們卻說：「不怕！不怕！」爲什麼不怕呢？因爲生也是在自己的金剛心裡面生，老、病、痛苦、死亡，也都是在這金剛心裡面的事，每一世的自己都從來不曾外於金剛心；而金剛心常住不變，可是這個心裡面卻有這些內涵在持續地變來變去，就像是一齣又一齣的戲碼不斷地演出，都是在同一個舞台中演出，不曾外於同一個舞台。所以痛苦也是在夢中的痛苦，不管多麼痛苦總是會過去；何況一齣又一齣的人生大夢，自從證悟以後有了可愛的異熟果，也還是樂多於苦，因爲每一世都是法樂無窮。生是苦，這沒有錯，大不了三個小時才被生出來，那三個小時也會過去。請問媽媽們：「妳們生孩子最長的時間是多久？有沒有人超過三天的？」沒有啊！那麼最多就是在人生大夢中痛苦三天，夢境總是會醒來的，一醒過來了，夢中的痛苦就不算是痛苦了。雖然在夢中還是很痛苦，但是總會過去，總會醒來。

菩薩這麼一想，去觀察到人間的一生，事實也如此。好啊！那就沒關係，既然是夢中的痛苦，痛一痛就過去了。如果真的痛到不行，怎麼辦？那還不簡單？你只要悶絕過去也就不痛了。我都用這一招，痛到不行時，我就放棄自己，讓他昏過去就好了，根本就不痛了；等到恢復得差不多了，不很痛了，再醒過來就好了。這樣來看痛，或者生、或者病、或者死，都只是一時的，都是在夢中苦樂與生老病死。死會痛苦嗎？不會，不會痛苦的；造惡業的人死時才會痛苦，有智慧而造善業的人死的時候不會痛苦的。如果要說有痛苦，就是說：「唉呀！我這麼多的徒弟們都沒辦法跟我去。」可是菩薩們沒有眷屬欲，都不會這樣想，菩薩們會想：「我去了以後重新受生於人間，還是要回來在他們之間；將來他們死時也沒有跟我離開，他們走了以後還是會回來跟在我身邊，大家還是像這一世一般繼續在一起修行，只是在夢裡面突然告個假，重新再來一遍而已。」

像這樣一世又一世的人生大夢，把很多很多的夢，經歷三大阿僧祇劫過完就成佛了！像這樣作夢，其實不錯呀！不賴啊！眞的不賴啊！譬如說，你在自己的金剛心裡面當一個演員，演出什麼戲碼呢？就是生老病死的戲碼；在這些戲碼裡面，生老病死的過程中，生老病死的痛苦時間畢竟還是很少，大部分時間卻是法樂無窮。當然啦！如果是在那些大山頭中繼續混日子的人，就不是法樂無窮，而是每一世學佛都學得茫然無依。所以法樂無窮的事，我是說你們，因爲這裡講的是證得金剛實相心的人。在這個金剛心裡面一世又一世扮演生老病死的戲，但在這個過程裡面，生老病死都是人生中的一小段、一小段、一小段。出生了以後有很長一段時間是很快樂的，長大修學佛法以後，快樂就更多了；而生病總是三、五天，大不了拖上一、兩個月，也就過去了，總不會每年都病上三百天，只有六十五天是好日子吧？像這樣的菩薩生活之中，又是大部分時間都有法樂；請問，這樣的人生大夢，一齣接一齣，全都在自己的金剛心裡面演出，每一世的你在這裡面扮演這樣的戲碼，把很多的戲碼聚集起來全部演完了，三大阿僧祇劫以後就成佛了，這樣的戲碼你們要不要演呢？（眾答：要。）大家都要嘛！不說你們想要演，我也演得不亦樂乎，諸菩薩們也都很喜歡演這個戲。這表示什麼呢？這表示菩薩們所證的法是金剛不壞法，由這個金剛不壞法來維持這樣一齣又一齣菩薩道的無量人生大戲，最後演完了就成佛，所依止的永遠都是這個如來藏金剛心，所以說祂有金剛性。

再回頭來說，菩薩修證這樣的金剛不壞法而得到的智慧，以及菩薩的色身，會不會像二乘聖者死後入涅槃那樣灰身泯智？不會。諸位現在會答說「不會」，可是你們到會外去問問看，有很多人一定說「會」；在正覺會內與會外，就是差這麼多。他們看到的是什麼？是這一世的五陰，所以問說：「菩薩！你在正覺開悟了，你難道就因此而不會死嗎？色身不會毀壞嗎？」你答覆說：「當然會壞，但我可以一世又一世不斷地出生色身，我的智慧就繼續延續下去。」所以菩薩的智慧不會像二乘聖者一樣，色身化成灰以後不見了，智慧就跟著不見了。

菩薩也不必像那些練氣功的人辛苦地每天練氣。有一天晚上，那晚是農曆十五日的夜晚，萬里無雲，明月當空，因爲我都是晚上去走路健身；那一天是農曆十五號的夜晚，那個小公園裡面有三個人在地上坐，是兩個女孩加上一個男生，他們在幹什麼呢？在吸取月華，因爲那天是滿月。他們那麼辛苦幹嘛！不論他們怎麼用功修練，最後老了終究一樣要死掉，練到三花聚頂以後也還是得死；菩薩可就不需要如此鍛鍊，這個身體眞要是不能用了，眞的老了壞了就換新的來用，不必強加修理。如果作一個小修理，調整一下，不必花很多時間，也花不了多少錢，那就沒關係，就去修理一下。如果要大修理，每天都得要付出非常多的時間，那就免了，只要死後再換一個全新的就很好用了。

菩薩就是這樣子，所以菩薩可以說自己有「解脫色」，雖然不是報身佛那個解脫色。因爲菩薩到了身體不能用時，跟大眾 say goodbye，揮揮手以後就走了；因爲眞的要在下一世再見，而不是離開的意思；所以菩薩揮揮手向大家說「再見」，來世眞的要再相見。你想，既然生生世世都有能取證涅槃的五蘊，以這樣的五蘊一世又一世維持著道業，智慧便一世又一世不斷地增長。請問，菩薩這樣的智慧是不是金剛性？也還是金剛性，因爲所證的法是金剛不壞心啊！你看，就因爲證得這個金剛心，所以對一世又一世都會生住異滅的色身，菩薩卻拍胸脯說：「我這個是金剛身，因爲歸屬於如來藏，這個壞了就再生一個新的來用，不就結了！」因爲這個緣故，智慧一世又一世聯結起來，不斷地累積，到後來無生法忍智慧越來越深妙，然後就成佛了，這不就是金剛性嗎？這是這個大安樂法門的第二個單元。

第三個部分叫作「不空」，剛才說到沒有辦法壞滅這個心，主要是因爲這兩個原因：第一、諸法由祂所生，被生的法不可能回頭來壞滅能生的法。第二、祂空無形色，而且不是依他而有，那就不可能有法來壞祂了。空無形色的心，如果是依他而有，那還是可壞的；譬如阿羅漢把五色根滅了，他的覺知心也就壞了；識陰覺知心是可壞的，雖然覺知心無形無色，但由於是依他起性，所依的法是可壞的，覺知心自然就是可壞的，因爲依他而有。那麼恆審思量的意根也無形無色，雖然無始劫一直存在不滅，仍然要依如來藏而有；而且意根是依三界愛的無明而從如來藏中出生的，無明可壞，所以意根也是可壞法。可是如來藏心無形無色，並且是法爾如是不依任何一法而有，本然存在，這就是哲學上講的本住法——本來就在的常住法。既是本來常住的法，而且不是依他而有，就是不可壞法。不可壞法，一定有祂的眞實性；假使不是不可壞法，就不可能出生萬法。既是不可壞而可以法爾而住的實相心，一定是能生萬法的心；既然是能生萬法的心，顯然經中說的實相心如來藏是有自性的，證明實相心如來藏不是名相施設，而是實有自性的常住心。

我們剛開始弘法時，在十九年以前，沒有什麼人相信我說的如來藏心的存在。因爲大家都還不清楚，大家都觀望著：「你蕭平實說的這個如來藏到底是什麼東西？」然後我們不斷地說明祂有些什麼自性，而我們說明出來的如來藏各種自性，全都不是蘊處界所有的自性。而且不是只有蕭平實一個人可以親證，是越來越多的人跟著一一親證，所以大家才漸漸相信。又加上最後一次，也就是六年前那一批人離開了正覺，還寫書出來否定（其實那二本書不能叫作書，應該叫作經文剪貼簿或經論剪貼簿），他們否定說「阿賴耶識是生滅法」。當時會裡有很多人非常生氣，氣他們在正法危亡之際還要來破壞。我就說：「其實應該看長遠一點，如果能看長遠一點，我們應該因爲這件事情而歡喜。如果他們將來懂得懺悔，他們其實已經成就了大功德。因爲他們公開否定了以後，我們便可以根據他們的否定來作各種辨正，一一寫出來，可以廣利今世、後世的佛弟子四眾。否則我若想要寫《識蘊眞義》、《眞假開悟》、《燈影》，還眞的師出無名。若是沒有一個因緣讓我們來寫，印出來以後人家會說：『你這蕭平實愛現。』」就是這樣啊！

事實上，我不曾有動機想要寫那幾本書。後來是因爲有一些法義是被他們逼著而不得不去寫，那些書裡面，有很多法義其實都是在增上班講《成唯識論》時，我才會說出來的。可是如今被逼了，我也就不得不寫了，否則便只能眼看著正法被否定而漸漸消失了。寫了倒也好，而且師出有名，如今佛教界看一看：「他們找到如來藏的人都沒有辦法推翻他了，我們沒找到如來藏的人又如何能推翻他？」這一下子，大家想：「看來正覺同修會這個第八識法確實是眞的佛法。」這就是當初他們剛開始否定的時候，我就已經看到了的未來發展。果不其然，現在不管誰談到開悟的事，就會說：「開悟實相般若的事，只有正覺才有。」如今就變成這樣了。而且大家現在也知道，開悟的唯一標的就是第八識如來藏。所以現在佛教界修行多年的人，對大乘佛法的水平都提升到很高了：只要誰沒有證得如來藏而說開悟了，凡是老修行，大家都知道那個人是騙人的。意思就是說，我們不斷地寫書、不斷地說法，把如來藏心的各種不同自性寫出來，有時說一點不會洩露密意的功能出來——譬如出生名色及萬法，來顯示這如來藏心有很多種的自性。而且有你們前後相續來證明還有許多人都一樣可以親證，不只是蕭平實一個人可證，這樣就已證實這個法的勝妙了。

這表示說，經由大家共同來證明，使佛教界相信這個金剛心確實有自性，不是像印順、宗喀巴說的：第八識只是名言的施設，沒有這個心存在。既然第八識如來藏有自性，當然是眞實存在的心；那麼從這一些自性一一加以審細現觀以後，證實自己所證的這個心，上從三界頂，下到地獄一切有情，莫非是這個心所成就。這樣就證實了《華嚴經》講的三界唯心確實可證，自己就知道說：「**我明心以後，也成爲華嚴海會菩薩眾之一了。**」那該不該歡喜？該啊！這表示說，如來藏這個心確實不是空無作用，祂是眞實存在的；因爲祂有很多種自性，可以被前前後後的所有親證者隨時隨地現觀。然後再來觀察三界中不管哪個地方—隨便你去到哪一個世界去—觀察的結果，法最多的是哪個地方呢？是人間，人間的法最多、最具足；你接著再觀察：人間萬法都沒有辦法離開八識心王。於是萬法唯識的現觀成就了，就開始會懂得華嚴海會中的勝妙法義了。

如果缺了第八識金剛心，前七識就不能存在，就沒有一切法可說了。如果沒有意根，如來藏的自性也不會流露出來，也就沒有世間法與佛法可說。如果沒有了意識，就永遠當個植物人，也沒有法可說。如果有了金剛心、有了意根、有了意識，可是沒有眼耳鼻舌身識，請問人間還能有什麼法？也沒有法可說了。好了，顯然人間萬法眞的要八識心王和合運作才能出生與存在；乃至消滅——萬法的消滅，也還得要八識心王具足才能滅。譬如剛剛還在想：「**正覺講堂講經的時間快到了，還好我今天運氣好，一路都是綠燈，雖然晚一點出門，終究也趕到了。**」正在想著、想著，想這件事情的這個法還在，突然聽到旁邊大家都在笑，「啊？大家是在笑什麼？」趕快離開心中的妄想而回來聽聽看：大家究竟都在笑什麼？請問，剛剛正在想的那個法是不是滅失了？是滅失了。由誰讓它滅失？還是八識和合運作才能夠滅失的，所以眞的叫作「萬法唯識」。這麼觀察下來的結果，發覺人間的一切法都得要八識心王和合運作，才能夠生、住、異、滅，這時便證明說：「《華嚴經》講的『萬法唯識』眞的也可以親證，原來我已經是華嚴菩薩了。」爲什麼你能夠成爲華嚴菩薩呢？都是因爲實相心如來藏的自性眞實有，自性不空。

以前釋昭慧寫信來，我提了一些問題給她，她沒辦法答覆，就回信反駁，大意是說：「認爲如來藏本有，就是常見。」信中也說到如來藏法大約就是自性見的見解。我說：「這個自性非彼自性，因爲如來藏的自性不是自性見外道講的六識心王的自性，怎麼會是自性見呢？常見外道所墮的常見，是指意識常住；而如來藏是出生意識心的第八識心，怎會同於常見外道呢？」我在回信中大約是這樣回覆的。而這些問題，她到現在都還沒辦法答覆我。不但現在答覆不了我，未來無量世以後，她若是眞的證悟了，也還是答覆不了，因爲那時也只能承認我所說的意涵，無法針對自己錯誤的立論來答覆。所以說，如來藏心是有種種自性的，因此不是徒有名言施設。

既然實相心如來藏有種種自性，當然是「不空」。所以如果有誰自稱是不空三藏，咱們得請問：他該不該先悟了如來藏，再來建立這個不空三藏的名稱？該嘛！因為如果不是證得如來藏，結果自己立了個名字叫作「不空三藏法師」。那他如果遇到了禪師，活該他倒楣；禪師一定會問：「如何是不空？」一定會問他，因為禪師們的習慣都是這樣的。譬如有一個人叫作劉鐵磨，他來拜訪禪師，禪師就問：「莫是劉鐵磨否？」這劉鐵磨說：「不敢，不敢。」意思就是說：「正是，正是。」客氣的說法便叫作「不敢、不敢」。禪師就問：「請問你是左轉還是右轉？」一定要依他的名字而這樣問他的。如果他遞了個名刺進來：「不空三藏法師求見。」禪師接見時就問：「如何是不空？」一定要問。如果他真的證得不空的、有自性的如來藏心，那就好答話了，隨便怎麼答都對。如果他沒有證得，講得一大堆言語也只有挨棒的分。所以祂真的有自性，因此是不空。這是第幾個單元？一、二、三，第三個單元。

再來第四個單元說「無礙」，你看這個法門真的函蓋太廣了。「無礙」是為什麼無礙？人家在神話故事裡面說，最厲害的是上天入地都沒有障礙；而如來藏正是這樣，上天也無障礙，入地獄也沒有障礙。天界共有二十八天，最高就是到非想非非想天，如來藏也都沒有障礙。如果因為五陰造作惡業，死後要生到無間地獄去，下一輩子那個五陰必定痛苦到不得了；無間地獄的有情眞的不樂活、都是樂死，他們都希望趕快死；因為活著就是痛苦，死了就沒有痛苦。問題是沒辦法死，剛才死了，才剛剛沒有痛苦了，那業風一吹又活過來，立即又開始痛苦了，所以他們都不樂活，都是樂死。而這個如來藏不論是生天，也不論是下地獄，祂全都沒有障礙。生了欲界天享福，或者住在色界定中，祂也都沒障礙，祂照樣不理不睬六塵，依舊無苦無樂，仍然是涅槃寂靜。當祂所生的五陰謗法而下了無間地獄，如來藏仍然一樣不苦也不樂、不生也不死，仍然沒有障礙；由著五陰在那邊痛苦不堪，祂還是一樣無苦亦無樂，仍然是涅槃寂靜，所以祂一點障礙都沒有。

天下最偉大的魔術師能幹什麼？現在有電視製作的後製功能，說可以把長城或是什麼東西給變不見？（有人回答：自由女神。）喔！那眞的偉大，可是美國的自由女神如今顯然還在。我們如果請大衛先生再變出另一個大衛來，行不行呢？眞的不行啦！可是他的如來藏要變生幾個大衛都沒問題，今世這一個壞了就變生出下一世那個來，那一個壞了再變生下下世的另一個大衛，每一世都可以用不同的名字；他的如來藏心可以不斷地變生，永遠都沒有問題，所以一點障礙都沒有。也許有人會這麼說：「變個人身還算是簡單的，因爲在人間有這麼多人可以模仿；人類就是一個頭、一個身體、兩隻手、兩隻腳、有五官，照這個模樣變一變就行了。那地獄裡的有情到底生成什麼模樣，咱們都不曾看過，如來藏還能變生嗎？」祂還眞的能變出來。你不知道地獄有情長成什麼模樣，如來藏卻自己會直接變生出來，好厲害呵！所以祂眞的「無礙」。

以前有人說，某甲說他去過某處，看過一種很奇特的動物，他依所見畫了出來，沒有一個人見過。大家就說他是自己亂畫一場，於是就有人說：「叫他畫狗，看他畫得像不像再說。」因爲有現成的可以比較，大部分人也都在動物園看見過，他就沒辦法亂畫一場了。也有人說：「天下什麼東西最好畫呢？」有個聰明人就說：「鬼最好畫，因爲沒有人見過鬼，隨便畫個圈圈也可以叫鬼，畫個框框也叫作鬼。如果你說這個不是鬼，那請問你看見過鬼了嗎？」「對不起！我沒看過。」「既沒看過，爲什麼說我畫得不像？」因此才會有一句話說：「畫鬼容易畫狗難。」就是這個道理。可是你不必為如來藏發愁說：「這地獄身，你又沒見過，怎麼樣才能變生出來？」因為如來藏離見聞覺知，怎麼會見過地獄身？可怪的是，祂就是會幫人家變生；只要誰造作了無間地獄的惡業，他的如來藏就會在他死後幫他變出來。祂就是這麼厲害，沒有任何的障礙，眞的難不倒祂，所以祂叫作「無礙」。

這個心又是「決定入法性」。三乘菩提的建立，乃至人間萬法的建立，宇宙一切世界的建立，莫非這個如來藏，一切法都不能夠離開如來藏。阿羅漢之所以能夠證得無餘涅槃，後有永盡，也正因為這個如來藏，否則他還眞的滅不了五陰呢。辟支佛更是如此。而菩薩所證的就是這個法身如來藏，由於這個如來藏而能夠現觀：這個如來藏是決定性的，而且是入於一切法中，不曾外於任何一法。凡是你所知道的任何一法，都有如來藏參與一分。祂就是這樣子，所以不論任何一法都有如來藏在其中，這個是決定性而不可改易的法界事實。假使你找到如來藏了，去觀察有沒有哪一個法能夠外於如來藏而存在？結果你將會證實沒有一法可以外於如來藏而存在，所以任何諸法的法性其實就是如來藏性；而這個道理不可被推翻，因為實相法界中本來就如此，所以如來藏這個法是「決定入法性」。

菩薩這樣子現觀以後，來看所有的大善知識們，把從古到今的所有大善知識一一加以檢查；只要有誰敢說不必有如來藏就能有某一法或者一切法，不管誰主張說不必有如來藏就能有緣起性空，菩薩當場就可以斷定那人是常見外道，或者是虛空見外道，或者自然外道、無因論外道等——一定是未斷我見的凡夫，都可以判斷出來；因爲菩薩現見任何一法都不離如來藏，而如來藏有這種決定不可改變的體性；也就是說，祂決定入於一切法性之中。

也許還沒有明心的人會覺得說：「你講得很玄，事實上眞的像你說的這樣嗎？」但是我保證一定是這樣；因爲將來你若實證了，也會親自這樣去證實。親證此理以後，回頭再讀看聖教，就會認同聖教中的許多至教量同樣是這樣爲大家講說的。所以這是可以由你們自己來親自證實：如來藏心「決定入法性」。不但現在因地如此，將來成佛之後仍然是如此，不可改變，不可推翻。而我今天說了這一些「決定入法性」的道理，仍然不外於「決定入法性」；因爲即使將來成佛了，仍然是如此，是決定性而不可改易的，永遠不外於無垢識之外，所以才說「決定入法性」。

接下來，第六個單元是「無初中後」。二乘人所證的智慧有初、中、後的差別。如何是「初」？聞　佛說法成就法眼淨的時候，解脫道的見地第一次出生，這就是「初」；當初果的智慧出現時，就是「初」，是才剛開始有。當他得到法眼淨而向　佛禮拜之後，退了下去，獨自在山洞中或曠野處，或是空閒處樹下坐，把剛才從　佛陀那邊聽聞的解脫道法義自己深入加以思惟，使他的解脫慧不斷地增長，這個過程就是「中」。然後終於確定自己眞的不受後有了，捨報後不會再出生中陰身了，於是就去向　佛禮拜、稟報，說自己所作已辦、梵行已立、不受後有，解脫，解脫知見，知如眞。就在佛前稱說自己是阿羅漢，佛陀也就當場印可了，這也是「中」。等到捨報的時候到了，那些阿羅漢們很無情，捨報的時候會去向　佛陀告辭說：「我要入滅了。」佛說：「汝自知時。」然後阿羅漢就入滅了。他們不跟　佛陀說「再見」，因爲他們再也不跟　佛陀再見了，盡未來際都永遠不會再見　佛了，因此沒有一個阿羅漢捨報的時候會說「再見」的。請問：他們入滅了，解脫道的智慧還在不在呢？都不在了，這不就是後際嗎？所以他們的智慧是有初際、中際、後際的。

然而菩薩的智慧出生了以後，只是證知那個金剛心的存在。智慧是出生了，可是那個智慧的根源一直都存在，沒有前際；找不到祂是什麼時候出生的，因爲祂是法爾如是，本來就在的。依於這個金剛心來說，這個智慧無初，因爲這個佛菩提慧所知的對象金剛心是無初的，在以後的成佛過程之中也是如此；依所證的眞如法性而觀察時，沒有任何一法可得，當然也是無初。最後終於成佛了，四智圓明；而這四個智慧，有的是在因地剛明心以後開始出生，有的是成佛的時候才頓有，顯然都是有生之法；可是到了佛地以後，這四個智慧卻成爲有生無滅之法，因爲永遠都存在不滅。而這四個智慧所依的金剛心仍然沒有後際，因爲這樣轉依，諸佛也是永遠都存在於十方三界的法界中，利樂眾生永無窮盡，就說菩薩的智慧沒有初、中、後。

爲什麼沒有初、中、後呢？是因爲轉依如來藏，而如來藏沒有初、中、後。不論誰都沒有辦法指出這個金剛心如來藏是多少劫以前出生的，誰都沒辦法。就算是把十方諸佛都召集來開會討論，也討論不出一個結果，因爲祂是法爾如是。也許有人私底下說：「我看這樣，佛也不是全知全能。」正因爲諸佛都無法指出祂是什麼時候出生的，要這樣才能說佛是全知——窮究法界一切諸法。所以，證得這個無初、中、後的實相心，次第進修具足一切種智的人，才是可以成就全知的人。

至於一神教說全知全能的耶和華，根本沒資格叫作全知全能。咱們就談最簡單的道理，我們三句不離本行，就來談如來藏好了：「請問耶和華先生！你知道如來藏嗎？」這一問，他該怎麼回答？他眞的沒有辦法開口。因爲若要說是不知嘛，明明宣稱是全知的神，怎麼可以承認不知呢？再不然，我問他說：「耶和華先生！請問你能不能找到你自己的如來藏呢？」耶和華還是不能回答，因爲如果他要回答說「能」，明明他連如來藏都沒有能力找到，顯然不是全能的神；而他根本無法與實證的人對談如來藏的事，又怎麼叫作全知與全能？他如果來到你們面前還炫耀說他全知全能，就是找罵挨。這時只能由著你們來罵他：「你這個說謊者。」他還能怎麼樣？臉紅耳赤。因爲眞的沒辦法回答，那他全知全能四個字就被你們剝奪了。

我今晚講了這些話，傳到欲界四天王天他耳朵去了，我告訴你們：他明天都怕死你們了。因爲他一定怕你們見了他會問這些問題，所以他連你的夢中都不敢來，更別說是進入你們的定中境界來。那麼，我要請問他偉大在哪裡？沒有什麼偉大之處了。也許哪一天有個神父、牧師來了說：「蕭平實，你不怕我們偉大的耶和華放天火燒了你嗎？」我說：「他能夠燒得了我幾個身體？他燒得了我這個身體，我來世出生到什麼地方去，他也看不見，等我來世長大了又繼續破斥他；他若是要繼續燒我，我就一世一世不斷地破斥他，讓他更難堪。看他是要難堪個一、二十年，或者是要永生永劫都難堪，由他去選，你回去就這樣轉告你的耶和華。」上帝如果夠聰明，他就把耳朵塞起來，不聽蕭平實講話，忍受幾十年以後就行了，事情自然就過去了。

爲什麼會這樣呢？正因爲金剛心「無初中後」。既然「無初中後」，諸法就可以「無初中後」而不斷地出生；並且出生了還說是沒生，因爲你認爲有我蘊處界出生，可是蘊處界背後是如來藏心；只是我這一個蘊處界壞了不想用，就換一個新的來用而已；我世世都有的每一個蘊處界只是如來藏明鏡中的影像而已，你怎麼可以說我的影像有生有滅？你可以說我的蘊處界有生，不能說「我」如來藏心有生。「我」如來藏既然無生，又哪有初？沒有初，就沒有中與後了。

這麼一說，耶和華認清了這個事實，假使他眞的是天主，他也不敢作什麼。因爲諸天天主都很聰明，他們都會看：「我如果動了這個人，後果是什麼？」他們都會先看看身邊：這個天人在等我天主的寶座，那個天人也在等著。他們都要先衡量一下，衡量過了，想一想：「我還是別動那個蕭平實，我若是動了他，犯了法界裡的大因果，沒多久以後我這個寶座不保，何苦來哉？耳朵塞起來就算了。」如果誰要再來說：「蕭平實今天在人間又說你不對，他如何如何……說你。」這耶和華就趕快說：「我不要聽，你走開。」那就沒事了。爲什麼天主不敢隨意對菩薩作什麼？因爲菩薩所證之法「無初中後」，這個法可厲害了，「無初中後」的法是不可毀壞的，證得這個不可毀壞的法就有大功德，不論是誰都得要尊重菩薩。而菩薩不會來搶他的天主寶座，不像身邊的天人都在等著他掉下寶座來，他想想也就忍著了。

接下來說「最第一」。「最第一」是一個形容，譬如一個家庭中，什麼人最第一？有時候是先生，有時候是太太，就看是男權高張或是女權高張。可是如果這兩個人都很孝順，那到底是誰第一呢？是堂上二老。可是如果堂上二老疼那個孫子疼到不得了，那麼堂上二老在的時候到底是誰第一？是金孫。所以世間法裡面誰最第一，都是有條件、有前提的，不是絕對性的。譬如在一個村子裡面，誰最第一呢？當然是村長啊！可是有時不盡其然，當他在那邊吆喝的時候，他的媽媽來了說：「你大呼小叫幹什麼？」這村長只好立刻閉嘴，那又是誰第一呢？所以世間法沒有絕對的第一，都是相對的。

但不論世間法或出世間法，就是有一個「最第一」，這就是如來藏心。因爲世間的建立是依如來藏心而有，如果不是有眾生的如來藏，就不會有眾生，當然就不會有宇宙，不會有山河大地，也不會有諸天的境界，所以從宇宙—從時間與空間—來說「最第一」的就是如來藏心。可是光有宇宙、有山河大地，實在也不成其爲世間，因爲最多就只能稱爲寂靜的世間。若沒有有情生存，還能成其爲世間嗎？正是因爲有諸有情才能成其爲世間。因爲這一些眾生各有異生性，也都還沒有離欲，所以叫作欲界世間。因爲這一些人有這樣的業以及異熟種，才會有欲界的山河大地等等，所以這個世界是依這一些共業有情的如來藏中含藏的種子來建立的，因此欲界世間還是依如來藏建立，那欲界世間的有情就存在了。

如果所有的有情都不可能證得色界定，就不可能有人往生色界天了，色界天世間也就不可能存在，所有色界天的宮殿也都跟著不存在了，那就沒有色界天了。由於有很多人證得色界定，死後要往生到那邊去，所以如來藏就在色界天變現了色界天的境界，才會有色界天的存在。那麼，色界是依色界眾生而建立，而色界眾生是依他們各自的如來藏而建立，所以結論是色界還是依如來藏建立。

那麼無色界天呢？無色界天其實不該稱為天，不過他們畢竟比欲界天、色界天的層次高，更有資格稱為天，所以就把它叫作無色界天。無色界的有情都無色，也不住宮殿，就這樣在四空定的境界裡面安住下來。無色界四空天的境界是依那些有情而建立的，然而那些有情的受想行識卻是依他們各自的如來藏而建立的，色界與欲界也是如此，所以三界顯然還是依金剛心如來藏而建立的。那麼在這個事實狀況下就要請問大家了：三界中最第一之法是什麼法？三句不離本行，只要答「如來藏」就對了。因為證悟之後去觀察的結果，確實是如此；所以你只要證得這個金剛心如來藏，就得到三界中「最第一」之法。十方的三界世間，沒有哪一方的三界有一個法可以超越如來藏，所以只要證得金剛心如來藏，你就擁有了、證得了「最第一」法。

接著說「實相」。很多人想要探究法界的眞實相，「法界」講的就是諸法的功能。諸法雖有功能卻是生滅的，但生滅的諸法功能背後有個眞實相，那個眞實相到底是什麼？很多科學家從醫學、物理學，從各個層面想要去弄清楚，也有很多哲學家不斷地在探討想要弄清楚，可是有誰弄清楚了呢？都沒有，所以到現在爲止，沒有哪個哲學家、科學家能證實說：我們把宇宙實相弄清楚了。沒有誰敢說他所找出來的、建立的、實驗出來的是最後的、最究竟的眞理，沒有人敢說。只有一個人敢說，他叫作耶和華，可是耶和華只敢在他們一神教裡面說，不敢到正覺來說，也不敢到佛門中來說，因爲他知道他講的不是最究竟的眞理。

大梵天有一天來到佛陀面前，佛陀問他說：「世間是你創造的嗎？」因爲大家都說世間是他創造的；大梵天答非所問，佛陀就重新再問一遍，大梵天繼續答非所問。佛陀當然不可能輕易放他過去，因爲這是扭轉眾生邪見的好機會。第三遍又問他，大梵天沒辦法，只好承認說：「我也沒有說這世間是我創造的，可是大家都要這麼講。」（大眾笑…）這是《阿含經》中記載的，不是我編出來的。然而一神教上帝的境界只是四天王天的夜叉境界，距離大梵天的境界都還遠著呢！請問：一神教的天主有沒有證得實相法門呢？顯然沒有嘛！單單問他一句說：「請問上帝，你這個五陰是如何來的？」就是問他：「你的五陰出生的時候是怎麼生出來的？」他一定說：「我也不知道，突然就有了。」他只能這麼答，他答不出個所以然的。可是咱們正覺裡面的菩薩卻可以告訴他：「你是因爲如來藏，然後你有往世的業種，然後怎麼樣生到那裡去，所以你就有這個五陰。」他只能瞠目結舌，搭不上一句話。

所以實相的法門是指什麼？是指萬法的根源。假使你證得萬法的根源了，就可以觀察出來：不論什麼法，背後都是這個如來藏。如果不是這個如來藏在背後支持著，如果不是如來藏在背後不斷地支援，不論哪一個法都不能叫作法；因爲根本都不可能存在，哪裡還會有法呢？所以當你找到了如來藏，你親自證實三界唯心、萬法唯識了，你也親自觀察這七識心王都是從金剛心如來藏中生出來，你就可以現見萬法的背後都是如來藏在支援。如來藏這個支援是無窮無盡的，永遠支持著你。這樣子現觀了以後，你就可以很清楚地證實：我某某人眞的親證實相了。這樣現觀以後，你就有能力爲人說法了，因爲你的實相般若出生了，你有了到達無生無死彼岸的智慧。這時你能爲什麼人說法？爲大法師甚至於爲三藏法師說法。

《大正藏》裡面有好多譯經或寫論的三藏法師落在識陰六識裡面，你們都可以爲他說法。不要以爲說：這個人是經傳裡面有名有姓的，他說的、他寫的怎麼可以懷疑？不要這樣想，因爲每一個人都有名有姓，不是只有他有。我說的是事實，從來沒有騙人；你隨便找一個人，他都有名有姓。今天你在正覺證悟實相了，《大正藏》中寫論的某些三藏法師卻沒有證悟實相，落在六識論中，我見也還沒有斷除，你的智慧難道會輸給他嗎？他雖然有名有姓記載於《大正藏》裡面，因爲寫了論被收到那裡面，很有名，例如安慧啦、佛護啦，還有什麼？（有人答：月稱。）月稱在《大正藏》裡面沒有論著，他是在密宗的密續裡面才有記載。密宗的密續裡面很有名的論師可就多了，阿底峽、寂天、月稱、宗喀巴，最近的就要加上釋印順。釋印順的著作也應該收在密續裡面，因爲他的法義全部是密宗宗喀巴的應成派中觀，他只是否定雙身法、不修雙身法而已。

《大藏經》載有論著的這些三藏法師，你只要問他一個實相的意涵，他們一定會對你答非所問，而你可以爲他們解說，請問：他們的名字雖然在《大正藏》裡面，値得你尊崇嗎？（有人答：不值得。）好啊！既然他們姓名在

《大正藏》裡面，而且也有論著被收錄在那裡面，都還不值得尊崇；那麼再請問：**你看見台灣四大山頭的大法師披著大紅祖衣，他們有沒有論著收在《大正藏》或新編的《大藏經》裡面？**都沒有！請記得：沒有！那他們值得你們尊崇嗎？不值得！如果四大法師都不值得尊崇了，其餘的呢？等而下之了，更不值得尊崇。

眞正值得尊崇的是什麼？是有法，實證，能受持及爲人解說實相的道理來。你證得如來藏了，你多多少少可以講一點實相了；但《大正藏》裡面那些古時的論師們，有的還號稱是三藏法師，請問他們對三藏經律論，到底是通經、通律、還是通論？其實一論也不通，一經也不通；甚至還犯了戒律，例如安慧寫了《大乘廣五蘊論》，因爲未證言證，並以小法取代大法，而他那個小法又是錯誤的，那是嚴重違犯菩薩戒的。所以其中的某些三藏法師，不值一提。連他們都不值一提了，沒有論文被收入現代新編《大藏經》的當代大法師們，又現見他們沒斷我見更沒明心，還推崇六識論而不接受八識論正法，那你尊崇個什麼？不要看見人家穿著僧衣，你納頭便拜。

你們要拜的話，到同修會裡面再來拜，我們這一些穿僧衣的出家人才值得拜；當你證悟以後，外面沒有一個大師值得拜的，要記得喔！爲什麼不值得你拜？因爲他講不出實相，而你已經可以爲他如實講解實相了，你還去拜他，那你是不是心行顛倒呢？以前媽媽生下你，又不是顛倒生你，你又何須這麼顛倒？這個正知見一定要先建立起來：要看誰能講得出實相，那個人才值得你納頭便拜，否則你不要亂拜一場。你拜了他，還損了他的福，要瞭解這一點。

這個實相法門看來就是很珍貴，對不對？因爲妳有了實相法門，雖然長髮飄飄擦脂抹粉，妳還是出家人，因爲妳是心出家，已在賢聖數中。他們雖然剃髮著染衣，住在那個大山頭、大道場的金鑾寶殿裡面，眷屬成群威風凜凜，我卻說他還是在家人，因爲他一直住在三界家裡面，始終出不了啊！如果這些大法師廣納「嬪妃」，每天晚上與女性精修雙身法，那根本就不能夠叫作「人」了，何況說是「出家人」？因爲「人」都要有基本的格。人的格是什麼呢？就是不邪淫嘛！但他們都作不到。現代的世間人最讓人家瞧不起就是三妻四妾，因爲大家都奉行一夫一妻制，都認定夫妻平等；他們可不是只有三妻四妾，到了晚上可就是一大堆女人讓他選擇，與皇帝一樣。還有，你們要認清楚他們講的話是代表什麼意思，譬如達賴喇嘛一天到晚去世界各國講博愛、博愛……（大眾笑……），你們很聰明，知道他的博愛就是要喇嘛們愛盡天下一切年輕美麗的女人，是這樣廣博的「愛」。可是有誰知道他眞正的意思？所以喇嘛們都是落在事相法裡面，並且是欲界中層次最低的人；更何況要談實相，他們能有什麼實相智慧可說呢？

今天我倒是要說一點題外話，很簡單的兩句：「出家了就不要貪在家法，在家人就不要貪出家法。」就這麼兩句。如果放不下雙身法，那他們就還俗嘛！誰管他們晚上跟配偶怎麼樣去修雙身法，沒有人會來管他們。他們只要不侵害人家的家庭，每天晚上都去綠燈戶買春，那也沒有關係，我都沒意見，也都不會有人管他，因爲他是在家人。出家了若還要貪在家法，那還能叫作出家人嗎？如果是在家人呢？一天到晚等著你來供養我，他來供養我；那他乾脆出家去，不要繼續當在家人；最好是跟他的妻子離婚了出家去，不論誰去供養他，我都沒意見。這兩句話，希望佛教界能聽得進去：「出家了就不要貪在家法，否則就還俗去；在家就不要貪出家法而受人供養，否則你就出家去。」

出家了棄捨一切，四事都要接受供養，理所當然。但是，如果不想出家就不要接受供養，不要每天隨便向人開口說：「你那麼有錢，拿三百萬元來供養我。」你是在家人，不應該接受人家錢財供養，我說的就這麼簡單。你如果喜歡受供養而出家了，就不要貪在家法——想要繼續擁有女人行淫，不要藉著學密的名義廣受女人色身供養。

不論是誰，選擇出家或者在家身分修行都好，只是要記得當初發心學佛的目的是什麼？當然是要求得智慧，也就是親證實相。如果不能證實相，就沒有安樂可言，每天都應該如救頭燃；一直到親證了實相，死心塌地、腳踏實地、心安理得，得大安樂法門，才不必每天愁眉苦臉如救頭燃。但這個實相究竟是依什麼而說實相？是依萬法的根源而說實相；因爲每一法背後都是如來藏在支持著，所以法界的眞實相——諸法功能的眞實相貌，就是實相心如來藏。若要說到十法界的四聖六凡世間法界，也一樣是由第八識如來藏心體支持著，才能生起、存在、建立。所以說，可以幫你這樣親證實相心而出生了法界實相智慧的方法，才是實相法門。接下來還有說「般若波羅蜜」，這就只能下週再談了。

經文「爲諸菩薩說大安樂金剛不空無礙決定入法性、無初中後、最第一實相般若波羅蜜法門」，我們上週講了其中的「大安樂金剛不空無礙決定入法性、無初中後、最第一實相」，總共講了八種；接下來是最後五個字「般若」與「波羅蜜」，諸位都耳熟能詳。因爲我們這一部經開講以來已經講很多了，所以今天略說其義就好。這意思是說，爲諸菩薩所說的「大安樂金剛乃至後面的「最第一實相」，這是「般若波羅蜜法門」——實相智慧到彼岸的法門。所謂智慧，當然不是講世間法的聰明才智，而是講法界萬法實相的了知。這個「般若」，二乘法的聲聞菩提以及緣覺菩提不必再算進這裡面來，因爲般若已經函蓋了二乘菩提的智慧，但二乘菩提的智慧卻無法瞭解般若實相的智慧。我就這麼簡單作這個說明，因爲前面已經講太多了，這裡就不必再三重複了。老實講，如果要換其餘的層面來講，也講不完。

譬如說，東方或西方的哲學都說有一個宇宙萬有的本體，所以大家都要追究這個本體。西方哲學在三十幾年前、四十幾年前最流行的，叫作存在主義。有一本書很風行，叫作《天地一沙鷗》，書裡面寫的最主要內容是什麼？其實就只有五個字：我思故我在。這也是爲了追求本體，因爲知道生命都是無常的，可是生命爲什麼一世又一世不斷地延續下來？然後就會有許多的痛苦，而眾生不得不承受這些痛苦？在哲學中來說，就是藉很多很多的痛苦不斷地經歷，然後來思惟、昇華。他們推究到最後，就是確定有一個本體，認爲一切生滅法都要依某一個不生滅法才能出生、存在、壞滅，不斷重複這個過程。也就是說「假必依實」，這是哲學界最重要的一個中心思想，就是要探究宇宙萬法究竟從何而來、去至何處；這是哲學界古往今來最重要的命題，這個命題是正確的，可是哲學思惟研究的結果都是錯誤的。

我倒覺得中國的一個哲學思想反而比較接近一點，那個盤古神話說，盤古開天地以前是混沌的世界，那時是一片混混沌沌，請問你們證得如來藏的人，如來藏的境界中像不像這樣？如來藏自己的境界中就是混混沌沌，對六塵境界中的一切法都不加以了知。可是自從中國人發明了盤古開天闢地的神話以後，「渾沌」這個天神就是因爲被別人幫助開始逐漸有了眼睛、嘴巴、鼻子、耳朵，最後是清清楚楚、明明了了，然後「渾沌」這個天神就死掉了，因爲他已不再渾沌了。不再渾沌時就有生死了，因爲他出生而不渾沌了，渾沌因此就死了；所以他的五陰出生了，渾沌就死掉了。這當然也是個神話，倒是有一些跟眞相勉強可以套得上；只可惜，這個盤古開天闢地而使渾沌死亡的神話，仍然只是一個思想而非實證。

就像 佛陀出現在印度之前，好多修行人自稱是阿羅漢，自認已經了生脫死；當時雖然也有如來境界的傳說，可是大多數人不敢自稱是如來，因爲大部分修行人認爲「如來」是不可證的境界。可是好多人自以爲是阿羅漢，個個宣稱是阿羅漢、出三界生死。他們在理論方向上是正確的，是要解脫生死輪迴，是想要不生不死。但問題是，他們的實證全都錯了。古今的哲學也是同樣的狀況，理論是對的：一定有一個能生萬法的本體，祂出生了宇宙萬法。但這個本體究竟是什麼？哲學界都落在意識上頭，無法實證。後來 世尊示現在人間，才講出了眞實理。

因此這個「般若」講的是宇宙萬法背後的眞實相貌，就是法界的實相。但不論什麼法界實相，全都是如來藏的境界；能這樣親證，才是有般若智慧的人。所以「實相般若」不是指世間法的聰明才智，因此開悟這兩個字是不能亂講的。以前也有大法師說：「學禪很好，因爲學禪會開智慧。這智慧一打開，你在打坐的時候，很多忘了的事情，你都會想起來，所以某某人十幾年前欠了你一筆錢，你突然就想起來了，這就是開智慧了。」這可是我親耳所聞的。有一本書叫作《儒林外史》，假使誰有空閒，可以蒐集這一類荒腔走板的大師開示，記錄下來、整理出來印成書，可以命名爲《佛門內史》。這其實是笑話一樁，所以那一種大師的說法根本與實相智慧無關。

那麼「波羅蜜」三個字呢？「波羅蜜」可就要分爲三乘菩提之差別了。就是說，二乘菩提所證的「波羅蜜」，也就是二乘人到達無生的彼岸，只是方便說；眞正到達無生彼岸的究竟說，是只有菩薩追隨諸佛之所親證，才眞的有到達無生無死的彼岸。因爲二乘人出離三界生死之後，他們自己五蘊都滅失了，自我已經都不在了，如何能夠說是到達了無生的彼岸呢？而菩薩現前五陰俱在，卻已經住在不生不死的無生彼岸了，這才眞的叫作到達無生死的彼岸。這個道理我們很早以前在《邪見與佛法》裡面講過了，這裡就不再細說了。

這一句很長的經文中，總共算起來，這個法門共有十個內涵，所以這個法門的名稱，世尊要用超過一行的文字才能把它講完。我們講解這一句，上一週的週二晚上就只是講解這一句，眞的很抱歉！但因爲這一句講的法門裡面，法的內容就是這麼多。而這個法門是指什麼？當然要作比較具體的說明；因爲這一個「大安樂」乃至「波羅蜜法門」，其中的內涵太廣大、太深奧了，所以要把它講得具體一點，就得再作更多的說明。第一個部分就是「諸菩薩能廣大承事供養故，得最上大安樂」。換句話說，世尊用「一切如來離戲論祕密法性」的「普光明相」，來爲眾生解說的這個「大安樂金剛不空無礙決定入法性、無初中後、最第一實相般若波羅蜜法門」，一定有一個先行的過程，這個先行的過程得要完成了，才能得到這個「大安樂」。所以諸菩薩想要得到這個最上大安樂，得要先作「廣大承事供養」。是「廣大承事供養」而不是微少承事供養。應該供養誰呢？供養三寶。供養三寶這事，還不是一世、二世就能完成，也不是一劫、二劫就完成了。如同《金剛經》說，如果能夠信受《金剛經》裡面所說的章句，只是信受，還不到開悟的境界，也就是還不到證悟如來藏的境界，只是信受而不懷疑，「當知是人不於一佛、二佛、三四五佛而種善根，已於無量千萬佛所種諸善根」。信受《金剛經》已經是如此，還沒有談到實證。「無量千萬佛所」請問是要供養修行多久？是多久啊？眞的不簡單欸！想想看，咱們賢劫有千佛，千佛過去以後才是星宿劫。可是從賢劫往前推溯上去，曾經有一段時間整整六十一劫之中沒有佛出現在娑婆人間。想想看，要供養無量無數諸佛，那是經過多少劫？眞的很難計算。饒你數學再好，也算不來。

那我們就說，能夠信受《金剛經》所說是眞實法而不是一切法空的人，即將開悟實相而發起般若了，他修行到這個地步的時間，就是成佛之道第一大阿僧祇劫的三十分之六。這三十分之六修完了，才能夠眞的開悟實相般若而進入第七住位。請問第七住明心的菩薩在此之前，要對諸佛作多少承事與供養？諸佛吩咐什麼，你應承了就去作，這叫作承事。供養呢？凡是諸佛若有所需，你就供養。如果日常生活的所需都不欠缺了，你還是得要供養，要作法供養。就這樣一佛又一佛不斷地作「廣大承事供養」，然後才能夠得到「最上大安樂」。

如同上一週所講的，「大安樂」是無生無死而且有智慧的境界。這個大安樂的境界，當然就是指明心後的境界，但在明心之前就是要能夠先作「廣大承事供養」。聽到這裡，腳底涼了沒有？沒有啊？那表示你們根性好。一般人若是聽到這樣子說明，心裡就想：「那我連 goodbye 都不跟你講，下一週我就不來聽經了。因為你擺明了說：我沒有希望開悟實相般若嘛！我怎麼知道往世的我有沒有作過『廣大承事供養』呢？」我說，這就表示他往世真的沒有對諸佛作過「廣大承事供養」。因為如果以前有對諸佛作過「廣大承事供養」的人，一定會相信自己以前很多很多劫以來，已經對諸佛作過「廣大承事供養」了。

為什麼會這樣肯定呢？因為自己心裡面覺得：已經對這個實相法絕對信受，而且很相信。可是一般人聽到了就會說：「什麼開悟明心？哎唷！老姊！妳別跟我講這個了，我算老幾？」男眾們也許說：「老兄！別跟我談這個，我算是哪棵蔥？我自己很清楚。」變成蔥去了！這表示什麼呢？這表示他還沒有對諸佛作過「廣大承事供養」，所以他的多聞不夠、熏習也不夠。既沒有多聞與熏習，根性就發不起來，五根就不具足。五根既不具足，就更別提五力了。沒有五力，就沒有辦法得「最上大安樂」。所以在四阿含諸經裡面處處可以看得到的，就是任何外道來歸依佛陀求法時，佛的慣例是先為他們解說「施論、戒論、生天之論」。都要先講這三論：布施之論、持戒之論以及生天之論。這三論聽得下去了，懂得三界的境界和差別了，可以看得出來這個人心地直爽清淨鮮白，想要把他染上很漂亮的顏色—染上最勝妙法—時都可以染得成功了，然後才爲他解說五蘊不淨、苦、空、無我、無常，次第講解「欲爲不淨、上漏爲患、出要爲上」，懂得什麼是三界的過患而斷我見了，聽者的心中對這些都已經生起忍法了，才能夠證得初果或者證阿羅漢果。請記住喔！這還只是聲聞菩提。

如果是佛菩提，那更要看他的求道資糧夠不夠。因爲如果過去世沒有對諸佛作過「廣大承事供養」，他最多憑著自己的微少善根能信二乘菩提。你如果要講大乘菩提——佛菩提道，他才一聽，心都慌了。所以 佛陀觀察因緣，面對的這個人不適合爲他說佛菩提，就爲他講二乘菩提，不爲他講大乘的佛菩提。因此進得正覺講堂來聽經聞法，不管颳風下雨，反正就是不走人；這是什麼緣故而使你如此呢？因爲知道法眞正、善知識眞正，並且也相信自己大約已經有福德了，才敢踏進正覺講堂來不走。所以先不說有沒有破參，光說能夠坐在這裡聽經而不走人，心中也不覺得這蕭老師說法好誇大，那就表示你的善根不錯了。假使你隨便去哪個大道場拉了人來，讓他坐在這裡聽我說法，他能夠坐在講堂裡把二個鐘頭聽完，不中途離席，已經算很好了，因爲第一次來聽我講經說法時，往往會感覺說：「這蕭老師說法，口氣太大了。」如果講得客氣一點就說：「蕭老師說法有點神仙味。」這意思懂嗎？說蕭老師說的佛法都是神話、仙話。懂嗎？這叫歇後語，所以一般人對我的說法往往聽不下去的。

如果你認爲外面那一些學佛人跟你們都一樣，那就是你們的災難；因爲他們如果都跟你們一樣，我們把整棟大樓買下來也不夠大家一起坐下來聞法，那你們還能舒適地坐著聞法嗎？沒機會坐在這裡了！除非你中午就先來排隊。所以他們的根性跟你們不一樣，正是你們才有這個福氣，可以不必中午就來排隊，晚上來了就有機會坐在這裡聽了義法、究竟法，這是對你們自己應當要有的認知。爲什麼能夠這樣認知呢？因爲對自己有信心。這個信心是很重要的，信自己往世無量劫來曾經對諸佛作過「廣大承事供養」，所以相信自己能有機會可以實證佛菩提。這個前提希望諸位都能瞭解，就是「諸菩薩能廣大承事供養故，得最上大安樂」；這就是先要有見道的資糧，然後能明心，明心了就得到「最上大安樂」。

「得最上大安樂故，得諸佛無上大菩提。」所以要先明心而得「最上大安樂」，因為腳踏實地而不再對佛法茫無頭緒，對實相般若已經有現觀的智慧了，才能夠開始修道而在最後「得諸佛無上大菩提」。換句話說，一定要先證悟明心；但證悟明心以後，還不是無上大菩提，只是心中很歡喜：「現在禪宗的公案原來全都有頭有尾，不再像以前被印證開悟了，結果公案依舊是無頭無尾，全都讀不懂。」現在終於真的懂了：「原來哪一些人是假名善知識，哪一些人是真正的善知識；因為有些人解說公案全都錯了，而某某人解說公案真的太勝妙了，讓我讀了，不得不拍案叫絕。」心中可真的篤定了，因此「得最上大安樂」。可是想要得到「諸佛無上大菩提」，那是悟後繼續進修直到將來「入如來家、成佛子住」以後的事了，又叫作「生如來家、住如來家」。

佛門中有沒有誰會生孩子？有沒有？佛門中如果有人生了孩子會怎麼樣？千夫所指，是不是？所以有時候電視新聞報導：「這某某出家人娶了個比丘尼，一起住在寺院裡面。」前些日子還報導了一樁呢。這些人都該叫他們還俗去。本來穿著僧服是很尊貴的僧寶，如今僧服被他們這樣子污辱，這種人真的讓人家覺得很難過。這如果是在古印度那個年代，國王是要把他判刑的，因爲只要一逐出佛門，國王就抓去處罰了。在中國古代也是一樣，一旦抓到了，隨即剝奪僧服、戒牒，逐出佛門。可是現在你看台灣的中國佛教會到底在幹什麼？他們自己都不知道，竟然還放任那些出家人結婚生子，縱容他們繼續穿著僧服，繼續住在寺廟裡面，都不加以譴責。這是在侮辱所有台灣佛教界的出家人。現在中國佛教會會長是誰？我不知道。竟然可以容忍。

這意思是說，這一種人是不該存在佛門出家人中的。可是對於這一些人，你要怎麼樣去破斥他們？是不是明心後「得最上大安樂」，就能夠破斥他們所說的法？不一定有能力。現成的例子是六年前那一批人，竟然會被印順的邪說所影響，然後號稱是證得比阿賴耶識更高的法，結果理論基礎以及所拿來用的教材，竟然是印順所推薦的凡夫論師安慧所造的《大乘廣五蘊論》的識陰境界法。他們不是明心了嗎？難道沒有嗎？有啊！可是他們並沒有得到「最上大安樂」，是因爲當初我太老婆，好心過頭反而壞事了，爲他們明講了以後也就是害了他們。以前都沒有一考、再考、三考、四考，考得不夠熟，不可思議的無上妙法還沒有眞的熏進他們心中，而且是我爲他們明講了般若密意，所以他們才會在二〇〇三年壞掉菩提。如果細菌都殺光了，食物就不會壞掉，所以明心了並不代表就能夠「得諸佛無上大菩提」。明心之後只是位不退，可是還會有行退，入地以後則是不免會有念退。六年前那一批人不幸的是，還沒有到行不退的階段就變成位退，連七住位都退失了。所以說「得最上大安樂故」就表示這是不退的人。由於有這個「最上大安樂」不退失，所以能夠漸次得到「諸佛無上大菩提」，就是到了通達位而入地了。到了通達位以後，般若在胸，不管誰要來談什麼般若的題目，他都可以談，不必準備任何資料就直接可以談般若了。這就是說，他已經生在如來家了。剛才講的佛門生子是事相上的事，也有比丘生了兒子還養在寺院裡面，這孩子從小就叫他叔叔，因爲不好意思叫他爸爸，怕人家指指點點所以叫叔叔。這孩子從學校下了課以後就回到寺院來住。他的比丘尼媽媽怎麼稱呼呢？就叫嬸嬸，不叫媽媽。不叫娘，叫作嬸嬸；表面看起來好像是叔叔、嬸嬸在撫養兄長的孩子，這是千眞萬確的事。

像那樣的佛門生子就已經該罵了，可是現在換這一種生子：明心後通達了就入初地，叫作生如來家、住如來家，這種佛門生子卻是我們要廣大讚歎的，因爲難得有人能這樣「生如來家、住如來家、成佛子住」。假使哪一天有個女眾能「生如來家、住如來家」了，依舊擦脂抹粉、掛起耳鐺還佩帶著瓔珞手環，這都沒關係，妳還是如來子；雖然頭髮燙起來蓬蓬鬆鬆好像獅子頭一樣，也沒關係，依然是如來子。這是如來眞子，阿羅漢應該要禮拜恭敬妳。因爲阿羅漢就算迴心了，也不過是六住滿心位，他們還得要等以後明心而生起實相般若了，才能進到第七住位中。像這樣的「生如來家、住如來家、成佛子住」，卻是佛門一切菩薩十方諸佛之所讚歎的。我們應該只允許佛門中有這一種「生如來家、住如來家」的事，這樣的人就是「得諸佛無上大菩提」的人；因爲諸佛的無上大菩提，他已經通達了。

這個見道位的通達可就不得了了：「得諸佛無上大菩提故，能降伏一切魔軍。」不必到第幾地，一個初地心的菩薩就足夠降伏一切魔軍了。古天竺到了像法時期，佛法弘傳的局面亂得不得了，外道破法非常嚴重；那時出了一位龍樹菩薩，當時是初地心（現在不曉得到哪一地了，我們不能妄加揣測），當時他是初地心，就已經能夠降伏一切外道了。這就是說，他已得到「無上大菩提」。這個菩提爲什麼稱爲「無上」？又爲什麼稱爲「大」？這三個字表示什麼？表示二乘法的覺悟有上，而且小；爲什麼有上？因爲上面還有佛菩提道；為什麼小？菩提名之為覺，二乘聖人的覺悟，只是覺悟蘊處界無常、苦、空、無我，因此斷了我執而已；可是我執、我所執等習氣種子都還具足存在，完全都沒有斷除。所以如果看見阿羅漢被人罵了以後，板起臉來就走人，那也是正常的。他有能力入無餘涅槃，可是瞋的習氣種子還是具足的，只是不現行而已，所以他不會回罵。菩薩初地心就已經不斷地在斷除習氣種子，這都還沒有成佛，才在初地就開始在斷除了，那麼請問是佛菩提大呢？還是聲聞菩提大呢？喔！這就很清晰了，當然佛菩提大。

再來看佛菩提道裡所覺悟的內容是法界的實相，就是宇宙萬有的根源，這是諸阿羅漢、緣覺所不知；而這樣的佛菩提在證悟時，才只是三賢位裡的第七住位。然後還要再進修二十三個階位，也就是悟後要再進修第一大阿僧祇劫三十分之二十三，才能進入初地而說是生如來家、成佛子住。那麼悟後到底是要再進修多少劫才能入地？就只能夠說是一大阿僧祇劫的三十分之二十三。像這樣子才到達初地，但還不足以成佛，入地以後還要進修二大阿僧祇劫才能成佛。那阿羅漢縱使明心了，才不過三賢位的第七住位；從這裡來看，是阿羅漢的聲聞、緣覺菩提大？還是佛菩提大？喔！這就很明顯了。

所以我們說二乘菩提小，並不帶有輕蔑的意味，而是如實語；我不是故意要貶抑它，因爲事實眞的是這樣。

我們常常說聲聞乘叫作小乘，說佛菩提道是大乘，這也沒有貶抑聲聞乘的意味，因爲聲聞乘本來就小。看看聲聞乘，從凡夫位到達阿羅漢位的法，我以《阿含正義》七輯就把它寫完了。佛菩提道呢？看看我寫的其他書籍是《阿含正義》的幾倍？但是也只講了這麼一點點而已，（平實導師伸手點出小指的尖端說：）只有這麼一點點！這樣子比較，大家就看得清楚了，我還沒有講的佛法還很多。所以世尊講這個「無上」二字是有道理的，因爲十方三世一切法界，沒有任何一種法可以上於佛菩提，所以佛菩提是「無上」。二乘菩提在世間法中爲無上，可是於佛法中來講卻是有上法，因爲它不能觸及到佛菩提的內涵，而佛菩提已經函蓋了二乘菩提，所以這個佛菩提當然是無上菩提；再加上剛剛所講的「大」，就顯示是「無上大菩提」。

由於「得諸佛無上大菩提故」，所以「能降伏一切魔軍」。假使有魔來到菩薩面前，菩薩說：「你這個主張是錯誤的。」可是菩薩卻又把他錯誤的主張拿出來說：「我卻可以說你這個主張是對的。由你來主張是錯的，我來主張就對了。」菩薩就是能夠這樣。有一句話說得很好：「邪人說正法，正法亦隨邪；正人說邪法，邪法亦隨正。」所以哪一天，假使有興趣、有空閒的話，也許我把龍樹菩薩敵對一方的立論拿出來，我都可以把它解釋作正確的法。確實可以這樣啊！因爲那一些立論，敵方是用六識論作基礎來講的，你當然可以把他破盡。然後他的立論，你改用八識論作基礎來把它解釋，你所解釋的敵方邪論就轉變而全部都對了；而且龍樹的弟子提婆，也已經向龍樹證實過了。

所以同樣的法，是外道說的，你可以明確指說他講錯了。等到他問你說：「那不然，你寫一首偈來吧！」你不必自己造偈，直接就把那外道的偈再誦一遍。那外道聽了說：「那不是我寫的嗎？」你說：「不！表面上是你寫的，實際上是我寫的。」「爲什麼？」他一定不相信，一定質問你：「爲什麼？」你就用八識論把它解釋出來，結果每一句偈都講對了。當你以同一首偈改以八識論的正理解釋出來時，那裡面的道理還能夠是外道所寫的道理嗎？當然不是了。那你說，魔能拿你奈何嗎？眞的奈何不了你！這就是「得諸佛無上大菩提」，所以有智慧「能降伏一切魔軍」。

諸位可以回憶一下，或者檢查一下：打從有佛教史以來，有多少人敢公開發文出去說「不論是誰，隨時可以來跟我作法義辨正無遮大會」？有沒有呢？有啊？有幾位？只是有幾位的問題，不是沒有。其實沒有幾位啦！因爲古來的無遮大會絕大部分是財施或食施的無遮大會，大不了是說法布施的無遮大會，難得看見法義辨正的無遮大會啊！其實大家不必因此便覺得說：爲什麼佛門這麼不爭氣？其實不必，因爲有的時候根本不需要作法義辨正的無遮大會，但有的時候卻是需要的；正當需要的時候就作，一般情況下是不必的。

凡是入地的菩薩都敢作這個事情，也許諸位想說：「菩薩們都不怕死嗎？辨正輸了，那是要掉腦袋的！」但我告訴你，菩薩們根本不怕死。這是什麼理由而不怕死呢？諸地菩薩們都不是因爲不怕死而不怕死，是因爲如果有誰能辨贏他，那是他的福報。這種大善知識自己送上門來，菩薩哪有不要的道理？就趕快禮拜對方作老師了，還要自殺尋死幹什麼呢？眾生眞的好笨喔！菩薩才不笨哩！所以，如果哪一天有誰上門來法義辨正挑戰，他贏了我，我一定趕快下座在他面前右繞三匝，五體投地作頭面接足禮，請他來當我的師父。這種人是打著燈籠天下難找的大善知識，這眞是踏破鐵鞋無覓處，得來全不費功夫；此時不拜他爲師，更待何時？

凡是論法能夠勝過菩薩的，他的法一定是更勝妙，但絕對不是外道法；因爲外道法都落到六識範圍裡面，全都逃不過菩薩的法眼與辨正。如果能夠勝過菩薩的，一定是好幾地的大菩薩，那是百千萬劫難值遇的大善知識，爲什麼不趕快拜作師父？還想要因爲辨正法義輸了就爲了面子而自殺？這種天下最難找到的好因緣，爲什麼還要推掉？所以菩薩根本不必怕法義辨正輸了要自裁，只要有誰論法時比我更厲害，那是我的福氣，如今自己送上門來，也經過法義辨正而確定下來了，他就是我的師父，得要趕早拜定下來。

這意思就是說，只要入了地就足夠應付一切魔軍。不管天魔派了什麼樣能言善道的人來，菩薩都無所畏懼，因爲天魔的智慧也就只是識陰六識的境界。今天就教導諸位已經明心的人一個好方法，你們可以現學現賣，以後遇到什麼魔軍都不用怕，也不必像我這麼雜學才能應付外道。我這個人很雜學，就是對學校教的課程從來不學，專學課外的知識。我很雜學，今晚就教你們一個很簡單的方法；你如果明心了，就要記得拿出來用。不管什麼外道來找你：「聽說你在正覺被印證開悟了，那你能懂一切法？」你就說：「懂啊！」拍胸脯保證懂啊！他說：「那我問你，氣功如何如何。」你說：「好，你儘管講。」他會問說：「你給我多少時間？」你就問他：「你能講多少時間就講多少時間。」就讓他講，等他一個小時講完了，他問你說：「你懂嗎？」你就說：「怎麼不懂？這不過是意識境界。」（大眾笑…）一句話就摺倒他了，也就解決了。

接著遇到第二個人來了：「我是有神通的。」你說：「你有神通，是有他心通是不是？」「是啊！」「那我檢驗一下好了。」這下可要立個下馬威了，把手伸進口袋，或妳們女眾有包包，妳拿到什麼東西，比如說拿到一支髮夾，妳就在心裡面忉忉唸著說：「我拿著這個十塊錢銅板，看你知不知道。」妳就握著拳拿出來：「你猜這是什麼？」然後心裡再唸一遍：「十塊錢銅板，你一定不知道。」他一定跟妳說：「我早就知道那是十塊錢銅板啦！」因爲他眞的有他心通嘛！好啦！妳把手掌一伸開，是一根髮夾，他嚇呆了，妳就罵：「他心通在哪裡？」這眞是冤死人不必負責任。

然後接著就說：「這個不談了，你有多少神通講講看，看我有什麼不懂的。」他心裡面先已經懼怕了，因爲竟然來到你面前突然沒有神通。其實他是有他心通，只是你有智慧降伏他，他就以爲說：「我這他心通，怎麼突然不靈了。」他以爲是自己不靈，然後他就講另外還有什麼神通，等他講完了，一定會問你：「你懂不懂？」你說：「這個我都知道，不過是意識境界而已。」他一聽，對啊！是意識境界，這一下子他還能講什麼？對啊！因爲所有的那一些外道法全部都是意識境界，無法超出於意識之外。你就一句話說：「意識境界都是覺知心相應的事情，都是三界中法，這有什麼不懂的？」一句話丟給他就好。所以你不必去研究氣功、內丹、外丹，比如說南拳北腿、十八般武藝，你也都不必研究，你只說：「這是意識境界，有什麼不能懂的？實相境界你懂嗎？永遠住在大龍之定中，永遠都不出定的境界你懂嗎？」這樣問就好了！這一招要現學現賣，以後要記得用。

那麼意思就是說，那些外道法都還及不上二乘菩提，但二乘法雖然上於一切世間境界，也只是佛菩提道中的一個很小部分而已。諸位想想看：佛菩提道的完成需要三大阿僧祇劫，但是聲聞道可以在一世中完成，這二種能不能相提並論？眞的沒辦法。好比一隻細菌想要跟色究竟天的天身相比，要從何比起呢？所以我們把事實說出來以後，諸位就會確實瞭解，我說聲聞菩提爲小乘，是如實語，沒有絲毫輕蔑的意味。單從成就的時間來看就差這麼多，我說他們是小乘，老實說還算是客氣的說法；因爲三大阿僧祇劫完成跟一世完成，眞的沒有辦法相提並論，沒有說他是小小乘已經夠好了。所以我說他們是小乘，正是如實語，沒有絲毫輕蔑或者故意壓抑的意味。那一些學習南傳佛法的人不懂，他們對大乘法稱他們爲小乘，心裡很不服氣。其實他們眞的不懂，只好繼續當人乘、天乘法中的學人了。

這就是說，「得諸佛無上大菩提」的事，光是從外門廣修六度萬行的初住位而到達見道的通達位爲止，要一大阿僧祇劫，這是「諸佛無上大菩提」的入門完成了；這時候能降伏一切魔軍，三界中沒有誰能夠與他辯論法義。且不說入地，單單說你們剛剛明心的智慧就好了，我剛剛教你們那一招「不過是意識境界」就可以解決世間人的質難了。請問世間還有誰能與你辨正法義呢？沒有了！因爲既然是說辨正法義，當然要談三乘菩提。如果哪一天遇到個阿羅漢，你也不必膽怯；雖然你悟後還沒有成爲阿羅漢，但是你要促使他對佛菩提生起增上意樂，讓他迴心而入大乘法中成爲菩薩。所以他如果講聲聞菩提，你就說：「你這是有上法。」他會問你：「為什麼是有上法？」你就說：「因為你這個菩提及不到無上菩提。」也就是觸不到無上菩提。「什麼是無上菩提呢？」你就告訴他所謂法界實相。你當然不必讓他那麼輕易就悟入，因為他一旦悟了就覺得不稀奇了，而且他證悟佛菩提的因緣也還沒有成熟，所以你就是要隱覆密意來說，於是就為他解說如何是眞、如何是如。你講上一大堆佛法，只從理論上為他講解就好，千萬別幫他悟入，要等他菩薩性發起了以後再來說。結果你講了一大堆所謂證眞如，他都聽不懂，只能想像，那時候他才會知道菩薩智慧的厲害：還沒有辦法出三界、還沒有斷盡思惑就有這種智慧，就能了知無餘涅槃中的實際。要這樣才能夠使他生起對佛菩提的意樂。

菩薩就像這樣子，證悟實相般若以後次第進修到達通達位，就有「無上大菩提」「能降伏一切魔軍」。請問：這樣的菩薩在三界中是不是有資格自自在在地生活？當然有資格，還有誰能來挑戰他呢？沒有啊！也許有人想：「那還有上地菩薩可以來挑戰他。」可是上地菩薩不會挑戰他，上地菩薩眞要是來了，只會來幫助他而不會挑戰他。就算有時候這位菩薩小地方講錯了，人家去問三地、五地菩薩時，那些上地菩薩們反而說：「他講的對啊！」明明講錯了，也會說他對。這不是官官相護，這叫作菩薩菩薩相護。為什麼呢？因爲上地菩薩自然有辦法幫他圓過來，說他是由於什麼緣故所以這麼講，所以他講的沒有錯。

諸地都有這個本事，都可以圓得過來。能夠這樣的人，當然由於能夠「降伏一切魔軍故，得於三界皆自在。」因爲連天魔都挑戰不了他了，還有誰能挑戰他呢？當然「得於三界皆自在」。假使有某一天的天主下來人間挑戰他，一樣挑戰不了。假使那些天主之中有人是證悟的，既然證悟了，佛佛道同，都是相同的法道，又怎麼可能來挑戰他呢？那時就只有來護持、來擁護而已；這時是來證明這位菩薩眞的證悟了，沒有辦法推翻菩薩。因爲他如果故意推翻的話，就只有亂說法才能推翻他，然而這時初地菩薩就有機會以智慧破他了；因爲當他一旦開始推翻菩薩法義的時候，表示他的立論一定是不符法界實相的，所以這樣的菩薩都是能於三界中皆得自在。

「於三界皆自在故，能遍饒益一切眾生，悉與究竟最上安樂。」由於能夠於三界皆自在的緣故，當然他就能普遍饒益一切眾生了。所以，人間只要有初地菩薩存在（當然修證越高越好），這就是眾生的福氣，因爲他能夠饒益一切眾生；不管哪一類的根性，他都能加以饒益。只有一種人不被菩薩所饒益，就是一闡提人。也許你們不相信，心想：「你蕭老師講這個話，不對啦！我不相信啦！因爲有許多人讀了你的書，還不是繼續在罵你？」好有一說！但問題是，他們爲了名聞利養而繼續在罵，可也繼續讀著；他們一定會繼續讀的，然後越讀越罵、越罵越讀，終究會有一天，他們罵到後來時，心中的很多知見可都被我轉變而提升了。你們沒發覺嗎？不管是在網站上匿名罵我的人也好，或私下言語罵我的人也好，他們讀了我的書而不斷地罵我，罵到後來他們講的佛法已經跟幾年前完全不一樣了。那麼請問：那些罵我的人有沒有被我饒益了？有嘛！雖然他們未來世不一定會當我的徒弟，可是會成為你們的徒弟；因爲他們的佛法知見也會被我所轉變，他們爲了尋找我的法義錯誤而不斷閱讀我的書幾年以後，不知不覺間已經開始修正心中原來錯誤的知見了。

並且那些罵我的人，罵得越厲害的、最常罵我的人，未來的轉變也會越快；因爲他們爲了罵我，必須不斷地閱讀我的書，不斷地找碴。不斷閱讀、不斷找碴的結果，就在不知不覺間被我洗腦成功了。這可是他們主動願意被我洗腦，不是我去強迫他們的，而我也就饒益他們了。所以也許他們罵一、三年以後改變了，也許罵個五、六年，他們改變了；甚至有人也許要罵我到三十年以後，才會發覺自己全都罵錯了。爲什麼他未來會發覺罵錯了？因爲發覺自己的佛法知見跟以前不一樣：自己現在的佛法知見已經非常好了。爲什麼會非常好呢？都是因爲閱讀蕭平實的書籍而想要尋找毛病，所以不知不覺間就進步了。到那個時候，不就是他轉變心態開始懺悔而可以實證的時候嗎？所以，凡是正法一定會饒益一切眾生，就只有一闡提人不能饒益，因爲他已經斷善根了，那我對他是無可奈何的！

既然能夠「饒益一切眾生」，當然這也是「悉與究竟最上安樂」，因爲到最後大家都知道：實證佛菩提的道路是應該如何走了。在我們正覺同修會出來弘法以前，大家講的學佛、學佛，其實都是在學羅漢，不能叫作學佛；並且學羅漢時還學錯了，就是釋印順那一派人自己學錯了，還錯教所有門徒了，所以他們連羅漢法都沒學好。現在大家知道學佛入道要門就是證第八識如來藏，開悟的檢驗標準就是：有沒有證得如來藏？能不能現觀眞如境界？

現在佛教界，如果是剛進佛門才學三、五年的人，我們就不談他。如果已經進來佛門眞正用心修學十幾年了，你問一問他們：「現在全球佛教，哪個地方是眞正開悟的？」他們會馬上告訴你：「正覺。」「開悟是悟什麼？」「證如來藏。」現在那一些老修行人大概都知道了，那他們不就把自己的學佛方向建立了嗎？現在他們也都知道，明心開悟只是三賢位中的第七住位，後面還有十行、十迴向位等著進修，然後才能進入初地心中；接下去還有十地、等覺、妙覺，這樣修完了，才能成佛。

這個法義現在很多人知道了，可是在我們正覺出來弘法以前，那些大山頭法師們所謂的學佛，他們的證果是什麼？全都是聲聞果，都是初果到四果；有誰曾講過菩薩所證除了聲聞果以外，還有菩薩果的五十二個階位？都沒有欸！可是現在大家都知道學佛跟學羅漢不一樣：學佛有五十二個階位，學羅漢只有四個階位，一世就可以完成，學佛要三大阿僧祇劫，現在都知道了。那麼他們大家都知道了以後，就懂得選擇及如何修行了：自認爲資糧不夠的，就趕快修集資糧。當然也有人會知道說：「我這一世大概沒機會實證般若了，沒關係，我就留在慈濟繼續努力布施眾生，修集更大的福德，讓我的菩薩性更具足，我下一輩子憑著這些福德再去正覺學法。」這也可以說是「得安樂」，因爲他已經建立了正確的道路方向了，不再茫無目標，心中很篤定了。而我們給的安樂是「最上安樂」，在正覺裡，各人可以去衡量：「如果我布施作夠了，要趕快去受戒。受戒時，我是要受五戒呢？還是要受十戒呢？或者我只要受八關齋戒就好？或者我乾脆去受菩薩戒。」眞正想要學佛的人對於如何受戒、持戒，他對自己已經有個定見存在了，這不就是已經得到利益安樂了嗎？至於精進、忍辱、靜慮、般若，也是一樣的道理。

爲什麼我們出版社常常會接到會外學佛人的電話來感謝，他們來買書讓我們賺一點小錢，竟然還要感謝我們，這生意好作。因爲有很多人學佛十幾年、二十幾年，心想：「我到現在才知道什麼叫學佛，原來以前的我都不是在學佛。」如今終於知道了，心中感謝啊！爲什麼這樣？這表示他得到饒益了。所以只要有正確的法能夠講出來，就能饒益一切眾生。爲什麼我們能夠講出這樣正確的法呢？因爲「得無上大菩提」，這不是二乘小法的菩提智，所以菩薩得到這個大安樂：是證得「金剛」法性，「入法性」而心得決定……

等「般若波羅蜜法門」。

想要得到這個法門是要有這一些過程的，不是憑空而得到。所以假使有人告訴你說：「我開悟時就這麼開悟，我之前也沒有修學什麼，我突然就開悟了。」又如有人告訴你說：「我能夠得到這些神通，都是突然就得，我也不知道怎麼得的，所以我沒有辦法教你。」這就表示他所說的都是不實在的，都叫作無中生有。凡是開悟一定有一個內涵，既有一定的內涵就會有悟入的過程，就是說開悟前應該有什麼過程？到底悟什麼？過程與內涵是一定有的。除非沒有眞正的內涵，也就沒有求悟或悟入的過程。話說回來，若沒有內涵與過程而說他開悟了，其誰能信？可是在末法時代的今天，畢竟還是有人信，只因爲對方是名氣很大的法師；什麼人信呢？愚癡人信。

可是台灣佛教界以及大陸佛教界現在的狀況大約一樣了，現在水平已經拉近了。以前台灣跟大陸的佛法水平相差大約二十年，現在只剩下差不多十年，再過幾年應該會只相差五年，已在漸漸拉近了。因爲我們在大陸也努力去弘法，怎麼樣弘法呢？就用流通結緣書的方式。當你有這一種法門來告訴眾生的時候，眾生知道學佛是該怎麼學了，就可以從你這裡「得最上大安樂」；因爲由這一個佛菩提的實證就可以通二乘菩提，對於二乘菩提的內涵也能夠瞭解；可是二乘菩提的實證者只能仰望大乘菩提，絲毫無法瞭解。在這個情況下，請問你們要學佛菩提？還是要學二乘菩提呢？（大眾答：佛菩提。）是佛菩提。請問：如果還有人想要繼續學二乘菩提，那是什麼人？（大眾答：聲聞人。）沒有錯。可是諸位講得太客氣了，那種人叫作愚癡人！即使證得四果阿羅漢了，都還叫作愚人——是聖而愚，因爲依舊愚於法界實相。

這一個過程說完了，世尊想要提出證悟者通達般若後的本質或表現來告訴大家，就先爲大家提問說：「何以故？」代替大家提問：爲什麼是這樣說的？然後 世尊在下面經文的偈頌中自有說法。頌曰：（詳續第八輯詳解。）

# 佛教正覺同修會〈修學佛道次第表〉

## 第一階段
* 以憶佛及拜佛方式修習動中定力。
* 學第一義佛法及禪法知見。
* 無相拜佛功夫成就。
* 具備一念相續功夫—動靜中皆能看話頭。
* 努力培植福德資糧，勤修三福淨業。

## 第二階段
* 參話頭，參公案。
* 開悟明心，一片悟境。
* 鍛鍊功夫求見佛性。
* 眼見佛性〈餘五根亦如是〉親見世界如幻，成就如幻觀。
* 學習禪門差別智。
* 深入第一義經典。
* 修除性障及隨分修學禪定。
* 修證十行位陽焰觀。

## 第三階段
* 學一切種智真實正理—楞伽經、解深密經、成唯識論…。
* 參究末後句。
* 解悟末後句。
* 透牢關—親自體驗所悟末後句境界，親見實相，無得無失。
* 救護一切衆生迴向正道。護持了義正法，修證十迴向位如夢觀。
* 發十無盡願，修習百法明門，親證猶如鏡像現觀。
* 修除五蓋，發起禪定。持一切善法戒。親證猶如光影現觀。
* 進修四禪八定、四無量心、五神通。進修大乘種智，求證猶如谷響現觀。

# 佛菩提二主要道次第概要表——二道並修，以外無別佛法

## 佛菩提道——大菩提道

### 遠波羅蜜多

#### 資糧位

十信位修集信心——一劫乃至一萬劫

初住位修集布施功德（以財施為主）。

二住位修集持戒功德。

三住位修集忍辱功德。

四住位修集精進功德。

五住位修集禪定功德。

六住位修集般若功德（熏習般若中觀及斷我見，加行位也）。

外門廣修六度萬行

#### 見道位

七住位明心般若正觀現前，親證本來自性清淨涅槃。

八住位起於一切法現觀般若中道。漸除性障。

十住位眼見佛性，世界如幻觀成就。

一至十行位，於廣行六度萬行中，依般若中道慧，現觀陰處界猶如陽焰，至第十行滿心位，陽焰觀成就。

一至十迴向位熏習一切種智；修除性障，唯留最後一分思惑不斷。第十迴向滿心位成就菩薩道如夢觀。

內門廣修六度萬行

初地：第十迴向位滿心時，成就道種智一分（八識心王一一親證後，領受五法、三自性、七種第一義、七種性自性、二種無我法）復由勇發十無盡願，成通達位菩薩。復又永伏性障而不具斷，能證慧解脫而不取證，由大願故留惑潤生。此地主修法施波羅蜜多及百法明門。證「猶如鏡像」現觀，故滿初地心。

二地：初地功德滿足以後，再成就道種智一分而入二地；主修戒波羅蜜多及一切種智。滿心位成就「猶如光影」現觀，戒行自然清淨。

## 解脫道：二乘菩提

斷三縛結，成初果解脫

薄貪瞋癡，成二果解脫

斷五下分結，成三果解脫

入地前的四加行令煩惱障現行悉斷，成四果解脫，留惑潤生。分段生死已斷，煩惱障習氣種子開始斷除，兼斷無始無明上煩惱。

近波羅蜜多 — 大波羅蜜多 — 圓滿波羅蜜多

修道位 — 究竟位

三地：二地滿心再證道種智一分，故入三地。此地主修忍波羅蜜多及四禪八定、四無量心、五神通。能成就俱解脫果而不取證，留惑潤生。滿心位成就「猶如谷響」現觀及無漏妙定意生身。

四地：由三地再證道種智一分故入四地。主修精進波羅蜜多，於此土及他方世界廣度有緣，無有疲倦。進修一切種智，滿心位成就「如水中月」現觀。

五地：由四地再證道種智一分故入五地。主修禪定波羅蜜多及一切種智，斷除下乘涅槃貪。滿心位成就「變化所成」現觀。

六地：由五地再證道種智一分故入六地。此地主修般若波羅蜜多——依道種智現觀十二因緣一一有支及意生身化身，皆自心眞如變化所現，「非有似有」，成就細相觀，不由加行而自然證得滅盡定，成俱解脫大乘無學。

七地：由六地「非有似有」現觀，再證道種智一分故入七地。此地主修一切種智及方便波羅蜜多，由重觀十二有支一一支中之流轉門及還滅門一切細相，成就方便善巧，念念隨入滅盡定。滿心位證得「如犍闥婆城」現觀。

八地：由七地極細相觀成就故再證道種智一分而入八地。此地主修一切種智及願波羅蜜多。至滿心位純無相觀任運恆起，故於相土自在，滿心位復證「如實覺知諸法相意生身」故。

九地：由八地再證道種智一分故入九地。主修力波羅蜜多及一切種智，成就四無礙，滿心位證得「種類俱生無行作意生身」。

十地：由九地再證道種智一分故入此地。此地主修一切種智——智波羅蜜多。滿心位起大法智雲，及現起大法智雲所含藏種種功德，成受職菩薩。

等覺：由十地道種智成就故入此地。此地應修一切種智，圓滿等覺地無生法忍；於百劫中修集極廣大福德，以之圓滿三十二大人相及無量隨形好。

妙覺：示現受生人間已斷盡煩惱障一切習氣種子，並斷盡所知障一切隨眠，永斷變易生死無明，成就大般涅槃，四智圓明。人間捨壽後，報身常住色究竟天利樂十方地上菩薩；以諸化身利樂有情，永無盡期，成就究竟佛道。

七地滿心斷除故意保留之最後一分思惑時，煩惱障所攝色、受、想三陰有漏習氣種子全部斷盡。 ←

煩惱障所攝行、識二陰無漏習氣種子任運漸斷，所知障所攝上煩惱任運漸斷。 ←

斷盡變易生死成就大般涅槃

# 圓滿成就究竟佛果

佛子蕭平實 謹製
（二〇〇九、〇二 修訂）
（二〇一二、〇二 增補）

## 佛教正覺同修會 共修現況 及 招生公告　2016/1/16

### 一、共修現況：（請在共修時間來電，以免無人接聽。）

**台北正覺講堂** 103 台北市承德路三段 277 號九樓 捷運淡水線圓山站旁
Tel..**總機** 02-25957295（晚上）（**分機**：**九樓**辦公室 10、11；知客櫃檯 12、13。 **十樓**知客櫃檯 15、16；書局櫃檯 14。 **五樓**辦公室 18；知客櫃檯 19。**二樓**辦公室 20；知客櫃檯 21。）
Fax..25954493

**第一講堂**　台北市承德路三段 277 號九樓

**禪淨班**：週一晚上班、週三晚上班、週四晚上班、週五晚上班、週六下午班、週六上午班（皆須報名建立學籍後始可參加共修，欲報名者詳見本公告末頁）

**增上班**：**瑜伽師地論詳解**：每月第一、三、五週之週末 17.50～20.50 平實導師講解（僅限已明心之會員參加）

**禪門差別智**：每月第一週日全天　平實導師主講（事冗暫停）。

**佛藏經詳解**　平實導師主講。已於 2013/12/17 開講，歡迎已發成佛大願的菩薩種性學人，攜眷共同參與此殊勝法會聽講。詳解 釋迦世尊於《佛藏經》中所開示的眞實義理，更爲今時後世佛子四眾，闡述佛陀演說此經的本懷。眞實尋求佛菩提道的有緣佛子，親承聽聞如是勝妙開示，當能如實理解經中義理，亦能了知於大乘法中：如何是諸法實相？善知識、惡知識要如何簡擇？如何才是清淨持戒？如何才能清淨說法？於此末法之世，眾生五濁益重，不知佛、不解法、不識僧，唯見表相，不信眞實，貪著五欲，諸方大師不淨說法，各各將導大量徒眾趣入三塗，如是師徒俱堪憐憫。是故，平實導師以大慈悲心，用淺白易懂之語句，佐以實例、譬喻而爲演說，普令聞者易解佛意，皆得契入佛法正道，如實了知佛法大藏。

此經中，對於實相念佛多所著墨，亦指出念佛要點：以實相爲依，念佛者應依止淨戒、依止清淨僧寶，捨離違犯重戒之師僧，應受學清淨之法，遠離邪見。本經是現代佛門大法師所厭惡之經典：一者由於大法師們已全都落入意識境界而無法親證實相，故於此經中所說實相全無所知，都不樂有人聞此經名，以免讀後提出問疑時無法回答；二者現代大乘佛法地區，已經普被藏密喇嘛教滲透，許多有名之大法師們大多已曾或繼續在修練雙身法，都已失去聲聞戒體及菩薩戒體，成爲地獄種姓人，已非眞正出家之人，本質只是身著僧衣而住在寺院中的世俗人。這些人對於此經都是讀不懂的，也是極爲厭惡的；他們尚不樂見此經之印行，何況流通與講解？今爲救護廣大學佛人，兼欲護持佛教血脈永續常傳，特選此經宣講之。每逢週二 18.50~20.50 開示，不限制聽講資格。會外人士需憑身分證件換證入內聽講（此是大樓管理處之安全規定，敬請見諒）。桃園、台中、台南、高雄等地講堂，亦於每週二晚上播放平實導師所講本經之 DVD，不必出示身分證件即可入內聽講，歡迎各地善信同霑法益。

**第二講堂**　台北市承德路三段 267 號十樓。

**禪淨班**：週一晚上班、週六下午班。

**進階班**：週三晚上班、週四晚上班、週五晚上班（禪淨班結業後轉入共修）。

**佛藏經詳解**：平實導師講解。每週二 18.50~20.50（影像音聲即時傳輸）。本會學員憑上課證進入聽講，會外學人請以身分證件換證進入聽講（此爲大樓管理處安全管理規定之要求，敬請諒解）。

**第三講堂**　台北市承德路三段 277 號五樓。

**進階班**：週一晚上班、週三晚上班、週四晚上班、週五晚上班。

**佛藏經詳解**：平實導師講解。每週二 18.50~20.50（影像音聲即時傳輸）。本會學員憑上課證進入聽講，會外學人請以身分證件換證進入聽講（此爲大樓管理處安全管理規定之要求，敬請諒解）。

**第四講堂**　台北市承德路三段 267 號二樓。

**進階班**：週一晚上班、週三晚上班、週四晚上班、週五晚上班（禪淨班結業後轉入共修）。

**佛藏經詳解**：平實導師講解。每週二 18.50~20.50（影像音聲即時傳輸）。本會學員憑上課證進入聽講，會外學人請以身分證件換證進入聽講（此爲大樓管理處安全管理規定之要求，敬請諒解）。

**第五、第六講堂**　爲**開放式講堂**，不需以身分證件換證即可進入聽講，台北市承德路三段 267 號地下一樓、地下二樓。已規劃整修完成，每逢週二晚上講經時段開放給會外人士自由聽經，請由大樓側面梯階逕行進入聽講。**聽講者請尊重講者的著作權及肖像權，請勿錄音錄影，以免違法；若有錄音錄影被查獲者，將依法處理。**

**正覺祖師堂**　大溪鎮美華里信義路 650 巷坑底 5 之 6 號（台 3 號省道 34 公里處　妙法寺對面斜坡道進入）電話 03-3886110　傳眞 03-3881692 本堂供奉 克勤圓悟大師，專供會員每年四月、十月各二次精進禪三共修，兼作本會出家菩薩掛單常住之用。除禪三時間以外，每逢單月第一週之週日 9:00~17:00 開放會內、外人士參訪，當天並提供午齋結緣。教內共修團體或道場，得另申請其餘時間作團體參訪，務請事先與常住確定日期，以便安排常住菩薩接引導覽，亦免妨礙常住菩薩之日常作息及修行。

**桃園正覺講堂（第一、第二講堂）**：桃園市介壽路 286、288 號 10 樓（陽明運動公園對面）電話：03-3749363（請於共修時聯繫，或與台北聯繫）

**禪淨班**：週一晚上班、週三晚上班、週四晚上班、週五晚上班。

**進階班**：週六上午班、週五晚上班。

**佛藏經詳解**：平實導師講解。每週二晚上，以台北正覺講堂所錄 DVD 放映；歡迎會外學人共同聽講，不需出示身分證件。

**新竹正覺講堂** 新竹市東光路 55 號二樓之一　電話 03-5724297（晚上）

**第一講堂：**

**禪淨班**：週一晚上班、週五晚上班、週六上午班。

**進階班**：週三晚上班、週四晚上班（由禪淨班結業後轉入共修）。

**佛藏經詳解**：平實導師講解。每週二晚上，以台北正覺講堂所錄 DVD 放映。歡迎會外學人共同聽講，不需出示身分證件。

**第二講堂：**

**禪淨班**：週三晚上班、週四晚上班。

**佛藏經詳解**：每週二晚上與第一講堂同時播放佛藏經詳解 DVD。

**台中正覺講堂** 04-23816090（晚上）

**第一講堂** 台中市南屯區五權西路二段 666 號 13 樓之四（國泰世華銀行樓上。鄰近縣市經第一高速公路前來者，由五權西路交流道可以快速到達，大樓旁有停車場，對面有素食館）。

**禪淨班**：週三晚上班、週四晚上班。

**進階班**：週一晚上班、週六上午班（由禪淨班結業後轉入共修）。

**增上班**：單週週末以台北增上班課程錄成 DVD 放映之，限已明心之會員參加。

**佛藏經詳解**：平實導師講解。每週二晚上，以台北正覺講堂所錄 DVD 放映。歡迎會外學人共同聽講，不需出示身分證件。

**第二講堂** 台中市南屯區五權西路二段 666 號 4 樓

**禪淨班**：週一晚上班、週三晚上班、週六上午班。

**進階班**：週五晚上班（由禪淨班結業後轉入共修）。

**佛藏經詳解**：每週二晚上與第一講堂同時播放佛藏經詳解 DVD。

**第三講堂、第四講堂**：台中市南屯區五權西路二段 666 號 4 樓。

**嘉義正覺講堂** 嘉義市友愛路 288 號八樓之一　電話：05-2318228

**第一講堂：**

**禪淨班**：週一晚上班、週四晚上班、週五晚上班。

**進階班**：週三晚上班（由禪淨班結業後轉入共修）。

**佛藏經詳解**：平實導師講解。每週二晚上，以台北正覺講堂所錄 DVD 放映。歡迎會外學人共同聽講，不需出示身分證件。

**第二講堂** 嘉義市友愛路 288 號八樓之二。

**台南正覺講堂**

**第一講堂** 台南市西門路四段 15 號 4 樓。06-2820541（晚上）

**禪淨班**：週一晚上班、週三晚上班、週四晚上班、週五晚上班、週六下午班。

**增上班**：單週週末下午，以台北增上班課程錄成 DVD 放映之，限已明心之會員參加。

**佛藏經詳解**：平實導師講解。每週二晚上，以台北正覺講堂所錄 DVD 放映。歡迎會外學人共同聽講，不需出示身分證件。

**第二講堂**　台南市西門路四段 15 號 3 樓。

**佛藏經詳解**：每週二晚上與第一講堂同時播放佛藏經詳解 DVD。

**第三講堂**　台南市西門路四段 15 號 3 樓。

**進階班**：週三晚上班、週四晚上班、週六上午班（由禪淨班結業後轉入共修）。

**佛藏經詳解**：每週二晚上與第一講堂同時播放佛藏經詳解 DVD。

**高雄正覺講堂**　高雄市新興區中正三路 45 號五樓 07-2234248（晚上）

**第一講堂**（五樓）：

**禪淨班**：週一晚上班、週三晚上班、週四晚上班、週五晚上班、週六上午班。

**增上班**：單週週末下午，以台北增上班課程錄成 DVD 放映之，限已明心之會員參加。

**佛藏經詳解**：平實導師講解。每週二晚上，以台北正覺講堂所錄 DVD 放映。歡迎會外學人共同聽講，不需出示身分證件。

**第二講堂**（四樓）：

**進階班**：週三晚上班、週四晚上班、週六上午班（由禪淨班結業後轉入共修）。

**佛藏經詳解**：每週二晚上與第一講堂同時播放佛藏經詳解 DVD。

**第三講堂**（三樓）：

**進階班**：週四晚上班（由禪淨班結業後轉入共修）。

**香港正覺講堂**　**☆已遷移新址☆**

九龍觀塘，成業街 10 號，電訊一代廣場 27 樓 E 室。

（觀塘地鐵站 B1 出口，步行約 4 分鐘）。電話：(852) 23262231

英文地址：Unit E, 27th Floor, TG Place, 10 Shing Yip Street, Kwun Tong, Kowloon

**禪淨班**：雙週六下午班 14:30-17:30，已經額滿。
雙週日下午班 14:30-17:30，2016 年 4 月底前尚可報名。

**進階班**：雙週五晚上班（由禪淨班結業後轉入共修）。

**增上班**：單週週末上午，以台北增上班課程錄成 DVD 放映之，限已明心之會員參加。

**妙法蓮華經詳解**：平實導師講解。雙週六 19:00-21:00，以台北正覺講堂所錄 DVD 放映；歡迎會外學人共同聽講，不需出示身分證件。

**美國洛杉磯正覺講堂　☆已遷移新址☆**

825 S. Lemon Ave Diamond Bar, CA 91798 U.S.A.

Tel. (909) 595-5222（請於週六 9:00~18:00 之間聯繫）

Cell. (626) 454-0607

**禪淨班**：每逢週末 15：30~17：30 上課。

**進階班**：每逢週末上午 10：00~12：00 上課。

**佛藏經詳解**：平實導師講解。每週六下午 13：00~15：00，以台北正覺講堂所錄 DVD 放映。歡迎各界人士共享第一義諦無上法益，不需報名。

**二、招生公告**　**本會台北講堂及全省各講堂，每逢四月、十月下旬開新班，每週共修一次**（每次二小時。開課日起三個月內仍可插班）；**但美國洛杉磯共修處之禪淨班得隨時插班共修。各班共修期間皆為二年半，欲參加者請向本會函索報名表**（各共修處皆於共修時間方有人執事，非共修時間請勿電詢或前來洽詢、請書），**或直接從本會官方網站**(http://www.enlighten.org.tw/newsflash/class)**或成佛之道網站下載報名表**。共修期滿時，若經報名禪三審核通過者，可參加四天三夜之禪三精進共修，有機會明心、取證如來藏，發起般若實相智慧，成為實義菩薩，脫離凡夫菩薩位。

**三、新春禮佛祈福**　**農曆年假**期間停止共修：自農曆新年前七天起停止共修與弘法，正月 8 日起回復共修、弘法事務。新春期間正月初一～初七 9.00～17.00 開放台北講堂、正月初一～初三開放新竹講堂、台中講堂、台南講堂、高雄講堂，以及大溪禪三道場（正覺祖師堂），方便會員供佛、祈福及會外人士請書。美國洛杉磯共修處之休假時間，請逕詢該共修處。

**密宗四大派修雙身法，是外道性力派的邪法；又以生滅的識陰作為常住法，是常見外道，是假的藏傳佛教。**

**西藏覺囊巴以他空見弘揚第八識如來藏勝法，才是真藏傳佛教**

## 佛教正覺同修會　弘法行事表　2014/08/19

1、**禪淨班**　以無相念佛及拜佛方式修習動中定力，實證一心不亂功夫。傳授解脫道正理及第一義諦佛法，以及參禪知見。共修期間：二年六個月。每逢四月、十月開新班，詳見招生公告表。

2、**《佛藏經》詳解**　平實導師主講。已於 2013/12/17 開講，歡迎已發成佛大願的菩薩種性學人，攜眷共同參與此殊勝法會聽講。詳解釋迦世尊於《佛藏經》中所開示的眞實義理，更爲今時後世佛子四眾，闡述 佛陀演說此經的本懷。眞實尋求佛菩提道的有緣佛子，親承聽聞如是勝妙開示，當能如實理解經中義理，亦能了知於大乘法中：如何是諸法實相？善知識、惡知識要如何簡擇？如何才是清淨持戒？如何才能清淨說法？於此末法之世，眾生五濁益重，不知佛、不解法、不識僧，唯見表相，不信眞實，貪著五欲，諸方大師不淨說法，各各將導大量徒眾趣入三塗，如是師徒俱堪憐憫。是故，平實導師以大慈悲心，用淺白易懂之語句，佐以實例、譬喻而爲演說，普令聞者易解佛意，皆得契入佛法正道，如實了知佛法大藏。每逢週二 18.50~20.50 開示，不限制聽講資格。會外人士需憑身分證件換證入內聽講（此是大樓管理處之安全規定，敬請見諒）。桃園、新竹、台中、台南、高雄等地講堂，亦於每週二晚上播放平實導師講經之 DVD，不必出示身分證件即可入內聽講，歡迎各地善信同霑法益。

有某道場專弘淨土法門數十年，於教導信徒研讀《佛藏經》時，往往告誡信徒曰：「後半部不許閱讀。」由此緣故坐令信徒失去提升念佛層次之機緣，師徒只能低品位往生淨土，令人深覺愚癡無智。由有多人建議故，平實導師開始宣講《佛藏經》，藉以轉易如是邪見，並提升念佛人之知見與往生品位。此經中，對於實相念佛多所著墨，亦指出念佛要點：以實相爲依，念佛者應依止淨戒、依止清淨僧寶，捨離違犯重戒之師僧，應受學清淨之法，遠離邪見。本經是現代佛門大法師所厭惡之經典：一者由於大法師們已全都落入意識境界而無法親證實相，故於此經中所說實相全無所知，都不樂有人聞此經名，以免讀後提出問疑時無法回答；二者現代大乘佛法地區，已經普被藏密喇嘛教滲透，許多有名之大法師們大多已曾或繼續在修練雙身法，都已失去聲聞戒體及菩薩戒體，成爲地獄種姓人，已非眞正出家之人，本質上只是身著僧衣而住在寺院中的世俗人。這些人對於此經都是讀不懂的，也是極爲厭惡的；他們尚不樂見此經之印行，何況流通與講解？今爲救護廣大學佛人，兼欲護持佛教血脈永續常傳，特選此經宣講之，主講者平實導師。

3、**瑜伽師地論**詳解　詳解論中所言凡夫地至佛地等 17 師之修證境界與理論，從凡夫地、聲聞地……宣演到諸地所證一切種智之眞實正理。由平實導師開講，每逢一、三、五週之週末晚上開示，僅限已明心之會員參加。

4、**精進禪三**　主三和尚：平實導師。於四天三夜中，以克勤圓悟大師及大慧宗杲之禪風，施設機鋒與小參、公案密意之開示，幫助會員剋期取證，親證不生不滅之眞實心——人人本有之如來藏。每年四月、十月各舉辦二個梯次；平實導師主持。僅限本會會員參加禪淨班共修期滿，報名審核通過者，方可參加。並選擇會中定力、慧力、福德三條件皆已具足之已明心會員，給以指引，令得眼見自己無形無相之佛性遍佈山河大地，眞實而無障礙，得以肉眼現觀世界身心悉皆如幻，具足成就如幻觀，圓滿十住菩薩之證境。

5、**阿含經**詳解　選擇重要之阿含部經典，依無餘涅槃之實際而加以詳解，令大眾得以現觀諸法緣起性空，亦復不墮斷滅見中，顯示經中所隱說之涅槃實際—如來藏—確實已於四阿含中隱說；令大眾得以聞後觀行，確實斷除我見乃至我執，證得**見到**眞現觀，乃至**身證**……等眞現觀；已得大乘或二乘見道者，亦可由此聞熏及聞後之觀行，除斷我所之貪著，成就慧解脫果。由平實導師詳解。不限制聽講資格。

6、**大法鼓經**詳解　詳解末法時代大乘佛法修行之道。佛教正法消毒妙藥塗於大鼓而以擊之，凡有眾生聞之者，一切邪見鉅毒悉皆消殞；此經即是大法鼓之正義，凡聞之者，所有邪見之毒悉皆滅除，見道不難；亦能發起菩薩無量功德，是故諸大菩薩遠從諸方佛土來此娑婆聞修此經。由平實導師詳解。不限制聽講資格。

7、**解深密經**詳解　重講本經之目的，在於令諸已悟之人明解大乘法道之成佛次第，以及悟後進修一切種智之內涵，確實證知三種自性性，並得據此證解七眞如、十眞如等正理。每逢週二 18.50~20.50 開示，由平實導師詳解。將於《大法鼓經》講畢後開講。不限制聽講資格。

8、**成唯識論**詳解　詳解一切種智眞實正理，詳細剖析一切種智之微細深妙廣大正理；並加以舉例說明，使已悟之會員深入體驗所證如來藏之微密行相；及證驗見分相分與所生一切法，皆由如來藏—阿賴耶識—直接或展轉而生，因此證知一切法無我，證知無餘涅槃之本際。將於增上班《瑜伽師地論》講畢後，由平實導師重講。僅限已明心之會員參加。

9、**精選如來藏系經典**詳解　精選如來藏系經典一部，詳細解說，以此完全印證會員所悟如來藏之眞實，得入不退轉住。另行擇期詳細解說之，由平實導師講解。僅限已明心之會員參加。

10、**禪門差別智**　藉禪宗公案之微細淆訛難知難解之處，加以宣說及剖析，以增進明心、見性之功德，啓發差別智，建立擇法眼。每月第一週日全天，由平實導師開示，僅限破參明心後，復又眼見佛性者參加（事冗暫停）。

11、**枯木禪**　先講智者大師的《小止觀》，後說《釋禪波羅蜜》，詳解四禪八定之修證理論與實修方法，細述一般學人修定之邪見與岔路，及對禪定證境之誤會，消除枉用功夫、浪費生命之現象。已悟般若者，可以藉此而實修初禪，進入大乘通教及聲聞教的三果心解脫境界，配合應有的大福德及後得無分別智、十無盡願，即可進入初地心中。親教師：平實導師。未來緣熟時將於大溪正覺寺開講。不限制聽講資格。

**註：**本會例行年假，自 2004 年起，改爲每年農曆新年前七天開始停息弘法事務及共修課程，農曆正月 8 日回復所有共修及弘法事務。新春期間（每日 9.00~17.00）開放台北講堂，方便會員禮佛祈福及會外人士請書。大溪鎭的正覺祖師堂，開放參訪時間，詳見〈正覺電子報〉或成佛之道網站。本表得因時節因緣需要而隨時修改之，不另作通知。

## 佛教正覺同修會　贈閱書籍 目錄　2015/09/29

1.**無相念佛**　平實導師著　回郵 10 元
2.**念佛三昧修學次第**　平實導師述著　回郵 25 元
3.**正法眼藏—護法集**　平實導師述著　回郵 35 元
4.**真假開悟簡易辨正法&佛子之省思**　平實導師著　回郵 3.5 元
5.**生命實相之辨正**　平實導師著　回郵 10 元
6.**如何契入念佛法門**（**附**：印順法師否定極樂世界）平實導師著　回郵 3.5 元
7.**平實書箋**—答元覽居士書　平實導師著　回郵 35 元
8.**三乘唯識**—如來藏系經律彙編　平實導師編　回郵 80 元
（精裝本　長 27 cm　寬 21 cm　高 7.5 cm　重 2.8 公斤）
9.**三時繫念全集**—修正本　回郵掛號 40 元（長 26.5 cm×寬 19 cm）
10.**明心與初地**　平實導師述　回郵 3.5 元
11.**邪見與佛法**　平實導師述著　回郵 20 元
12.**菩薩正道**—回應義雲高、釋性圓…等外道之邪見　正燦居士著　回郵 20 元
13.**甘露法雨**　平實導師述　回郵 20 元
14.**我與無我**　平實導師述　回郵 20 元
15.**學佛之心態**—修正錯誤之學佛心態始能與正法相應　孫正德老師著　回郵35元
附錄：平實導師著**《略說八、九識並存…等之過失》**
16.**大乘無我觀**—《悟前與悟後》別說　平實導師述著　回郵 20 元
17.**佛教之危機**—中國台灣地區現代佛教之真相（附錄：公案拈提六則）
平實導師著　回郵 25 元
18.**燈　影**—燈下黑（覆「求教後學」來函等）　平實導師著　回郵 35 元
19.**護法與毀法**—覆上平居士與徐恒志居士網站毀法二文
張正圜老師著　回郵 35 元
20.**淨土聖道**—兼評**選擇本願念佛**　正德老師著　**由正覺同修會購贈**　回郵 25 元
21.**辨唯識性相**—對「紫蓮心海《辯唯識性相》書中否定阿賴耶識」之回應
正覺同修會 台南共修處法義組 著　回郵 25 元
22.**假如來藏**—對法蓮法師《如來藏與阿賴耶識》書中否定阿賴耶識之回應
正覺同修會 台南共修處法義組 著　回郵 35 元
23.**入不二門**—公案拈提集錦 第一輯（於平實導師公案拈提諸書中選錄約二十則，
合輯爲一冊流通之）平實導師著　回郵 20 元
24.**真假邪說**—西藏密宗索達吉喇嘛《破除邪說論》真是邪說
釋正安法師著　回郵 35 元
25.**真假開悟**—真如、如來藏、阿賴耶識間之關係　平實導師述著　回郵 35 元
26.**真假禪和**—辨正釋傳聖之謗法謬說　孫正德老師著　回郵 30 元

27.**眼見佛性**—駁慧廣法師眼見佛性的含義文中謬說

游正光老師著　回郵 25 元

28.**普門自在**—公案拈提集錦 第二輯（於平實導師公案拈提諸書中選錄約二十則，合輯爲一冊流通之）平實導師著　回郵 25 元

29.**印順法師的悲哀**—以現代禪的質疑為線索　恒毓博士著　回郵 25 元

30.**識蘊真義**—現觀識蘊內涵、取證初果、親斷三縛結之具體行門。

—依《成唯識論》及《惟識述記》正義，略顯安慧《大乘廣五蘊論》之邪謬

平實導師著　回郵 35 元

31.**正覺電子報** 各期紙版本　免附回郵　每次最多函索三期或三本。

（已無存書之較早各期，不另增印贈閱）

32.**現代人應有的宗教觀**　蔡正禮老師 著　回郵3.5元

33.**遠惑趣道**—正覺電子報般若信箱問答錄　第一輯　回郵20元

34.**遠惑趣道**—正覺電子報般若信箱問答錄　第二輯　回郵20元

35.**確保您的權益**—器官捐贈應注意自我保護　游正光老師 著　回郵 10 元

36.**正覺教團電視弘法三乘菩提 DVD 光碟（一）**

由正覺教團多位親教師共同講述錄製 DVD 8 片，MP3 一片，共 9 片。有二大講題：一爲「三乘菩提之意涵」，二爲「學佛的正知見」。內容精闢，深入淺出，精彩絕倫，幫助大眾快速建立三乘法道的正知見，免被外道邪見所誤導。有志修學三乘佛法之學人不可不看。（製作工本費 100 元，回郵 25 元）

37.**正覺教團電視弘法 DVD 專輯（二）**

總有二大講題：一爲「三乘菩提之念佛法門」，一爲「學佛正知見（第二篇）」，由正覺教團多位親教師輪番講述，內容詳細闡述如何修學念佛法門、實證念佛三昧，以及學佛應具有的正確知見，可以幫助發願往生西方極樂淨土之學人，得以把握往生，更可令學人快速建立三乘法道的正知見，免於被外道邪見所誤導。有志修學三乘佛法之學人不可不看。（一套 17 片，工本費 160 元。回郵 35 元）

38.**佛藏經** 燙金精裝本 每冊回郵 20 元。正修佛法之道場欲大量索取者，請正式發函並蓋用大印寄來索取（2008.04.30 起開始敬贈）

39.**喇嘛性世界**—揭開假藏傳佛教譚崔瑜伽的面紗　張善思 等人合著

由正覺同修會購贈　回郵 20 元

40.**假藏傳佛教的神話**—性、謊言、喇嘛教　張正玄教授編著　回郵 20 元

由正覺同修會購贈　回郵 20 元

41.**隨 緣**—理隨緣與事隨緣　平實導師述　回郵 20 元。

42.**學佛的覺醒**　正枝居士 著　回郵 25 元

43.**導師之真實義**　蔡正禮老師 著　回郵 10 元

44.**淺談達賴喇嘛之雙身法**—兼論解讀「密續」之達文西密碼

吳明芷居士 著　回郵 10 元

45.**魔界轉世**　張正玄居士 著　回郵 10 元

46.**一貫道與開悟**　蔡正禮老師 著　回郵 10 元

47.**博愛**—愛盡天下女人　正覺教育基金會 編印　回郵 10 元
48.**意識虛妄經教彙編**—實證解脫道的關鍵經文　正覺同修會編印　回郵 25 元
49.**邪箭囈語**—破斥藏密外道多識仁波切《破魔金剛箭雨論》之邪說
陸正元老師著　上、下冊回郵各 30 元
50.**真假沙門**—依　佛聖教闡釋佛教僧寶之定義
蔡正禮老師著　俟正覺電子報連載後結集出版
51.**真假禪宗**—藉評論釋性廣《印順導師對變質禪法之批判
及對禪宗之肯定》以顯示真假禪宗
附論一：凡夫知見 無助於佛法之信解行證
附論二：世間與出世間一切法皆從如來藏實際而生而顯
余正偉老師著　俟正覺電子報連載後結集出版　回郵未定
52.**假鋒虛焰金剛乘**—揭示顯密正理，兼破索達吉師徒《般若鋒兮金剛焰》。
釋正安 法師著　俟正覺電子報連載後結集出版

★ 上列贈書之郵資，係台灣本島地區郵資，大陸、港、澳地區及外國地區，請另計酌增（大陸、港、澳、國外地區之郵票不許通用）。尚未出版之書，請勿先寄來郵資，以免增加作業煩擾。

★ 本目錄若有變動，唯於後印之書籍及「成佛之道」網站上修正公佈之，不另行個別通知。

**函索書籍**請寄：佛教正覺同修會　103 台北市承德路 3 段 277 號 9 樓
台灣地區函索書籍者請附寄郵票，無時間購買郵票者可以等值現金抵用，但不接受郵政劃撥、支票、匯票。大陸地區得以人民幣計算，國外地區請以美元計算（請勿寄來當地郵票，在台灣地區不能使用）。欲以掛號寄遞者，請另附掛號郵資。

**親自索閱**：正覺同修會各共修處。　★請於共修時間前往取書，餘時無人在道場，請勿前往索取；共修時間與地點，詳見書末正覺同修會共修現況表（以近期之共修現況表為準）。

**註**：正智出版社發售之局版書，請向各大書局購閱。若書局之書架上已經售出而無陳列者，請向書局櫃台指定洽購；若書局不便代購者，請於正覺同修會共修時間前往各共修處請購，正智出版社已派人於共修時間送書前往各共修處流通。 郵政劃撥購書及 大陸地區 購書，請詳別頁正智出版社發售書籍目錄最後頁之說明。

**成佛之道 網站**：http://www.a202.idv.tw　　正覺同修會已出版之結緣書籍，多已登載於 成佛之道 網站，若住外國、或住處遙遠，不便取得正覺同修會贈閱書籍者，可以從本網站閱讀及下載。　　書局版之《宗通與說通》亦已上網，台灣讀者可向書局洽購，售價 300 元。《狂密與眞密》第一輯~第四輯，亦於 2003.5.1.全部於本網站登載完畢；台灣地區讀者請向書局洽購，每輯約 400 頁，售價 300 元（網站下載紙張費用較貴，容易散失，難以保存，亦較不精美）。

**＊＊假藏傳佛教修雙身法，非佛教＊＊**

## 正智出版社 籌募弘法基金發售書籍目錄 2016/1/11

1.**宗門正眼**—公案拈提 第一輯 重拈 平實導師著 500 元

因重寫內容大幅度增加故，字體必須改小，並增爲 576 頁 主文 546 頁。比初版更精彩、更有內容。初版《禪門摩尼寶聚》之讀者，可寄回本公司免費調換新版書。免附回郵，亦無截止期限。（2007 年起，每冊附贈本公司精製公案拈提〈超意境〉CD 一片。市售價格 280 元，多購多贈。）

2.**禪淨圓融** 平實導師著 200 元（第一版舊書可換新版書。）

3.**真實如來藏** 平實導師著 400 元

4.**禪—悟前與悟後** 平實導師著 上、下冊，每冊 250 元

5.**宗門法眼**—公案拈提 第二輯 平實導師著 500 元

（2007 年起，每冊附贈本公司精製公案拈提〈超意境〉CD 一片）

6.**楞伽經詳解** 平實導師著 全套共 10 輯 每輯 250 元

7.**宗門道眼**—公案拈提 第三輯 平實導師著 500 元

（2007 年起，每冊附贈本公司精製公案拈提〈超意境〉CD 一片）

8.**宗門血脈**—公案拈提 第四輯 平實導師著 500 元

（2007 年起，每冊附贈本公司精製公案拈提〈超意境〉CD 一片）

9.**宗通與說通**—成佛之道 平實導師著 主文 381 頁 全書 400 頁售價 300 元

10.**宗門正道**—公案拈提 第五輯 平實導師著 500 元

（2007 年起，每冊附贈本公司精製公案拈提〈超意境〉CD 一片）

11.**狂密與真密 一～四輯** 平實導師著 西藏密宗是人間最邪淫的宗教，本質不是佛教，只是披著佛教外衣的印度教性力派流毒的喇嘛教。此書中將西藏密宗密傳之男女雙身合修樂空雙運所有祕密與修法，毫無保留完全公開，並將全部喇嘛們所不知道的部分也一併公開。內容比大辣出版社喧騰一時的《西藏慾經》更詳細。並且函蓋藏密的所有祕密及其錯誤的中觀見、如來藏見……等，藏密的所有法義都在書中詳述、分析、辨正。每輯主文三百餘頁 每輯全書約 400 頁 售價每輯 300 元

12.**宗門正義**—公案拈提 第六輯 平實導師著 500 元

（2007 年起，每冊附贈本公司精製公案拈提〈超意境〉CD 一片）

13.**心經密意**—心經與解脫道、佛菩提道、祖師公案之關係與密意 平實導師述 300 元

14.**宗門密意**—公案拈提 第七輯 平實導師著 500 元

（2007 年起，每冊附贈本公司精製公案拈提〈超意境〉CD 一片）

15.**淨土聖道**—兼評「選擇本願念佛」 正德老師著 200 元

16.**起信論講記** 平實導師述著 共六輯 每輯三百餘頁 售價各 250 元

17.**優婆塞戒經講記** 平實導師述著 共八輯 每輯三百餘頁 售價各 250 元

18.**真假活佛**—略論附佛外道盧勝彥之邪說（對前岳靈犀網站主張「盧勝彥是證悟者」之修正） 正犀居士（岳靈犀）著 流通價 140 元

19.**阿含正義**—唯識學探源 平實導師著 共七輯 每輯 300 元

20.**超意境** CD 以平實導師公案拈提書中超越意境之頌詞，加上曲風優美的旋律，錄成令人嚮往的超意境歌曲，其中包括正覺發願文及平實導師親自譜成的黃梅調歌曲一首。詞曲雋永，殊堪翫味，可供學禪者吟詠，有助於見道。內附設計精美的彩色小冊，解說每一首詞的背景本事。每片 280 元。【每購買公案拈提書籍一冊，即贈送一片。】

21.**菩薩底憂鬱** CD 將菩薩情懷及禪宗公案寫成新詞，並製作成超越意境的優美歌曲。1.主題曲〈菩薩底憂鬱〉，描述地後菩薩能離三界生死而迴向繼續生在人間，但因尚未斷盡習氣種子而有極深沈之憂鬱，非三賢位菩薩及二乘聖者所知，此憂鬱在七地滿心位方才斷盡；本曲之詞中所說義理極深，昔來所未曾見；此曲係以優美的情歌風格寫詞及作曲，聞者得以激發嚮往諸地菩薩境界之大心，詞、曲都非常優美，難得一見；其中勝妙義理之解說，已印在附贈之彩色小冊中。2.以各輯公案拈提中直示禪門入處之頌文，作成各種不同曲風之超意境歌曲，值得玩味、參究；聆聽公案拈提之優美歌曲時，請同時閱讀內附之印刷精美說明小冊，可以領會超越三界的證悟境界；未悟者可以因此引發求悟之意向及疑情，眞發菩提心而邁向求悟之途，乃至因此眞實悟入般若，成眞菩薩。3.正覺總持咒新曲，總持佛法大意；總持咒之義理，已加以解說並印在隨附之小冊中。本 CD 共有十首歌曲，長達 63 分鐘。每盒各附贈二張購書優惠券。每片 280 元。

22.**禪意無限** CD 平實導師以公案拈提書中偈頌寫成不同風格曲子，與他人所寫不同風格曲子共同錄製出版，幫助參禪人進入禪門超越意識之境界。盒中附贈彩色印製的精美解說小冊，以供聆聽時閱讀，令參禪人得以發起參禪之疑情，即有機會證悟本來面目而發起實相智慧，實證大乘菩提般若，能如實證知般若經中的眞實意。本 CD 共有十首歌曲，長達 69 分鐘，每盒各附贈二張購書優惠券。每片 280 元。

23.**我的菩提路**第一輯　釋悟圓、釋善藏等人合著　售價 300 元

24.**我的菩提路**第二輯　郭正益、張志成等人合著　售價 300 元

25.**鈍鳥與靈龜**—考證後代凡夫對大慧宗杲禪師的無根誹謗。

平實導師著 共 458 頁 售價 350 元

26.**維摩詰經講記** 平實導師述 共六輯 每輯三百餘頁 售價各 250 元

27.**真假外道**—破劉東亮、杜大威、釋證嚴常見外道見　正光老師著　200 元

28.**勝鬘經講記**—兼論印順《勝鬘經講記》對於《勝鬘經》之誤解。

平實導師述　共六輯　每輯三百餘頁　售價250元

29.**楞嚴經講記** 平實導師述 共 **15** 輯，每輯三百餘頁 售價 300 元

30.**明心與眼見佛性**—駁慧廣〈蕭氏「眼見佛性」與「明心」之非〉文中謬說

正光老師著　共 448 頁　售價 300 元

31.**見性與看話頭** 黃正倖老師 著，本書是禪宗參禪的方法論。

內文 375 頁，全書 416 頁，售價 300 元。

32.**達賴真面目**—玩盡天下女人 白正偉老師 等著 中英對照彩色精裝大本 800 元

33.**喇嘛性世界**—揭開假藏傳佛教譚崔瑜伽的面紗　張善思 等人著　200元
34.**假藏傳佛教的神話**—性、謊言、喇嘛教　正玄教授編著　200元
35.**金剛經宗通**　平實導師述　共九輯　每輯售價250元。
36.**空行母**—性別、身分定位，以及藏傳佛教。
珍妮·坎貝爾著 呂艾倫 中譯 售價250元
37.**末代達賴**—性交教主的悲歌　張善思、呂艾倫、辛燕編著 售價250元
38.**霧峰無霧**—給哥哥的信　辨正釋印順對佛法的無量誤解
游宗明 老師著　售價250元
39.**第七意識與第八意識？**—穿越時空「超意識」
平實導師述　每冊300元
40.**黯淡的達賴**—失去光彩的諾貝爾和平獎
正覺教育基金會編著　每冊250元
41.**童女迦葉考**—論呂凱文〈佛教輪迴思想的論述分析〉之謬。
平實導師 著 定價180元
42.**人間佛教**—實證者必定不悖三乘菩提
平實導師 述，定價400元
43.**實相經宗通**　平實導師述　共八輯　每輯250元
44.**真心告訴您(一)**—達賴喇嘛在幹什麼？
正覺教育基金會編著　售價250元
45.**中觀金鑑**—詳述應成派中觀的起源與其破法本質
孫正德老師著　分爲上、中、下三冊，每冊250元
46.**佛法入門**—迅速進入三乘佛法大門，消除久學佛法漫無方向之窘境。
○○居士著　將於正覺電子報連載後出版。售價250元
47.**藏傳佛教要義**—《狂密與真密》之簡體字版　平實導師 著 上、下冊
僅在大陸流通　每冊300元
48.**法華經講義**　平實導師述　共二十五輯　每輯300元
已於2015/05/31起開始出版，每二個月出版一輯
49.**西藏「活佛轉世」制度**—附佛、造神、世俗法
許正豐、張正玄老師合著　定價150元
50.**廣論三部曲**　郭正益老師著　定價150元
51.**真心告訴您(二)**—達賴喇嘛是佛教僧侶嗎？
—補祝達賴喇嘛八十大壽
正覺教育基金會編著　售價300元
52.**廣論之平議**—宗喀巴《菩提道次第廣論》之平議　正雄居士著
約二或三輯　俟正覺電子報連載後結集出版　書價未定
53.**末法導護**—對印順法師中心思想之綜合判攝　正慶老師著　書價未定
54.**菩薩學處**—菩薩四攝六度之要義　陸正元老師著　出版日期未定。
55.**八識規矩頌**詳解　○○居士 註解　出版日期另訂　書價未定。

56.**印度佛教史**—法義與考證。依法義史實評論印順《印度佛教思想史、佛教史地考論》之謬說　正偉老師著　出版日期未定　書價未定

57.**中國佛教史**—依中國佛教正法史實而論。〇〇老師 著　書價未定。

58.**中論正義**—釋龍樹菩薩《中論》頌正理。

孫正德老師著　出版日期未定　書價未定

59.**中觀正義**—註解平實導師《中論正義頌》。

〇〇法師（居士）著　出版日期未定　書價未定

60.**佛藏經講記**　平實導師述　出版日期未定　書價未定

61.**阿含經講記**—將選錄四阿含中數部重要經典全經講解之，講後整理出版。

平實導師述　約二輯　每輯 300 元　出版日期未定

62.**寶積經講記**　平實導師述　每輯三百餘頁 優惠價 300 元 出版日期未定

63.**解深密經講記**　平實導師述 約四輯　將於重講後整理出版

64.**成唯識論略解**　平實導師著　五～六輯　每輯300 元　出版日期未定

65.**修習止觀坐禪法要講記**　平實導師述　每輯三百餘頁

將於正覺寺建成後重講、以講記逐輯出版　出版日期未定

66.**無門關**—《無門關》公案拈提　平實導師著　出版日期未定

67.**中觀再論**—兼述印順《中觀今論》謬誤之平議。正光老師著 出版日期未定

68.**輪迴與超度**—佛教超度法會之真義。

〇〇法師（居士）著　出版日期未定　書價未定

69.**《釋摩訶衍論》平議**—對偽稱龍樹所造《釋摩訶衍論》之平議

〇〇法師（居士）著　出版日期未定　書價未定

70.**正覺發願文**註解—以真實大願為因 得證菩提

正德老師著　出版日期未定　書價未定

71.**正覺總持咒**—佛法之總持　正圜老師著　出版日期未定　書價未定

72.**涅槃**—論四種涅槃　平實導師著　出版日期未定　書價未定

73.**三自性**—依四食、五蘊、十二因緣、十八界法，說三性三無性。

作者未定　出版日期未定

74.**道品**—從三自性說大小乘三十七道品　作者未定　出版日期未定

75.**大乘緣起觀**—依四聖諦七真如現觀十二緣起 作者未定　出版日期未定

76.**三德**—論解脫德、法身德、般若德。　作者未定　出版日期未定

77.**真假如來藏**—對印順《如來藏之研究》謬說之平議　作者未定 出版日期未定

78.**大乘道次第**　作者未定　出版日期未定　書價未定

79.**四緣**—依如來藏故有四緣。　作者未定　出版日期未定

80.**空之探究**—印順《空之探究》謬誤之平議　作者未定 出版日期未定

81.**十法義**—論阿含經中十法之正義　作者未定　出版日期未定

82.**外道見**—論述外道六十二見　作者未定　出版日期未定

# 正智出版社有限公司書籍介紹

**禪淨圓融**：言淨土諸祖所未曾言，示諸宗祖師所未曾示；禪淨圓融，另闢成佛捷徑，兼顧自力他力，闡釋淨土門之速行易行道，亦同時揭櫫聖教門之速行易行道；令廣大淨土行者得免緩行難證之苦，亦令聖道門行者得以藉著淨土速行道而加快成佛之時劫。乃前無古人之超勝見地，非一般弘揚禪淨法門典籍也，先讀爲快。平實導師著 200元。

**宗門正眼—公案拈提**第一輯：繼承克勤圜悟大師碧巖錄宗旨之禪門鉅作。先則舉示當代大法師之邪說，消弭當代禪門大師鄉愿之心態，摧破當今禪門「世俗禪」之妄談；次則旁通教法，表顯宗門正理；繼以道之次第，消弭古今狂禪；後藉言語及文字機鋒，直示宗門入處。悲智雙運，禪味十足，數百年來難得一睹之禪門鉅著也。平實導師著 500元（原初版書《禪門摩尼寶聚》，改版後補充爲五百餘頁新書，總計多達二十四萬字，內容更精彩，並改名爲《宗門正眼》，讀者原購初版《禪門摩尼寶聚》皆可寄回本公司免費換新，免附回郵，亦無截止期限）（2007年起，凡購買公案拈提第一輯至第七輯，每購一輯皆贈送本公司精製公案拈提〈超意境〉CD一片，市售價格280元，多購多贈）。

**禪—悟前與悟後**：本書能建立學人悟道之信心與正確知見，圓滿具足而有次第地詳述禪悟之功夫與禪悟之內容，指陳參禪中細微淆訛之處，能使學人明自眞心、見自本性。若未能悟入，亦能以正確知見辨別古今中外一切大師究係眞悟？或屬錯悟？便有能力揀擇，捨名師而選明師，後時必有悟道之緣。一旦悟道，遲者七次人天往返，便出三界，速者一生取辦。學人欲求開悟者，不可不讀。平實導師著。上、下冊共500元，單冊250元。

**眞實如來藏**：如來藏眞實存在，乃宇宙萬有之本體，並非印順法師、達賴喇嘛等人所說之「唯有名相、無此心體」。如來藏是涅槃之本際，是一切有智之人竭盡心智、不斷探索而不能得之生命實相；是古今中外許多大師自以爲悟而當面錯過之生命實相。如來藏即是阿賴耶識，乃是一切有情本自具足、不生不滅之眞實心。當代中外大師於此書出版之前所未能言者，作者於本書中盡情流露、詳細闡釋。眞悟者讀之，必能增益悟境、智慧增上；錯悟者讀之，必能檢討自己之錯誤，免犯大妄語業；未悟者讀之，能知參禪之理路，亦能以之檢查一切名師是否眞悟。此書是一切哲學家、宗教家、學佛者及欲昇華心智之人必讀之鉅著。平實導師著 售價400元。

**宗門法眼**—**公案拈提**第二輯：列舉實例，闡釋土城廣欽老和尚之悟處；並直示這位不識字的老和尚妙智橫生之根由，繼而剖析禪宗歷代大德之開悟公案，解析當代密宗高僧卡盧仁波切之錯悟證據，並例舉當代顯宗高僧、大居士之錯悟證據（凡健在者，爲免影響其名聞利養，皆隱其名）。藉辨正當代名師之邪見，向廣大佛子指陳禪悟之正道，彰顯宗門法眼。悲勇兼出，強捋虎鬚；慈智雙運，巧探驪龍；摩尼寶珠在手，直示宗門入處，禪味十足；若非大悟徹底，不能爲之。禪門精奇人物，允宜人手一冊，供作參究及悟後印證之圭臬。本書於2008年4月改版，增寫為大約500頁篇幅，以利學人研讀參究時更易悟入宗門正法，以前所購初版首刷及初版二刷舊書，皆可免費換取新書。平實導師著 500元（2007年起，凡購買公案拈提第一輯至第七輯，每購一輯皆贈送本公司精製公案拈提〈超意境〉CD一片，市售價格280元，多購多贈）。

**宗門道眼**—**公案拈提**第三輯：繼宗門法眼之後，再以金剛之作略、慈悲之胸懷、犀利之筆觸，舉示寒山、拾得、布袋三大士之悟處，消弭當代錯悟者對於寒山大士……等之誤會及誹謗。亦舉出民初以來與虛雲和尚齊名之蜀郡鹽亭袁煥仙夫子——南懷瑾老師之師，其「悟處」何在？並蒐羅許多眞悟祖師之證悟公案，顯示禪宗歷代祖師之睿智，指陳部分祖師、奧修及當代顯密大師之謬悟，作爲殷鑑，幫助禪子建立及修正參禪之方向及知見。假使讀者閱此書已，一時尚未能悟，亦可一面加功用行，一面以此宗門道眼辨別眞假善知識，避開錯誤之印證及歧路，可免大妄語業之長劫慘痛果報。欲修禪宗之禪者，務請細讀。平實導師著 售價500元（2007年起，凡購買公案拈提第一輯至第七輯，每購一輯皆贈送本公司精製公案拈提〈超意境〉CD一片，市售價格280元，多購多贈）。

**楞伽經詳解**：本經是禪宗見道者印證所悟眞僞之根本經典，亦是禪宗見道者悟後起修之依據經典；故達摩祖師於印證二祖慧可大師之後，將此經典連同佛鉢祖衣一併交付二祖，令其依此經典佛示金言、進入修道位，修學一切種智。由此可知此經對於眞悟之人修學佛道，是非常重要之一部經典。此經能破外道邪說，亦破佛門中錯悟名師之謬說，亦破禪宗部分祖師之狂禪：不讀經典、一向主張「一悟即成究竟佛」之謬執。並開示愚夫所行禪、觀察義禪、攀緣如禪、如來禪等差別，令行者對於三乘禪法差異有所分辨；亦糾正禪宗祖師古來對於如來禪之誤解，嗣後可免以訛傳訛之弊。此經亦是法相唯識宗之根本經典，禪者悟後欲修一切種智而入初地者，必須詳讀。 平實導師著，全套共十輯，已全部出版完畢，每輯主文約320頁，每冊約352頁，定價250元。

**宗門血脈**—**公案拈提第四輯**：末法怪象—許多修行人自以爲悟，每將無念靈知認作眞實；崇尚二乘法諸師及其徒眾，則將外於如來藏之緣起性空—無因論之無常空、斷滅空、一切法空—錯認爲 佛所說之般若空性。這兩種現象已於當今海峽兩岸及美加地區顯密大師之中普遍存在；人人自以爲悟，心高氣壯，便敢寫書解釋祖師證悟之公案，大多出於意識思惟所得，言不及義，錯誤百出，因此誤導廣大佛子同陷大妄語之地獄業中而不能自知。彼等書中所說之悟處，其實處處違背第一義經典之聖言量。彼等諸人不論是否身披袈裟，都非佛法宗門血脈，或雖有禪宗法脈之傳承，亦只徒具形式；猶如螟蛉，非眞血脈，未悟得根本眞實故。禪子欲知佛、祖之眞血脈者，請讀此書，便知分曉。平實導師著，主文452頁，全書464頁，定價500元（2007年起，凡購買公案拈提第一輯至第七輯，每購一輯皆贈送本公司精製公案拈提〈超意境〉CD一片，市售價格280元，多購多贈）。

**宗通與說通**：古今中外，錯誤之人如麻似粟，每以常見外道所說之靈知心，認作眞心；或妄想虛空之勝性能量爲眞如，或錯認物質四大元素藉冥性（靈知心本體）能成就吾人色身及知覺，或認初禪至四禪中之了知心爲不生不滅之涅槃心。此等皆非通宗者之見地。復有錯悟之人一向主張「宗門與教門不相干」，此即尚未通達宗門之人也。其實宗門與教門互通不二，宗門所證者乃是眞如與佛性，教門所說者乃說宗門證悟之眞如佛性，故教門與宗門不二。本書作者以宗教二門互通之見地，細說「宗通與說通」，從初見道至悟後起修之道、細說分明；並將諸宗諸派在整體佛教中之地位與次第，加以明確之教判，學人讀之即可了知佛法之梗概也。欲擇明師學法之前，允宜先讀。平實導師著，主文共381頁，全書392頁，只售成本價300元。

**宗門正道**—公案拈提第五輯：修學大乘佛法有二果須證解脫果及大菩提果。二乘人不證大菩提果，唯證解脫果；此果之智慧，名爲聲聞菩提、緣覺菩提。大乘佛子所證二果之菩提果爲佛菩提，故名大菩提果，其慧名爲一切種智函蓋二乘解脫果。然此大乘二果修證，須經由禪宗之宗門證悟方能相應。而宗門證悟極難，自古已然；其所以難者，咎在古今佛教界普遍存在三種邪見：1.以修定認作佛法，2.以無因論之緣起性空—否定涅槃本際如來藏以後之一切法空作爲佛法，3.以常見外道邪見（離語言妄念之靈知性）作爲佛法。如是邪見，或因自身正見未立所致，或因邪師之邪教導所致，或因無始劫來虛妄熏習所致。若不破除此三種邪見，永劫不悟宗門眞義、不入大乘正道，唯能外門廣修菩薩行。平實導師於此書中，有極爲詳細之說明，有志佛子欲摧邪見、入於內門修菩薩行者，當閱此書。主文共496頁，全書512頁。售價500元（2007年起，凡購買公案拈提第一輯至第七輯，每購一輯皆贈送本公司精製公案拈提〈超意境〉CD一片，市售價格280元，多購多贈）。

**狂密與真密**：密教之修學，皆由有相之觀行法門而入，其最終目標仍不離顯教經典所說第一義諦之修證；若離顯教第一義經典、或違背顯教第一義經典，即非佛教。西藏密教之觀行法，如灌頂、觀想、遷識法、寶瓶氣、大聖歡喜雙身修法、喜金剛、無上瑜伽、大樂光明、樂空雙運等，皆是印度教兩性生生不息思想之轉化，自始至終皆以如何能運用交合淫樂之法達到全身受樂為其中心思想，純屬欲界五欲的貪愛，不能令人超出欲界輪迴，更不能令人斷除我見；何況大乘之明心與見性，更無論矣！故密宗之法絕非佛法也。而其明光大手印、大圓滿法教，又皆同以常見外道所說離語言妄念之無念靈知心錯認為佛地之真如，不能直指不生不滅之真如。西藏密宗所有法王與徒眾，都尚未開頂門眼，不能辨別真偽，以依人不依法、依密續不依經典故，不肯將其上師喇嘛所說對照第一義經典，純依密續之藏密祖師所說為準，因此而誇大其證德與證量，動輒謂彼祖師上師為究竟佛、為地上菩薩；如今台海兩岸亦有自謂其師證量高於釋迦文佛者，然觀其師所述，猶未見道，仍在觀行即佛階段，尚未到禪宗相似即佛、分證即佛階位，竟敢標榜為究竟佛及地上法王，誑惑初機學人。凡此怪象皆是狂密，不同於真密之修行者。近年狂密盛行，密宗行者被誤導者極眾，動輒自謂已證佛地真如，自視為究竟佛，陷於大妄語業中而不知自省，反謗顯宗真修實證者之證量粗淺；或如義雲高與釋性圓…等人，於報紙上公然誹謗真實證道者為「騙子、無道人、人妖、癩蛤蟆…」等，造下誹謗大乘勝義僧之大惡業；或以外道法中有為有作之甘露、魔術……等法，誑騙初機學人，狂言彼外道法為真佛法。如是怪象，在西藏密宗及附藏密之外道中，不一而足，舉之不盡，學人宜應慎思明辨，以免上當後又犯毀破菩薩戒之重罪。密宗學人若欲遠離邪知邪見者，請閱此書，即能了知密宗之邪謬，從此遠離邪見與邪修，轉入真正之佛道。

平實導師著 共四輯 每輯約400頁（主文約340頁）每輯售價300元。

**宗門正義**—公案拈提第六輯：佛教有六大危機，乃是藏密化、世俗化、膚淺化、學術化、宗門密意失傳、悟後進修諸地之次第混淆；其中尤以宗門密意之失傳，爲當代佛教最大之危機。由宗門密意失傳故，易令世尊本懷普被錯解，易令世尊正法被轉易爲外道法，以及加以淺化、世俗化，是故宗門密意之廣泛弘傳與具緣佛弟子，極爲重要。然而欲令宗門密意之廣泛弘傳予具緣之佛弟子者，必須同時配合錯誤知見之解析、普令佛弟子知之，然後輔以公案解析之直示入處，方能令具緣之佛弟子悟入。而此二者，皆須以公案拈提之方式爲之，方易成其功、竟其業，是故平實導師續作宗門正義一書，以利學人。全書500餘頁，售價500元（2007年起，凡購買公案拈提第一輯至第七輯，每購一輯皆贈送本公司精製公案拈提〈超意境〉CD一片，市售價格280元，多購多贈）。

**心經密意**—心經與解脫道、佛菩提道、祖師公案之關係與密意。二乘菩提所證之解脫道，實依第八識心之斷除煩惱障現行而立解脫之名；大乘菩提所證之佛菩提道，實依親證第八識如來藏之涅槃性、清淨自性、及其中道性而立般若之名；禪宗祖師公案所證之眞心，即是此第八識如來藏；是故三乘佛法所修所證之三乘菩提，皆依此如來藏心而立名也。此第八識心，即是《心經》所說之心也。證得此如來藏已，即能漸入大乘佛菩提道，亦可因證知此心而了知二乘無學所不能知之無餘涅槃本際，是故《心經》之密意，與三乘佛菩提之關係極爲密切、不可分割，三乘佛法皆依此心而立名故。今者平實導師以其所證解脫道之無生智及佛菩提之般若種智，將《心經》與解脫道、佛菩提道、祖師公案之關係與密意，以演講之方式，用淺顯之語句和盤托出，發前人所未言，呈三乘菩提之眞義，令人藉此《心經密意》一舉而窺三乘菩提之堂奧，迥異諸方言不及義之說；欲求眞實佛智者、不可不讀！主文317頁，連同跋文及序文…等共384頁，售價300元。

**宗門密意**—公案拈提第七輯：佛教之世俗化，將導致學人以信仰作爲學佛，則將以感應及世間法之庇祐，作爲學佛之主要目標，不能了知學佛之主要目標爲親證三乘菩提。大乘菩提則以般若實相智慧爲主要修習目標，以二乘菩提解脫道爲附帶修習之標的；是故學習大乘法者，應以禪宗之證悟爲要務，能親入大乘菩提之實相般若智慧中故，般若實相智慧非二乘聖人所能知故。此書則以台灣世俗化佛教之三大法師，說法似是而非之實例，配合眞悟祖師之公案解析，提示證悟般若之關節，令學人易得悟入。平實導師著，全書五百餘頁，售價500元（2007年起，凡購買公案拈提第一輯至第七輯，每購一輯皆贈送本公司精製公案拈提〈超意境〉CD一片，市售價格280元，多購多贈）。

**淨土聖道**—兼評日本本願念佛：佛法甚深極廣，般若玄微，非諸二乘聖僧所能知之，一切凡夫更無論矣！所謂一切證量皆歸淨土是也！是故大乘法中「聖道之淨土、淨土之聖道」，其義甚深，難可了知；乃至眞悟之人，初心亦難知也。今有正德老師眞實證悟後，復能深探淨土與聖道之緊密關係，憐憫眾生之誤會淨土實義，亦欲利益廣大淨土行人同入聖道，同獲淨土中之聖道門要義，乃振奮心神、書以成文，今得刊行天下。主文279頁，連同序文等共301頁，總有十一萬六千餘字，正德老師著，成本價200元。

**起信論講記**：詳解大乘起信論**心生滅門**與**心眞如門**之眞實意旨，消除以往大師與學人對起信論所說**心生滅門**之誤解，由是而得了知眞心如來藏之非常非斷中道正理；亦因此一講解，令此論以往隱晦而被誤解之眞實義，得以如實顯示，令大乘佛菩提道之正理得以顯揚光大；初機學者亦可藉此正論所顯示之法義，對大乘法理生起正信，從此得以眞發菩提心，眞入大乘法中修學，世世常修菩薩正行。平實導師演述，共六輯，都已出版，每輯三百餘頁，售價各250元。

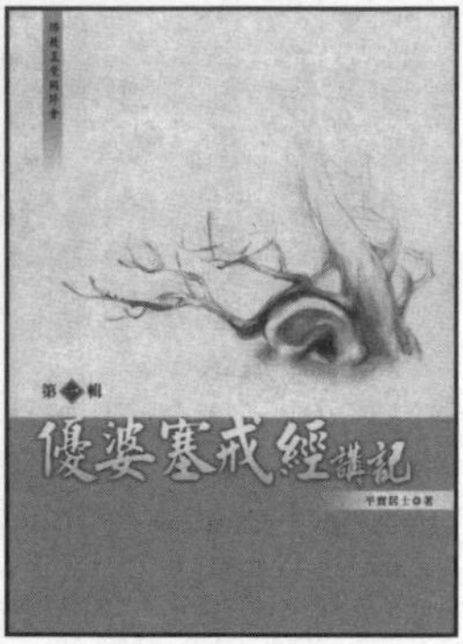


**優婆塞戒經講記**：本經詳述在家菩薩修學大乘佛法，應如何受持菩薩戒？對人間善行應如何看待？對三寶應如何護持？應如何正確地修集此世後世證法之福德？應如何修集後世「行菩薩道之資糧」？並詳述第一義諦之正義：五蘊非我非異我、自作自受、異作異受、不作不受……等深妙法義，乃是修學大乘佛法、行菩薩行之在家菩薩所應當了知者。出家菩薩今世或未來世登地已，捨報之後多數將如華嚴經中諸大菩薩，以在家菩薩身而修行菩薩行，故亦應以此經所述正理而修之，配合《楞伽經、解深密經、楞嚴經、華嚴經》等道次第正理，方得漸次成就佛道；故此經是一切大乘行者皆應證知之正法。平實導師講述，每輯三百餘頁，售價各250元；共八輯，已全部出版。

**真假活佛**—略論附佛外道盧勝彥之邪說：人人身中都有眞活佛，永生不滅而有大神用，但眾生都不了知，所以常被身外的西藏密宗假活佛籠罩欺瞞。本來就眞實存在的眞活佛，才是眞正的密宗無上密！諾那活佛因此而說禪宗是大密宗，但藏密的所有活佛都不知道、也不曾實證自身中的眞活佛。本書詳實宣示眞活佛的道理，舉證盧勝彥的「佛法」不是眞佛法，也顯示盧勝彥是假活佛，直接的闡釋第一義佛法見道的眞實正理。眞佛宗的所有上師與學人們，都應該詳細閱讀，包括盧勝彥個人在內。正犀居士著，優惠價140元。

**阿含正義**—唯識學探源：廣說四大部《阿含經》諸經中隱說之眞正義理，一一舉示佛陀本懷，令阿含時期初轉法輪根本經典之眞義，如實顯現於佛子眼前。並提示末法大師對於阿含眞義誤解之實例，一一比對之，證實唯識增上慧學確於原始佛法之阿含諸經中已隱覆密意而略說之，證實 世尊確於原始佛法中已曾密意而說第八識如來藏之總相；亦證實 世尊在四阿含中已說此藏識是名色十八界之因、之本—證明如來藏是能生萬法之根本心。佛子可據此修正以往受諸大師（譬如西藏密宗應成派中觀師：印順、昭慧、性廣、大願、達賴、宗喀巴、寂天、月稱、……等人）誤導之邪見，建立正見，轉入正道乃至親證初果而無困難；書中並詳說三果所證的**心解脫**，以及四果**慧解脫**的親證，都是如實可行的具體知見與行門。全書共七輯，已出版完畢。平實導師著，每輯三百餘頁，售價300元。

**超意境**CD：以平實導師公案拈提書中超越意境之頌詞，加上曲風優美的旋律，錄成令人嚮往的超意境歌曲，其中包括正覺發願文及平實導師親自譜成的黃梅調歌曲一首。詞曲雋永，殊堪翫味，可供學禪者吟詠，有助於見道。內附設計精美的彩色小冊，解說每一首詞的背景本事。每片280元。【每購買公案拈提書籍一冊，即贈送一片。】

**鈍鳥與靈龜**：鈍鳥及靈龜二物，被宗門證悟者說爲二種人：前者是精修禪定而無智慧者，也是以定爲禪的愚癡禪人；後者是或有禪定、或無禪定的宗門證悟者，凡已證悟者皆是靈龜。但後來被人虛造事實，用以嘲笑大慧宗杲禪師，說他雖是靈龜，卻不免被天童禪師預記「患背」痛苦而亡：「鈍鳥離巢易，靈龜脫殼難。」藉以貶低大慧宗杲的證量。同時將天童禪師實證如來藏的證量，曲解爲意識境界的離念靈知。自從大慧禪師入滅以後，錯悟凡夫對他的不實毀謗就一直存在著，不曾止息，並且捏造的假事實也隨著年月的增加而越來越多，終至編成「鈍鳥與靈龜」的假公案、假故事。本書是考證大慧與天童之間的不朽情誼，顯現這件假公案的虛妄不實；更見大慧宗杲面對惡勢力時的正直不阿，亦顯示大慧對天童禪師的至情深義，將使後人對大慧宗杲的誣謗至此而止，不再有人誤犯毀謗賢聖的惡業。書中亦舉證宗門的所悟確以第八識如來藏爲標的，詳讀之後必可改正以前被錯悟大師誤導的參禪知見，日後必定有助於實證禪宗的開悟境界，得階大乘眞見道位中，即是實證般若之賢聖。全書459頁，售價350元。

**我的菩提路**第一輯：凡夫及二乘聖人不能實證的佛菩提證悟，末法時代的今天仍然有人能得實證，由正覺同修會釋悟圓、釋善藏法師等二十餘位實證如來藏者所寫的見道報告，已爲當代學人見證宗門正法之絲縷不絕，證明大乘義學的法脈仍然存在，爲末法時代求悟般若之學人照耀出光明的坦途。由二十餘位大乘見道者所繕，敘述各種不同的學法、見道因緣與過程，參禪求悟者必讀。全書三百餘頁，售價300元。

**我的菩提路**第二輯：由郭正益老師等人合著，書中詳述彼等諸人歷經各處道場學法，一一修學而加以檢擇之不同過程以後，因閱讀正覺同修會、正智出版社書籍而發起抉擇分，轉入正覺同修會中修學；乃至學法及見道之過程，都一一詳述之。其中張志成等人係由前現代禪轉進正覺同修會，張志成原爲現代禪副宗長，以前未閱本會書籍時，曾被人藉其名義著文評論 平實導師（詳見《宗通與說通》辨正及《眼見佛性》書末附錄…等）；後因偶然接觸正覺同修會書籍，深覺以前聽人評論平實導師之語不實，於是投入極多時間閱讀本會書籍、深入思辨，詳細探索中觀與唯識之關聯與異同，認爲正覺之法義方是正法，深覺相應；亦解開多年來對佛法的迷雲，確定應依八識論正理修學方是正法。乃不顧面子，毅然前往正覺同修會面見平實導師懺悔，並正式學法求悟。今已與其同修王美伶（亦爲前現代禪傳法老師），同樣證悟如來藏而證得法界實相，生起實相般若眞智。此書中尙有七年來本會第一位眼見佛性者之見性報告一篇，一同供養大乘佛弟子。全書四百頁，售價300元。

**維摩詰經講記**：本經係 世尊在世時，由等覺菩薩維摩詰居士藉疾病而演說之大乘菩提無上妙義，所說函蓋甚廣，然極簡略，是故今時諸方大師與學人讀之悉皆錯解，何況能知其中隱含之深妙正義，是故普遍無法爲人解說；若強爲人說，則成依文解義而有諸多過失。今由平實導師公開宣講之後，詳實解釋其中密意，令維摩詰菩薩所說大乘不可思議解脫之深妙正法得以正確宣流於人間，利益當代學人及與諸方大師。書中詳實演述大乘佛法深妙不共二乘之智慧境界，顯示諸法之中絕待之實相境界，建立大乘菩薩妙道於永遠不敗不壞之地，以此成就護法偉功，欲冀永利娑婆人天。已經宣講圓滿整理成書流通，以利諸方大師及諸學人。全書共六輯，每輯三百餘頁，售價各250元。

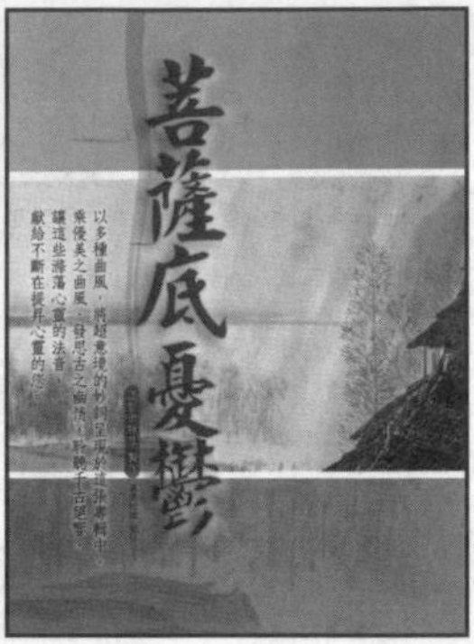


**菩薩底憂鬱**CD將菩薩情懷及禪宗公案寫成新詞，並製作成超越意境的優美歌曲。1.主題曲〈菩薩底憂鬱〉，描述地後菩薩能離三界生死而迴向繼續生在人間，但因尚未斷盡習氣種子而有極深沈之憂鬱，非三賢位菩薩及二乘聖者所知，此憂鬱在七地滿心位方才斷盡；本曲之詞中所說義理極深，昔來所未曾見；此曲係以優美的情歌風格寫詞及作曲，聞者得以激發嚮往諸地菩薩境界之大心，詞、曲都非常優美，難得一見；其中勝妙義理之解說，已印在附贈之彩色小冊中。2.以各輯公案拈提中直示禪門入處之頌文，作成各種不同曲風之超意境歌曲，值得玩味、參究；聆聽公案拈提之優美歌曲時，請同時閱讀內附之印刷精美說明小冊，可以領會超越三界的證悟境界；未悟者可以因此引發求悟之意向及疑情，眞發菩提心而邁向求悟之途，乃至因此眞實悟入般若，成眞菩薩。3.正覺總持咒新曲，總持佛法大意；總持咒之義理，已加以解說並印在隨附之小冊中。本CD共有十首歌曲，長達63分鐘，附贈二張購書優惠券。每片280元。

**勝鬘經講記**：如來藏爲三乘菩提之所依，若離如來藏心體及其含藏之一切種子，即無三界有情及一切世間法，亦無二乘菩提緣起性空之出世間法；本經詳說無始無明、一念無明皆依如來藏而有之正理，藉著詳解煩惱障與所知障間之關係，令學人深入了知二乘菩提與佛菩提相異之妙理；聞後即可了知佛菩提之特勝處及三乘修道之方向與原理，邁向攝受正法而速成佛道的境界中。平實導師講述，共六輯，每輯三百餘頁，售價各250元。

**楞嚴經講記**：楞嚴經係密教部之重要經典，亦是顯教中普受重視之經典；經中宣說明心與見性之內涵極爲詳細，將一切法都會歸如來藏及佛性—妙眞如性；亦闡釋佛菩提道修學過程中之種種魔境，以及外道誤會涅槃之狀況，旁及三界世間之起源。然因言句深澀難解，法義亦復深妙寬廣，學人讀之普難通達，是故讀者大多誤會，不能如實理解佛所說之明心與見性內涵，亦因是故多有悟錯之人引爲開悟之證言，成就大妄語罪。今由平實導師詳細講解之後，整理成文，以易讀易懂之語體文刊行天下，以利學人。全書十五輯，全部出版完畢。每輯三百餘頁，售價每輯300元。

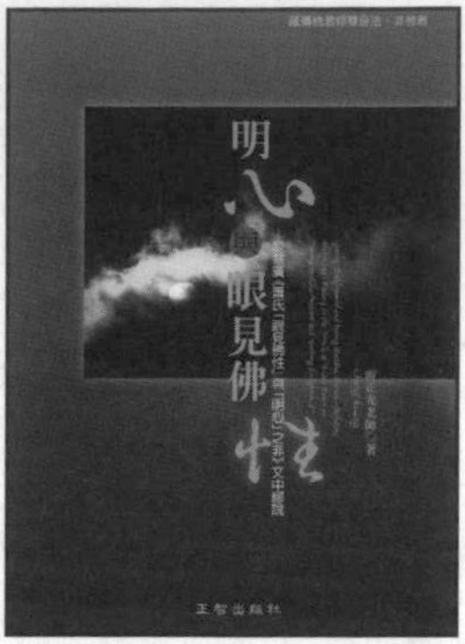


**明心與眼見佛性**：本書細述明心與眼見佛性之異同，同時顯示了中國禪宗破初參明心與重關眼見佛性二關之間的關聯；書中又藉法義辨正而旁述其他許多勝妙法義，讀後必能遠離佛門長久以來積非成是的錯誤知見，令讀者在佛法的實證上有極大助益。也藉慧廣法師的謬論來教導佛門學人回歸正知正見，遠離古今禪門錯悟者所墮的意識境界，非唯有助於斷我見，也對未來的開悟明心實證第八識如來藏有所助益，是故學禪者都應細讀之。游正光老師著　共448頁　售價300元。

**見性與看話頭**：黃正倖老師的《見性與看話頭》於《正覺電子報》連載完畢，今結集出版。書中詳說禪宗看話頭的詳細方法，並細說看話頭與眼見佛性的關係，以及眼見佛性者求見佛性前必須具備的條件。本書是禪宗實修者追求明心開悟時參禪的方法書，也是求見佛性者作功夫時必讀的方法書，內容兼顧眼見佛性的理論與實修之方法，是依實修之體驗配合理論而詳述，條理分明而且極為詳實、周全、深入。本書內文375頁，全書416頁，售價300元。

**禪意無限**CD平實導師以公案拈提書中偈頌寫成不同風格曲子，與他人所寫不同風格曲子共同錄製出版，幫助參禪人進入禪門超越意識之境界。盒中附贈彩色印製的精美解說小冊，以供聆聽時閱讀，令參禪人得以發起參禪之疑情，即有機會證悟本來面目，實證大乘菩提般若。本CD共有十首歌曲，長達69分鐘，每盒各附贈二張購書優惠券。每片280元。

**金剛經宗通**：三界唯心，萬法唯識，是成佛之修證內容，是諸地菩薩之所修；般若則是成佛之道（實證三界唯心、萬法唯識）的入門，若未證悟實相般若，即無成佛之可能，必將永在外門廣行菩薩六度，永在凡夫位中。然而實相般若的發起，全賴實證萬法的實相；若欲證知萬法的眞相，則必須探究萬法之所從來，則須實證自心如來—金剛心如來藏，然後現觀這個金剛心的金剛性、眞實性、如如性、清淨性、涅槃性、能生萬法的自性性、本住性，名爲證眞如；進而現觀三界六道唯是此金剛心所成，人間萬法須藉八識心王和合運作方能現起。如是實證《華嚴經》的「三界唯心、萬法唯識」以後，由此等現觀而發起實相般若智慧，繼續進修第十住位的如幻觀、第十行位的陽焰觀、第十迴向位的如夢觀，再生起增上意樂而勇發十無盡願，方能滿足三賢位的實證，轉入初地；自知成佛之道而無偏倚，從此按部就班、次第進修乃至成佛。第八識自心如來是般若智慧之所依，般若智慧的修證則要從實證金剛心自心如來開始；《金剛經》則是解說自心如來之經典，是一切三賢位菩薩所應進修之實相般若經典。這一套書，是將平實導師宣講的《金剛經》內容，整理成文字而流通之；書中所說義理，迥異古今諸家依文解義之說，指出大乘見道方向與理路，有益於禪宗學人求開悟見道，及轉入內門廣修六度萬行。講述完畢後結集出版，總共9輯，每輯約三百餘頁，售價各250元。

**真假外道**：本書具體舉證佛門中的常見外道知見實例，並加以教證及理證上的辨正，幫助讀者輕鬆而快速的了知常見外道的錯誤知見，進而遠離佛門內外的常見外道知見，因此即能改正修學方向而快速實證佛法。游正光老師著。成本價200元。

**空行母—性別、身分定位，以及藏傳佛教**：本書作者爲蘇格蘭哲學家，因爲嚮往佛教深妙的哲學內涵，於是進入當年盛行於歐美的假藏傳佛教密宗，擔任卡盧仁波切的翻譯工作多年以後，被邀請成爲卡盧的空行母（又名佛母、明妃），開始了她在密宗裡的實修過程；後來發覺在密宗雙身法中的修行，其實無法使自己成佛，也發覺密宗對女性岐視而處處貶抑，並剝奪女性在雙身法中擔任一半角色時應有的身分定位。當她發覺自己只是雙身法中被喇嘛利用的工具，沒有獲得絲毫應有的尊重與基本定位時，發現了密宗的父權社會控制女性的本質；於是作者傷心地離開了卡盧仁波切與密宗，但是卻被恐嚇不許講出她在密宗裡的經歷，也不許她說出自己對密宗的教義與教制下對女性剝削的本質，否則將被咒殺死亡。後來她去加拿大定居，十餘年後方才擺脫這個恐嚇陰影，下定決心將親身經歷的實情及觀察到的事實寫下來並且出版，公諸於世。出版之後，她被流亡的達賴集團人士大力攻訐，誣指她爲精神狀態失常、說謊……等。但有智之士並未被達賴集團的政治操作及各國政府政治運作吹捧達賴的表相所欺，使她的書銷售無阻而又再版。正智出版社鑑於作者此書是親身經歷的事實，所說具有針對「藏傳佛教」而作學術研究的價值，也有使人認清假藏傳佛教剝削佛母、明妃的男性本位實質，因此洽請作者同意中譯而出版於華人地區。珍妮·坎貝爾女士著，呂艾倫 中譯，每冊250元。

**霧峰無霧—給哥哥的信**：本書作者藉兄弟之間信件往來論義，略述佛法大義；並以多篇短文辨義，舉出釋印順對佛法的無量誤解證據，並一一給予簡單而清晰的辨正，令人一讀即知。久讀、多讀之後即能認清楚釋印順的六識論見解，與眞實佛法之牴觸是多麼嚴重；於是在久讀、多讀之後，於不知不覺之間提升了對佛法的極深入理解，正知正見就在不知不覺間建立起來了。當三乘佛法的正知見建立起來之後，對於三乘菩提的見道條件便將隨之具足，於是聲聞解脫道的見道也就水到渠成；接著大乘見道的因緣也將次第成熟，未來自然也會有親見大乘菩提之道的因緣，悟入大乘實相般若也將自然成功，自能通達般若系列諸經而成實義菩薩。作者居住於南投縣霧峰鄉，自喻見道之後不復再見霧峰之霧，故鄉原野美景一一明見，於是立此書名爲《霧峰無霧》；讀者若欲撥霧見月，可以此書爲緣。游宗明 老師著 售價250元。

**假藏傳佛教的神話—性、謊言、喇嘛教**：本書編著者是由一首名叫「阿姊鼓」的歌曲爲緣起，展開了序幕，揭開假藏傳佛教—喇嘛教—的神秘面紗。其重點是蒐集、摘錄網路上質疑「喇嘛教」的帖子，以揭穿「假藏傳佛教的神話」爲主題，串聯成書，並附加彩色插圖以及說明，讓讀者們瞭解西藏密宗及相關人事如何被操作爲「神話」的過程，以及神話背後的眞相。作者：張正玄教授。售價200元。

**達賴真面目—玩盡天下女人**：假使您不想戴綠帽子，請記得詳細閱讀此書；假使您不想讓好朋友戴綠帽子，請您將此書介紹給您的好朋友。假使您想保護家中的女性，也想要保護好朋友的女眷，請記得將此書送給家中的女性和好友的女眷都來閱讀。本書爲印刷精美的大本彩色中英對照精裝本，爲您揭開達賴喇嘛的眞面目，內容精彩不容錯過，爲利益社會大眾，特別以優惠價格嘉惠所有讀者。編著者：白志偉等。大開版雪銅紙彩色精裝本。售價800元。

**喇嘛性世界—揭開假藏傳佛教譚崔瑜伽的面紗**：這個世界中的喇嘛，號稱來自世外桃源的香格里拉，穿著或紅或黃的喇嘛長袍，散布於我們的身邊傳教灌頂，吸引了無數的人嚮往學習；這些喇嘛虔誠地爲大眾祈福，手中拿著寶杵（金剛）與寶鈴（蓮花），口中唸著咒語：「唵．嘛呢．叭咪．吽……」，咒語的意思是說：「我至誠歸命金剛杵上的寶珠伸向蓮花寶穴之中」！「喇嘛性世界」是什麼樣的「世界」呢？本書將爲您呈現喇嘛世界的面貌。當您發現眞相以後，您將會唸：「噢！喇嘛．性．世界，譚崔性交嘛！」作者：張善思、呂艾倫。售價200元。

**末代達賴—性交教主的悲歌**：簡介從藏傳僞佛教（喇嘛教）的修行核心—性力派男女雙修，探討達賴喇嘛及藏傳僞佛教的修行內涵。書中引用外國知名學者著作、世界各地新聞報導，包含：歷代達賴喇嘛的祕史、達賴六世修雙身法的事蹟，以及《時輪續》中的性交灌頂儀式……等；達賴喇嘛書中開示的雙修法、達賴喇嘛的黑暗政治手段；達賴喇嘛所領導的寺院爆發喇嘛性侵兒童；新聞報導《西藏生死書》作者索甲仁波切性侵女信徒、澳洲喇嘛秋達公開道歉、美國最大假藏傳佛教組織領導人邱陽創巴仁波切的性氾濫，等等事件背後眞相的揭露。作者：張善思、呂艾倫、辛燕。售價250元。

**第七意識與第八意識？—穿越時空「超意識」**「三界唯心，萬法唯識」是佛教中應該實證的聖教，也是《華嚴經》中明載而可以實證的法界實相。唯心者，三界一切境界、一切諸法唯是一心所成就，即是每一個有情的第八識如來藏，不是意識心。唯識者，即是人類各各都具足的八識心王——眼識、耳鼻舌身意識、意根、阿賴耶識，第八阿賴耶識又名如來藏，人類五陰相應的萬法，莫不由八識心王共同運作而成就，故說萬法唯識。依聖教量及現量、比量，都可以證明意識是二法因緣生，是由第八識藉意根與法塵二法爲因緣而出生，又是夜夜斷滅不存之生滅心，即無可能反過來出生第七識意根、第八識如來藏，當知不可能從生滅性的意識心中，細分出恆審思量的第七識意根，更無可能細分出恆而不審的第八識如來藏。本書是將演講內容整理成文字，細說如是內容，並已在《正覺電子報》連載完畢，今彙集成書以廣流通，欲幫助佛門有緣人斷除意識我見，跳脫於識陰之外而取證聲聞初果；嗣後修學禪宗時即得不墮外道神我之中，得以求證第八識金剛心而發起般若實智。平實導師 述，每冊300元。

**黯淡的達賴—失去光彩的諾貝爾和平獎**：本書舉出很多證據與論述，詳述達賴喇嘛不爲世人所知的一面，顯示達賴喇嘛並不是眞正的和平使者，而是假借諾貝爾和平獎的光環來欺騙世人；透過本書的說明與舉證，讀者可以更清楚的瞭解，達賴喇嘛是結合暴力、黑暗、淫欲於喇嘛教裡的集團首領，其政治行爲與宗教主張，早已讓諾貝爾和平獎的光環染污了。本書由財團法人正覺教育基金會寫作、編輯，由正覺出版社印行，每冊250元。

**人間佛教—實證者必定不悖三乘菩提**　「大乘非佛說」的講法似乎流傳已久，卻只是日本人企圖擺脫中國正統佛教的影響，而在明治維新時期才開始提出來的說法；台灣佛教、大陸佛教的淺學無智之人，由於未曾實證佛法而迷信日本人錯誤的學術考證，錯認爲這些別有用心的日本佛學考證的講法爲天竺佛教的眞實歷史；甚至還有更激進的反對佛教者提出「釋迦牟尼佛並非眞實存在，只是後人捏造的假歷史人物」，竟然也有少數人願意跟著「學術」的假光環而信受不疑，於是開始有一些佛教界人士造作了反對中國佛教而推崇南洋小乘佛教的行爲，使佛教的信仰者難以檢擇，導致一般大陸人士開始轉入基督教的盲目迷信中。在這些佛教及外教人士之中，也就有一分人根據此邪說而大聲主張「大乘非佛說」的謬論，這些人以「人間佛教」的名義來抵制中國正統佛教，公然宣稱中國的大乘佛教是由聲聞部派佛教的凡夫僧所創造出來的。這樣的說法流傳於台灣及大陸佛教界凡夫僧之中已久，卻非眞正的佛教歷史中曾經發生過的事，只是繼承六識論的聲聞法中凡夫僧依自己的意識境界立場，純憑臆想而編造出來的妄想說法，卻已經影響許多無智之凡夫僧俗信受不移。本書則是從佛教的經藏法義實質及實證的現量內涵本質立論，證明大乘佛法本是佛說，是從《阿含正義》尚未說過的不同面向來討論「人間佛教」的議題，證明「大乘眞佛說」。閱讀本書可以斷除六識論邪見，迴入三乘菩提正道發起實證的因緣；也能斷除禪宗學人學禪時普遍存在之錯誤知見，對於建立參禪時的正知見有很深的著墨。平實導師 述，內文488頁，全書528頁，定價400元。

**童女迦葉考**—**論呂凱文〈佛教輪迴思想的論述分析〉之謬**　童女迦葉是佛世率領五百大比丘遊行於人間的歷史事實，是以童貞行而依止菩薩戒弘化於人間的大菩薩，不依別解脫戒（聲聞戒）來弘化於人間。這是大乘佛教與聲聞佛教同時存在於佛世的歷史明證，證明大乘佛教不是從聲聞法中分裂出來的部派佛教的產物，卻是聲聞佛教分裂出來的部派佛教聲聞凡夫僧所不樂見的史實；於是古今聲聞法中的凡夫都欲加以扭曲而作詭說，更是末法時代高聲大呼「大乘非佛說」的六識論聲聞凡夫極力想要扭曲的佛教史實之一，於是想方設法扭曲迦葉菩薩爲聲聞僧，以及扭曲迦葉童女爲比丘僧等荒謬不實之論著便陸續出現，古時聲聞僧寫作的《分別功德論》是最具體之事例，現代之代表作則是呂凱文先生的〈佛教輪迴思想的論述分析〉論文。鑑於如是假藉學術考證以籠罩大眾之不實謬論，未來仍將繼續造作及流竄於佛教界，繼續扼殺大乘佛教學人法身慧命，必須舉證辨正之，遂成此書。平實導師 著，每冊180元。

**中觀金鑑**—**詳述應成派中觀的起源與其破法本質**　學佛人往往迷於中觀學派之不同學說，被應成派與自續派所迷惑；修學般若中觀二十年後自以爲實證般若中觀了，卻仍不曾入門，甫聞實證般若中觀者之所說，則茫無所知，迷惑不解；隨後信心盡失，不知如何實證佛法；凡此，皆因惑於這二派中觀學說所致。自續派中觀所說同於常見，以意識境界立爲第八識如來藏之境界，應成派所說則同於斷見，但又同立意識爲常住法，故亦具足斷常二見。今者孫正德老師有鑑於此，乃將起源於密宗的應成派中觀學說，追本溯源，詳考其來源之外，亦一一舉證其立論內容，詳加辨正，令密宗雙身法祖師以識陰境界而造之應成派中觀學說本質，詳細呈現於學人眼前，令其維護雙身法之目的無所遁形。若欲遠離密宗此二大派中觀謬說，欲於三乘菩提有所進道者，允宜具足閱讀並細加思惟，反覆讀之以後將可捨棄邪道返歸正道，則於般若之實證即有可能，證後自能現觀如來藏之中道境界而成就中觀。本書分上、中、下三冊，每冊250元，已全部出版完畢。

**實相經宗通**：學佛之目的在於實證一切法界背後之實相，禪宗稱之爲本來面目或本地風光，佛菩提道中稱之爲實相法界；此實相法界即是金剛藏，又名佛法之祕密藏，即是能生有情五陰、十八界及宇宙萬有（山河大地、諸天、三惡道世間）的第八識如來藏，又名阿賴耶識心，即是禪宗祖師所說的眞如心，此心即是三界萬有背後的實相。證得此第八識心時，自能瞭解般若諸經中隱說的種種密意，即得發起實相般若——實相智慧。每見學佛人修學佛法二十年後仍對實相般若茫然無知，亦不知如何入門，茫無所趣；更因不知三乘菩提的互異互同，是故越是久學者對佛法越覺茫然，都肇因於尚未瞭解佛法的全貌，亦未瞭解佛法的修證內容即是第八識心所致。本書對於修學佛法者所應實證的實相境界提出明確解析，並提示趣入佛菩提道的入手處，有心親證實相般若的佛法實修者，宜詳讀之，於佛菩提道之實證即有下手處。平實導師述著，共八輯，全部出版完畢，每輯成本價250元。

**真心告訴您（一）——達賴喇嘛在幹什麼？**這是一本報導篇章的選集，更是「破邪顯正」的暮鼓晨鐘。「破邪」是戳破假象，說明達賴喇嘛及其所率領的密宗四大派法王、喇嘛們，弘傳的佛法是仿冒的佛法；他們是假藏傳佛教，是坦特羅（譚崔性交）外道法和藏地崇奉鬼神的苯教混合成的「喇嘛教」，推廣的是以所謂「無上瑜伽」的男女雙身法冒充佛法的假佛教，詐財騙色誤導眾生，常常造成信徒家庭破碎、家中兒少失怙的嚴重後果。「顯正」是揭櫫眞相，指出眞正的藏傳佛教只有一個，就是覺囊巴，傳的是　釋迦牟尼佛演繹的第八識如來藏妙法，稱爲他空見大中觀。正覺教育基金會即以此古今輝映的如來藏正法正知見，在眞心新聞網中逐次報導出來，將箇中原委「眞心告訴您」，如今結集成書，與想要知道密宗眞相的您分享。售價250元。

**真心告訴您（二）——達賴喇嘛是佛教僧侶嗎？補祝達賴喇嘛八十大壽：**這是一本針對當今達賴喇嘛所領導的喇嘛教，冒用佛教名相、於師徒間或師兄姊間，實修男女邪淫，而從佛法三乘菩提的現量與聖教量，揭發其謊言與邪術，證明達賴及其喇嘛教是仿冒佛教的外道，是「假藏傳佛教」。藏密四大派教義雖有「八識論」與「六識論」的表面差異，然其實修之內容，皆共許「無上瑜伽」四部灌頂爲究竟「成佛」之法門，也就是共以男女雙修之邪淫法爲「即身成佛」之密要，雖美其名曰「欲貪爲道」之「金剛乘」，並誇稱其成就超越於（應身佛）釋迦牟尼佛所傳之顯教般若乘之上；然詳考其理論，則或以意識離念時之粗細心爲第八識如來藏，或以中脈裡的明點爲第八識如來藏，或如宗喀巴與達賴堅決主張第六意識爲常恆不變之眞心者，分別墮於外道之常見與斷見中；全然違背 佛說能生五蘊之如來藏的實質。售價300元。

**西藏「活佛轉世」制度——附佛、造神、世俗法：**歷來關於喇嘛教活佛轉世的研究，多針對歷史及文化兩部分，於其所以成立的理論基礎，較少系統化的探討。尤其是此制度是否依據「佛法」而施設？是否合乎佛法眞實義？現有的文獻大多含糊其詞，或人云亦云，不曾有明確的闡釋與如實的見解。因此本文先從活佛轉世的由來，探索此制度的起源、背景與功能，並進而從活佛的尋訪與認證之過程，發掘活佛轉世的特徵，以確認「活佛轉世」在佛法中應具足何種果德。定價150元。

**法華經講義**：此書爲平實導師始從2009/7/21演述至2014/1/14之講經錄音整理所成。世尊一代時教，總分五時三教，即是華嚴時、聲聞緣覺教、般若教、種智唯識教、法華時；依此五時三教區分爲藏、通、別、圓四教。本經是最後一時的圓教經典，圓滿收攝一切法教於本經中，是故最後的圓教聖訓中，特地指出無有三乘菩提，其實唯有一佛乘；皆因眾生愚迷故，方便區分爲三乘菩提以助眾生證道。世尊於此經中特地說明如來示現於人間的唯一大事因緣，便是爲有緣眾生「開、示、悟、入」諸佛的所知所見——第八識如來藏妙眞如心，並於諸品中隱說「妙法蓮花」如來藏心的密意。然因此經所說甚深難解，眞義隱晦，古來難得有人能窺堂奧；平實導師以知如是密意故，特爲末法佛門四眾演述《妙法蓮華經》中各品蘊含之密意，使古來未曾被古德註解出來的「此經」密意，如實顯示於當代學人眼前。乃至〈藥王菩薩本事品〉、〈妙音菩薩品〉、〈觀世音菩薩普門品〉、〈普賢菩薩勸發品〉中的微細密意，亦皆一併詳述之，開前人所未曾言之密意，示前人所未見之妙法。最後乃至以〈法華大意〉而總其成，全經妙旨貫通始終，而依佛旨圓攝於一心如來藏妙心，厥爲曠古未有之大說也。平實導師述，已於2015/05/31起開始出版，每二個月出版一輯，共有25輯。每輯300元。

**解深密經講記**：本經係 世尊晚年第三轉法輪，宣說地上菩薩所應熏修之唯識正義經典，經中所說義理乃是大乘一切種智增上慧學，以阿陀那識—如來藏—阿賴耶識爲主體。禪宗之證悟者，若欲修證初地無生法忍乃至八地無生法忍者，必須修學《楞伽經、解深密經》所說之八識心王一切種智；此二經所說正法，方是眞正成佛之道；印順法師否定第八識如來藏之後所說萬法緣起性空之法，是以誤會後之二乘解脫道取代大乘眞正成佛之道，尚且不符二乘解脫道正理，亦已墮於斷滅見中，不可謂爲成佛之道也。平實導師曾於本會郭故理事長往生時，於喪宅中從首七開始宣講，於每一七各宣講三小時，至第十七而快速略講圓滿，作爲郭老之往生佛事功德，迴向郭老早證八地、速返娑婆住持正法。茲爲今時後世學人故，將擇期重講《解深密經》，以淺顯之語句講畢後，將會整理成文，用供證悟者進道；亦令諸方未悟者，據此經中佛語正義，修正邪見，依之速能入道。平實導師述著，全書輯數未定，每輯三百餘頁，將於未來重講完畢後逐輯出版。

**佛法入門**：學佛人往往修學二十年後仍不知如何入門，茫無所入漫無方向，不知如何實證佛法；更因不知三乘菩提的互異互同之處，導致越是久學者越覺茫然，都是肇因於尚未瞭解佛法的全貌所致。本書對於佛法的全貌提出明確的輪廓，並說明三乘菩提的異同處，讀後即可輕易瞭解佛法全貌，數日內即可明瞭三乘菩提入門方向與下手處。○○菩薩著 出版日期未定。

**阿含經講記**—**小乘解脫道之修證**：數百年來，南傳佛法所說證果之不實，所說解脫道之虛妄，所弘解脫道法義之世俗化，皆已少人知之；從南洋傳入台灣與大陸之後，所說法義虛謬之事，亦復少人知之；今時台灣全島印順系統之法師居士，多不知南傳佛法數百年來所說解脫道之義理已然偏斜、已然世俗化、已非眞正之二乘解脫正道，猶極力推崇與弘揚。彼等南傳佛法近代所謂之證果者多非眞實證果者，譬如阿迦曼、葛印卡、帕奧禪師、一行禪師……等人，悉皆未斷我見故。近年更有台灣南部大願法師，高抬南傳佛法之二乘修證行門爲「捷徑究竟解脫之道」者，然而南傳佛法縱使眞修實證，得成阿羅漢，至高唯是二乘菩提解脫之道，絕非究竟解脫，無餘涅槃中之實際尚未得證故，法界之實相尚未了知故，習氣種子待除故，一切種智未實證故，焉得謂爲「究竟解脫」？即使南傳佛法近代眞有實證之阿羅漢，尚且不及三賢位中之七住明心菩薩本來自性清淨涅槃智慧境界，則不能知此賢位菩薩所證之無餘涅槃實際，仍非大乘佛法中之見道者，何況普未實證聲聞果乃至未斷我見之人？謬充證果已屬逾越，更何況是誤會二乘菩提之後，以未斷我見之凡夫知見所說之二乘菩提解脫偏斜法道，焉可高抬爲「究竟解脫」？而且自稱「捷徑之道」？又妄言解脫之道即是成佛之道，完全否定般若實智、否定三乘菩提所依之如來藏心體，此理大大不通也！平實導師爲令修學二乘菩提欲證解脫果者，普得迴入二乘菩提正見、正道中，是故選錄四阿含諸經中，對於二乘解脫道法義有具足圓滿說明之經典，預定未來十年內將會加以詳細講解，令學佛人得以了知二乘解脫道之修證理路與行門，庶免被人誤導之後，未證言證，干犯道禁，成大妄語，欲升反墮。本書首重斷除我見，以助行者斷除我見而實證初果爲著眼之目標，若能根據此書內容，配合平實導師所著《識蘊眞義》《阿含正義》內涵而作實地觀行，實證初果非爲難事，行者可以藉此三書自行確認聲聞初果爲實際可得現觀成就之事。此書中除依二乘經典所說加以宣示外，亦依斷除我見等之證量，及大乘法中道種智之證量，對於意識心之體性加以細述，令諸二乘學人必定得斷我見、常見，免除三縛結之繫縛。次則宣示斷除我執之理，欲令升進而得薄貪瞋痴，乃至斷五下分結…等。平實導師述，共二冊，每冊三百餘頁。每輯300元。

**修習止觀坐禪法要講記**：修學四禪八定之人，往往錯會禪定之修學知見，欲以無止盡之坐禪而證禪定境界，卻不知修除性障之行門才是修證四禪八定不可或缺之要素，故智者大師云「性障初禪」；性障不除，初禪永不現前，云何修證二禪等？又：行者學定，若唯知數息，而不解六妙門之方便善巧者，欲求一心入定，未到地定極難可得，智者大師名之爲「事障未來」：障礙未到地定之修證。又禪定之修證，不可違背二乘菩提及第一義法，否則縱使具足四禪八定，亦不能實證涅槃而出三界。此諸知見，智者大師於《修習止觀坐禪法要》中皆有闡釋。作者平實導師以其第一義之見地及禪定之實證證量，曾加以詳細解析。將俟正覺寺竣工啓用後重講，不限制聽講者資格；講後將以語體文整理出版。欲修習世間定及增上定之學者，宜細讀之。平實導師述著。

## ★聲　明★

本社於2015/01/01開始調整本目錄中部分書籍之售價，以因應各項成本的持續增加。

**＊喇嘛教修外道雙身法，墮識陰境界，非佛教＊**

**＊弘揚如來藏他空見的覺囊派才是真正藏傳佛教＊**

**總經銷： 飛鴻 國際行銷股份有限公司**

231 新北市新店區中正路 501 之 9 號 2 樓

Tel.02－82186688（五線代表號） Fax.02-82186458、82186459

**零售：**1.**全台連鎖經銷書局：**

三民書局、誠品書局、何嘉仁書店

敦煌書店、紀伊國屋、金石堂書局、建宏書局

2.**台北市：**佛化人生 羅斯福路 3 段 325 號 6 樓之 4 台電大樓對面

3.**新北市：**春大地書店 **蘆洲**中正路 117 號 明達書局 三重五華街 129 號

4.**桃園市縣：**誠品書局 **桃園市**中正路 20 號遠東百貨地下室一樓

金石堂 **桃園市**大同路 24 號 金石堂 **桃園**八德市介壽路 1 段 987 號

諾貝爾圖書城 **桃園市**中正路 56 號地下室 巧巧屋書局 **蘆竹**南崁路 263 號

墊腳石文化書店 **中壢市**中正路 89 號 來電書局 **大溪**慈湖路 30 號

御書堂 **龍潭**中正路 123 號

5.**新竹市縣：**大學書局 **新竹**建功路 10 號 誠品書局 **新竹**東區信義街 68 號

誠品書局 **新竹**東區中央路 229 號 5 樓 誠品書局 **新竹**東區力行二路 3 號

墊腳石文化書店 **新竹**中正路 38 號 金典文化 **竹北**中正西路 47 號

展書堂 **竹東**長春路 3 段 36 號

6.**苗栗市縣：**萬花筒書局**苗栗市**府東路 73 號 展書堂 **竹南**民權街 49-2 號

7.**台中市：** 瑞成書局、各大連鎖書店。

詠春書局 **台中市**永春東路 884 號 文春書局 **霧峰**中正路 1087 號

8.**彰化市縣：**心泉佛教流通處 **彰化市**南瑤路 286 號

**員林鎮：**墊腳石圖書文化廣場 中山路 2 段 49 號（04-8338485）

9.**台南市：**博大書局 **新營**三民路 128 號

藝美書局 **善化**中山路 436 號 宏欣書局 **佳里**光復路 214 號

10.**高雄市：**各大連鎖書店、**瑞成**書局

政大書城 **三民區**明仁路 161 號 政大書城 **苓雅區**光華路 148-83 號

明儀書局 **三民區**明福街 2 號 明儀書局 三多四路 63 號

青年書局 青年一路 141 號

11.**宜蘭縣市：**金隆書局 宜蘭市中山路 3 段 43 號

宋太太梅鋪 羅東鎮中正北路 101 號（039-534909）

12.**台東市：**東普佛教文物流通處 台東市博愛路 282 號

13.**其餘鄉鎮市經銷書局：**請電詢總經銷**飛鴻**公司。

14.**大陸地區請洽：**

**香港：**樂文書店

旺角店 :香港九龍旺角西洋菜街 62 號 3 樓

電話 :(852) 2390 3723 email: luckwinbooks@gmail.com

銅鑼灣店 :香港銅鑼灣駱克道 506 號 2 樓

電話 :(852) 2881 1150 email: luckwinbs@gmail.com

**廈門：**廈門外圖臺灣書店有限公司

地址：廈門市思明區湖濱南路809號 廈門外圖書城3樓 郵編：361004

電話：0592-5061658（臺灣地區請撥打 86-592-5061658）

E-mail：JKB118@188.COM

15.**美國：世界日報圖書部：**紐約圖書部　電話 7187468889#6262

洛杉磯圖書部　電話 3232616972#202

16.**國內外地區網路購書：**

**正智出版社 書香園地**　http://books.enlighten.org.tw/

（書籍簡介、直接聯結下列網路書局購書）

**三民** 網路書局　http://www.Sanmin.com.tw

**誠品** 網路書局　http://www.eslitebooks.com

**博客來** 網路書局　http://www.books.com.tw

**金石堂** 網路書局　http://www.kingstone.com.tw

**飛鴻** 網路書局　http://fh6688.com.tw

**附註：1**.請儘量向各經銷書局購買：郵政劃撥需要十天才能寄到（本公司在您劃撥後第四天才能接到劃撥單，次日寄出後第四天您才能收到書籍，此八天中一定會遇到週休二日，是故共需十天才能收到書籍）若想要早日收到書籍者，請劃撥完畢後，將劃撥收據貼在紙上，旁邊寫上您的姓名、住址、郵區、電話、買書詳細內容，直接傳真到本公司 02-28344822，並來電 02-28316727、28327495 確認是否已收到您的傳真，即可提前收到書籍。 **2**.因台灣每月皆有五十餘種宗教類書籍上架，書局書架空間有限，故唯有新書方有機會上架，通常每次只能有一本新書上架；本公司出版新書，大多上架不久便已售出，若書局未再叫貨補充者，書架上即無新書陳列，則請直接向書局櫃台訂購。 **3**.若書局不便代購時，可於晚上共修時間向正覺同修會各共修處請購（共修時間及地點，詳閱**共修現況表**。每年例行年假期間請勿前往請書，年假期間請見共修現況表）。 **4**.郵購：郵政劃撥帳號 19068241。 **5**.正覺同修會會員購書都以八折計價（戶籍台北市者爲一般會員，外縣市爲護持會員）都可獲得優待，欲一次購買全部書籍者，可以考慮入會，節省書費。入會費一千元（第一年初加入時才需要繳），年費二千元。**6.尚未出版之書籍，請勿預先郵寄書款與本公司，謝謝您！** **7**.若欲一次購齊本公司書籍，或同時取得正覺同修會贈閱之全部書籍者，請於正覺同修會共修時間，親到各共修處請購及索取；**台北市讀者**請洽：103 台北市承德路三段 267 號 10 樓（捷運淡水線 圓山站旁）請書時間：週一至週五爲 18.00~21.00，第一、三、五週週六爲 10.00~21.00，雙週之週六爲 10.00~18.00 請購處專線電話：25957295-分機 14（於請書時間方有人接聽）。

**敬告大陸讀者：**

大陸讀者購書、索書捷徑（尚未在大陸出版的書籍，以下二個途徑都可以購得，電子書另包括結緣書籍）：

1.**廈門外國圖書公司**：廈門市思明區湖濱南路 809 號 廈門外圖書城 3F
郵編：361004 電話：0592-5061658 網址：JKB118＠188.COM

2.**電子書**：正智出版社有限公司及正覺同修會在台灣印行的各種局版書、結緣書，已有『**正覺電子書**』陸續上線中，提供讀者於手機、平板電腦上購書、下載、閱讀正智出版社、正覺同修會及正覺教育基金會所出版之電子書，詳細訊息敬請參閱『正覺電子書』專頁：http://books.enlighten.org.tw/ebook

關於平實導師的書訊，請上網查閱：

成佛之道 http://www.a202.idv.tw

正智出版社 書香園地 http://books.enlighten.org.tw/

**中國網**採訪佛教正覺同修會、正覺教育基金會訊息：

http://big5.china.com.cn/gate/big5/fangtan.china.com.cn/2014-06/19/content_32714638.htm

http://pinpai.china.com.cn/

★ 正智出版社有限公司售書之稅後盈餘，全部捐助財團法人正覺寺籌備處、佛教正覺同修會、正覺教育基金會，供作弘法及購建道場之用；懇請諸方大德支持，功德無量。

★ 聲 明 ★

本社於 2015/01/01 開始調整本目錄中部分書籍之售價，以因應各項成本的持續增加。

＊ 喇嘛教修外道雙身法、墮識陰境界，非佛教 ＊

＊ 弘揚如來藏他空見的覺囊派才是真正藏傳佛教 ＊

## 售後服務—換書啓事（免附回郵） 2012/09/24

**《楞嚴經講記》第 14 輯初版首刷本免費調換新書啓事**：本講記第 14 輯出版前因 平實導師諸事繁忙，未將之重新閱讀而只改正校對時發現的錯別字，故未能發覺十年前所說法義有部分錯誤，於第 15 輯付印前重閱時才發覺第 14 輯中有部分錯誤尚未改正。今已重新審閱修改並已重印完成，煩請所有讀者將以前所購第 14 輯初版首刷本，寄回本社免費換新（初版二刷本無錯誤），本社將於寄回新書時同時附上您寄書回來換新時所付的郵資，並在此向所有讀者致上最誠懇的歉意。

**《心經密意》初版書免費調換二版新書啓事**：本書係演講錄音整理成書，講時因時間所限，省略部分段落未講。後於再版時補寫增加 13 頁，維持原價流通之。茲爲顧及初版讀者權益，自 2003/9/30 開始免費調換新書，原有初版一刷、二刷書籍，皆可寄來本來公司換書。

**《宗門法眼》**已經增寫改版爲 464 頁新書，2008 年 6 月中旬出版。讀者原有初版之第一刷、第二刷書本，都可以寄回本社免費調換改版新書。改版後之公案及錯悟事例維持不變，但將內容加以增說，較改版前更具有廣度與深度，將更能助益讀者參究實相。

**換書**者**免附回郵**，亦無截止期限；舊書請寄：111 台北郵政 73-151 號信箱 或 103 台北市承德路三段 267 號 10 樓 正智出版社有限公司。舊書若有塗鴨、殘缺、破損者，仍可換取新書；但缺頁之舊書至少應仍有五分之三頁數，方可換書。所有讀者不必顧念本公司是否有盈餘之問題，都請踴躍寄來換書；本公司成立之目的不是營利，只要能眞實利益學人，即已達到成立及運作之目的。若以郵寄方式換書者，免附回郵；並於寄回新書時，由本社附上您寄來書籍時耗用的郵資。造成您不便之處，再次致上萬分的歉意。

正智出版社有限公司 啓

國家圖書館出版品預行編目資料

實相經宗通／平實導師述. -- 初版. -- 臺北市：
正智, 2014.01 -
冊；　公分

ISBN 978-986-6431-68-5（第1輯：平裝）
ISBN 978-986-6431-78-4（第2輯：平裝）
ISBN 978-986-6431-79-1（第3輯：平裝）
ISBN 978-986-6431-90-6（第4輯：平裝）
ISBN 978-986-5655-00-6（第5輯：平裝）
ISBN 978-986-5655-06-8（第6輯：平裝）
ISBN 978-986-5655-16-7（第7輯：平裝）
ISBN 978-986-5655-31-0（第8輯：平裝）

1.般若部

221.44　　102027143

# 實相經宗通——第七輯

著　述　者：平實導師
音文轉換：劉惠莉
校　　對：章乃鈞 陳介源 孫淑貞 傅素嫻 王美伶
出　版　者：正智出版社有限公司
電話：〇二 28327495　28316727（白天）
傳眞：〇二 28344822
111台北郵政 73-151號信箱
郵政劃撥帳號：一九〇六八二四一
正覺講堂：總機〇二 25957295（夜間）
總　經　銷：聯合發行股份有限公司
231新北市新店區寶橋路 235 巷 6 弄 6 號 4 樓
電話：〇二 29178022（代表號）
傳眞：〇二 29156275
初版首刷：二〇一五年元月三十一日 二千冊
初版三刷：二〇一六年三月 二千冊
定　　價：二五〇元

《有著作權　不可翻印》